U0477208

全注·全译

# 白话老子·列子

国学

周生春·尹协理◎注译

陕西新华出版传媒集团·三秦出版社

**图书在版编目（CIP）数据**

白话老子·列子/周生春，尹协理注译. —2版. —西安：三秦出版社，2003.07（2022.5重印）

（传统文化经典读本）

ISBN 978-7-80546-288-2

Ⅰ. 白… Ⅱ. ①周… ②尹 Ⅲ. ①道家 ②老子－译文 ③列子－译文 Ⅳ. B223

中国版本图书馆CIP数据核字（2003）第042827号

**传统文化经典读本**

**白话老子·列子**

---

周生春　尹协理　注译

**出版发行**　陕西新华出版传媒集团　三秦出版社

**社　　址**　西安市雁塔区曲江新区登高路1388号

**电　　话**　（029）81205236

**邮政编码**　710061

**印　　刷**　北京华强印刷有限公司

**开　　本**　710mm×1000mm　1/16

**印　　张**　25.5

**字　　数**　308千字

**版　　次**　2003年7月第2版

2022年5月第2次印刷

**标准书号**　ISBN 978-7-80546-288-2

**定　　价**　68.00元

---

老 子 像

# 总　序

中国是举世闻名的文明古国，其光辉灿烂的传统文化，已成为整个人类共同的精神财富。随着时代的进步，随着探索自然、认知社会的触角不断深入，人们比以往任何时候都迫切需要发掘传统文化宝藏，汲取更多的智慧和精神力量，来进行自我完善、自我提高，从而获取成功。于是许多人都不约而同地把目光投向那些历尽风雨淘洗的传世经典，吟之诵之，含英咀华。他们意识到，不了解唐诗宋词，没读过孔孟老庄，其麻烦不仅仅是难以达到辩才无碍的境地或获得博学多识的美誉，而且会在工作、学习及社会生活的许多方面遭遇尴尬。反之，熟知经典，以古为镜，以古为师，必定会在全新意义上的修身、齐家、治国平天下方面收到奇效。这方面例子很多，如国内某名牌高校从《易经》中提取“厚德载物”做为校训，培养了无数英才；日本企业家运用《孙子兵法》和《菜根谭》进行经营管理，屡创经济奇迹；某自然科学家要求弟子背诵《道德经》，作为攻克难关前的心理演练；某诺贝尔奖得主坦言，其所以能够历经磨难取得突破，全得益于《孟子》中的一句名言。近年来我国中小学实验教材不断加大古诗文比重以及高考试题频频“考古”，也是为了促进素质教育，培养一代新人。

传统文化经典很多，就存在一个轻重缓急和选择的问题，我们不赞成搞什么“百种必读”或“50种必读”，武断地制造一个封闭系统。我们认为中国传统文化经典宝库应当是开放的，其中异彩纷呈，玉蕴珠藏。所以我们推出这套《传统文化经典读本》丛书，第一批20种，只能说是向广大读者奉献的最基本的、应当最先了解的经典作品，包括《易经》、《论语》、《孟子》、《道德经》、《庄子》、《孙子兵法》、《幼学琼林》、《唐诗三百首》、《宋词三百首》、《元曲三百首》等。我们还将根据情况陆续推出第二辑、第三辑。值得说明的是，我社自上个世纪80年代就开始致力于传统文化经典的整理普及，是最早出版白话类经典读本的出版社之一。此次推出的这批图书都是精选版本、精选作者，付出了艰苦努力完成的，内在质量上乘，曾作为我社品牌图书，经受了市场的检验，受到读者的广泛好评。为适应新的形势，更好满足读者的需求，我们对其进行了重新改造整合，使之在版式、装帧等方面更趋考究精美。同时也希望读者多提批评意见，以便进一步改进。

魏全瑞

2003年7月

# 目　录

## ◇ 白话老子 ◇

## ◇ 白话列子 ◇

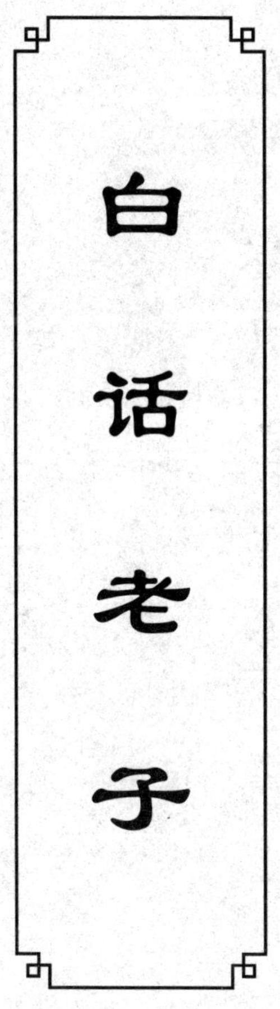
白话老子

# 前　言

《老子》是一部文约义丰的经典之作，从文字到思想内容都称得上深奥难懂。为帮助读者了解《老子》，本文拟从老子其人、《老子》的成书年代和传本、老子的哲学思想、老子的人生观、政治观和战争观、近年来有关老子的两个议题，以及老子的历史地位和影响等几个方面，对老子及其著作作一简要的介绍。

## 老子和《老子》的成书年代

关于老子这个人和《老子》这本书，历来就存在不同的说法。

一种意见认为，老子就是老聃。老聃是楚国苦县（今河南省鹿邑县东）厉乡曲仁里人。他做过周朝的“守藏室之史”，即管理藏书的史官，后退隐，著书五千多字，论述“道”、“德”之意。老聃的生卒年现已无考，只知道他生活的时代稍早于孔子，或与孔子同时。

另一种意见认为，老子是战国时人李耳。李耳是《老子》的著者。

还有一种意见认为，老子即周太史儋，是战国中期人。《老子》的著者不是老聃，而是太史儋。

关于《老子》这本书的成书年代，历来也是众说纷纭，莫衷一是。

有人认为，《老子》是春秋末年老聃的作品，也可能是老聃学说的记录，编成于战国前期或孟子生活的时代；或成书于《墨子》、《孟子》二书成书之际。

又有人认为，《老子》成书于战国中期或战国末期。时间大约在孔、墨之后，孟、庄之前；或墨子、孟子之后，庄子之前；甚至在《庄子》成书时代之后。

还有人认为，《老子》写成于秦汉之间，晚于《吕氏春秋》，而早于《淮南子》。

根据先秦典籍的记载，我认为，老子就是老聃，《老子》一书的基本思想应该出自老聃。

在《庄子》、《吕氏春秋》和《韩非子》等先秦典籍中，都有关于老聃的记载。如《吕氏春秋·当染》篇说："孔子学于老聃。"这和《史记，老子韩非列传》中孔子"将问礼于老子"、老子告诫孔子的记载是一致的。又同书《不二》篇说："老聃贵柔，孔子贵仁。"《韩非子》书中《解老》、《喻老》等篇则大量引用了《老子》的言论，或阐述解释了《老子》的观点。如《六反》篇引述说："老聃有言曰：'知足不辱，知止不殆。'《内储说下·六微》篇则说："权势不可以借人，……其说在老聃之言失鱼也。"以上二处老聃之言分别见于今本《老子》第四十四章和三十六章。这些古籍所引老聃的言论和《老子》一书的记载并没有什么出入，它们从不同的角度描绘出一个思想面貌大体相同的学者老聃，其思想与《老子》一书的思想基本相符。据此可知，老子就是老聃，《老子》一书的基本思想就是老聃的思想。这本是先秦时期的定论，只是到了秦以后，才出现太史儋或李耳是老子、《老子》并非老聃所作的说法。

《老子》一书的基本思想虽出自老聃，但它却并非完成于老聃一人之手。

在《老子》书中，含有大量春秋时不可能存在、战国时才出现的用语和现象。《老子》一书中"万乘之王"、"取天下"等词语的运用，《老子》对"仁义"、"礼"和"尚贤"的否定，都说明了这一点。对此，前人早已论及，兹不赘述。

不过，人们往往没有注意到，事情还存在着另外一面：在《老子》书中还含有一些春秋时期才有、战国时已不复存在的现象和不再使用的词语。春秋时期，中原地区小国林立，当时进行的战争，主要是大国之间为争夺霸主地位以号令小国的争霸斗争。战国时则不然。当时进行的战争，主要是以攻灭他国为目的的兼并战争。《老子》说："大邦以下小邦，则取小邦。小邦以下大邦，则取于大邦。故或下以取，或下而取。故大邦者，不过欲兼畜人；小邦者，不过欲入事人。夫皆得其欲，则大者宜为下。"它所反映的应是春秋时期，而不是战国时期的情况。

又春秋时，周天子在政治上还多少保存着一些威望和影响，世卿制度虽已动摇，但尚未消灭。到战国时，周天子的威望已扫地以尽，世卿制向官僚制的转化已经完成，卿士的地位已被宰相、丞相、相邦等官僚所取代。因此，《老子》说："故立天子，置三卿，虽有共之璧以先四马，不若坐而进此（指"道"）。"它所反映的应是春秋时期，而不是战国时的现实。这也是后人将帛书《老子》中的"卿"字改为"公"字的原因所在。

根据以上所述，我们可以认为：

《老子》一书并非由一人执笔，成于一时，而是出于众人之手。它是经过相当长的一段时间的不断修改和补充，才编成写定，形成广泛的影响的。恐怕正是因为太史儋和李耳都参与了《老子》一书的编写，后人才把他俩当成老子的。《庄子·应帝王》说："老聃曰：'明王之治，功盖天下，而似不自己；化贷万物，而民弗恃；有莫举名，使物自喜；立乎不测，而游于无有者也。'"这些话正与《老子》一书的思想相符。又《庄子·天下》说："老聃曰：'知其雄，守其雌，为天下谿。知其白，守其辱，为天下谷。'"这两句话又见于帛书《老子》甲本、乙本，两者所载字句相同。《应帝王》篇成书于战国中期，《天下》篇成书于战国中期以后，《韩非子》、《吕氏春秋》成书于战国末，由此推断，《老子》应成书于战国中期或前期。其确切时间，必定在《庄子》内篇成书之前。又按《史记·老子韩非列传》所引老子家谱世系，老子的七世孙为汉文帝时人。无论按一代二十年还是一代三十年计，他都是战国中期人，其时代恰与太史儋相同。所以《老子》一书的基本思想虽出自老聃，但最后将它修改补充，写成定本，并扩大其影响的，应是战国中期的太史儋。

## 《老子》一书的传本

《老子》这部书的版本很多。魏晋以来流传较广的当推王弼注本和河上公注本。王弼，三国时魏人，是著名的玄学家。王弼注本属于文人系统，其流派为苏辙、吴澄诸本。不过，现存的王弼《老子注》正文和注文颇有出入，已非旧本。河上公旧说为汉文帝时人。河上公注本接近民间系统，其流派为景龙碑本、遂州碑本和敦煌的六朝、唐写本。

除以上二种注本外，时间较早的本子还有严遵本和傅奕本。严遵，东汉人。他所撰写的《道德真经指归》现已残缺近半，只存论述“德”篇的一部分。傅奕，唐初人。他根据北齐时项羽妾墓出土的“项羽妾本”、北魏道士寇谦之所传“安丘望本”以及齐处士仇狱所传“河上丈人本”校订《老子》所成定本，人称傅奕本。

但是，最早的古本却是1973年12月从湖南长沙马王堆三号汉墓出土的两种帛书《老子》写本。这两种写本现在分别称作甲本和乙本。甲本字体介于篆、隶之间，不避刘邦名讳，当是刘邦称帝以前的抄本。乙本用隶书抄成，避刘邦名讳，而不避汉文帝刘恒名讳，应是高祖、文帝之间的抄本。甲本、乙本距今都已有两千多年，早于目前所能见到的其他版本，最接近于《老子》的原貌。

帛书《老子》和其他各种本子在篇章字句等方面存在着明显的差异。先举其大者而言：今天通行的各种《老子》，都是《道》篇在前，《德》篇在后。帛书《老子》甲本和乙本却是《德》篇在前，《道》篇在后。今天通行的各种《老子》都将全书分为八十一章，帛书《老子》甲本、乙本则不分章。如按今本将《老子》分作八十一章，则甲本、乙本彼此章次相同，而均不同于今本。例如，今本第二十四章，在甲本、乙本中是第二十二章。今本第四十一章，在甲本、乙本中是第三十九章。今本第八十章和八十一章，在甲本、乙本中是第六十七章和六十八章。

再者，帛书《老子》甲本、乙本与通行本《老子》的字句也存在不少歧异。其中出入较大，涉及思想内容方面的差异（例如今本第二十四章和三十一章"有道者不处"一句，帛书甲本、乙本作"有欲者弗居"之类），本书已在注释中一一列举，兹不赘述。另外，帛书《老子》甲本、乙本又具有虚词较多的特点。

帛书《老子》和今天通行诸本在字词句章和思想内容方面的若干差异表明：秦汉以后，人们还曾对《老子》作过某些修改和补充。既然二千多年前的写本和今天通行诸本存在着种种不同，既然帛书《老子》甲本、乙本是最古最老的本子，所以，本书在注释和翻译《老子》一书时主要依据的是帛书《老子》甲本和乙本。

## 老子的哲学思想

老子的思想是围绕着"道"这一观念而展开的。

老子所说的"道"，并非人们通常所讲的道路、规律、天之道或人之道，而是既"无名"，又"有名"的一个实体。他所说的"名"，也不是人们通常所说的名称或名字，而是形名之名，即与实际内容相对称的形式和形态。老子的"道"是由"无名"和"有名”这一对矛盾对立的双方所构成的统一体。它一方面“萧呵”、“漻呵”、“望呵”、“物呵”，寂静无声，清澈无形。另一方面，它又“中有象呵”，“中有物呵”，是一实实在在的事物，有具体的形象。显然，老子所说的“道”是一客观存在的实体。这个浑然一体、不可割裂的东西，先于天地而生。它独立存在，永远也不会改变。它具有实体及其法则或规律这二方面的意义。

老子认为，“道”是宇宙万物的本质。其“中有请呵，其请甚真，其中有信”，含有真实可信的事物的本质。“道”产生万物，万物产生后又向它回归。“道”好似万物的宗主，它是万物的汇归之地，万物都归附于它。“道”在万物中的体现称作“德”。“孔德之容，唯道是从。”大“德”的样子，一切以“道”为转移。天得到它就澄清，地得到它就安宁，神得到它就灵验，川谷得到它就盈满，侯王得到它就成为天下的君长。“道法自然”，它是自然的缩影和化身，是大自然及其规律的代名词。

“道”又是宇宙万物的本原。“道生一，一生二，二生三，三生万物。万物负阴而抱阳，中气以为和。”“道”产生“一”，即原始的统一体。“一”既看不见，听不到，无声无形而摸不着，但又不是虚诞不实、灭绝不明和子虚乌有，只是不能具体描述、形容而已；由“道…先天、地生”，“可以为天、地母”，可知“二”应指天、地；“三”指由天、地产生的阴气、阳气和阴阳混合之气，万物均由这三者生成，所以万物都内涵着阴、阳两种对立的势力，而以阴阳混合适中作为和谐。由此可以说“有名”是万物的根源，天下万物无一不产生于天、地这样的具体的有形之物；“无名”则是万物的始端，具体的有形之物均产生于“道”和“一”这样的无形之物。

“反也者，道之动也。”“道”的运动就是向相反方向的转化。在《老子》一书中，“道”被称作“大”，“大曰逝，逝曰远，远曰反”。它的运动轨迹是由近及远，越离越远，但最终又由远处返回。天、地和人均取法于“道”，无一不是如此。如对于万物来说，“道”使其从无形成为有形；但“天物云云，各复归于其根”，又使其从有形转化为无形。无形既是万物运动的起点，又是万物运动的终点、归宿和本根。

在这种运动中，“道”通过“弱”发挥作用，它具体体现“弱”。这就是老子所说的“弱也者，道之用也”。例如，在老子“曲则全”、弱胜强的思想中，“道”就是通过或表现为柔弱和委曲，来实现它的运动，使委曲转化为保全，使“强”走向它的反面。正因为如此，老子才认为：当“朴散则为器”，无形之“朴”成为有形之物后，只要“知其雄，守其雌，为天下豁”，“知其白，守其辱，为天下谷”，甘居雌柔、卑下，就又会回归到质朴。

从返朴归根和“反也者，道之动也。弱也者，道之用也”出发，老子阐发了他的具有崇无贵弱特色的朴素的辩证思想。他认为“有无之相生也，难易之相成也，长短之相形也，高下之相盈也，音声之相和也，先后之相随”是一种普遍的现象，有无、难易、长短、高下、音声和先后都是对立的统一，矛盾对立的双方互以对方作为存在的前提，没有有，也就没有无，反之亦然。这种矛盾双方的对立并不是凝固不变的，而是可以互相转化的。例如，老子就曾指出：“合抱之木，生于毫末；九层之台，起于累土；百仞之高，始于足下。”“正复为奇，善复为妖。”

由于“无”和“朴”是万物的根本和必然的归宿，“道”是通过“弱”发挥其作用的，老子在对立的双方中就特别重视属于“无”“朴”和“弱”的一方。他主张无知、无欲、无为、无争和不言，主张守雌好静，认为：“强大居下，柔弱微细居上。”这就形成了以崇无贵弱为其特点的辩证思想。

作为两千多年前的思想家，由于时代和阶级的局限，老子的辩证法不可避免地带有某些缺陷和不彻底性。老子从互相排斥、对立和矛盾的事物中，看到并指出了它们互相依存和互相转化的关系，但是，他却没能看到这种对立面的同一是有条件的、暂时的和相对的。正可变为奇，善可变为妖。但并非所有的正都会变为奇，也不是所有的善都会变为妖。他认为："唯与诃，其相去几何？美与恶，其相去何若？人之所畏，亦不可以不畏人。"他又说："祸兮福之所倚；福兮祸之所伏。孰知其极？其无正也。"在这里，老子只看到唯与诃、美与恶、人之所畏和畏人、祸与福的互相转化，而没有看到这种转化并不是无条件的和绝对的。这一认识上的错误，使他无视以至于抹杀它们之间的界限和区别，使他的思想蕴藏着走向相对主义的可能。

此外，老子又片面地强调矛盾对立双方的同一，认为："和曰常，知常曰明。"这就使得他忽视了对立双方的矛盾斗争，没能看到对立双方的转化是通过斗争实现的。

由于老子既没有认识到对立面的同一是有条件的，又没有认识到矛盾的斗争性寓于同一性之中，他就错误地认为对立双方的转化是必然发生的，是自发进行的，不需假借任何人力。在这一认识的基础上，老子得出了"无为也，故无败也；无执也，故无失也"的结论，提出了无为、无事、无争、守雌好静、"友弱胜强"的主张。他企图用这一办法使自己在矛盾转化的过程中永远立于不败之地，以避免对立面的转化所造成的危害。但这样一来，他就不能认识到并非一切柔弱的东西都能战胜刚强的东西，不能认识到主观能动力量的重要性，以致过分强调柔弱无为，从而使自己的思想不仅陷于片面，而且带有消极保守的色彩。

老子的哲学在其认识论上也具有独特之处。老子认为，认识事物不能从学习和积累知识着手，而应从认识事物的本质——"道"入手。"天下有始，以为天下母。既得其母，以知其子？既知其子，复守其母。"只要抓住并认识万物的本质——"道"，就能认识天下万物，就能“不出于户，以知天下；不规于牖，以知天道”，就能不行而知，不见而名。

老子认为，要认识“道”，一方面要“无欲”，即不带任何主观的欲望或目的。闻“道”者必须“损之有损，以至于无为”，只有达到虚无的境界，心静无所欲求，才能认识万物的本原或“道”的虚无的一面，另一方面，又要“有欲”。“万物旁作，吾以观其复也，”即通过观察万物的兴起、发展和向其虚无的本原的回归，来观察“道”所运行的轨迹，认识“道”有形可见的一面。

在认识了“道”和天下万物之后，老子认为认识的过程就已完成，因而主张堵住耳目口鼻，关闭感知的大门，“绝学”、“弃知”，返回到无知、无欲的纯朴状态。

老子主张通过观察万物来认识其本质。他坚决反对先知、先觉和主观臆测，认为“前识者，道之华也”。这都使他的认识论具有唯物主义认识论的因素。此外，他又认识到，只有通过理性思维才能认识事物的本质。这一观点也是值得肯定的。

但是，老子又主张只有无欲，才能认识无形之“道”的奥妙，这就使他的认识论带有神秘主义的色彩。另外，老子又片面夸大了理性认识的作用，而将其绝对化。他不懂得：认识始于实践，经过感性认识和理性认识又回到实践，这是一个反复深入，不能脱离实践和感性认识，也不是一次能够完成的过程。从来也不存在一个永恒的绝对真理，老子的“道”也不是最后的绝对真理。人们不能在认识“道”之后，就堵塞耳目口鼻，弃绝知识，放弃学习，固步自封。这是老子认识论的又一不足之处。

## 老子的人生观、政治观和战争观

形而上的“道”表现在具体事物上，就成为“德”，“德”是

“道”的具体体现和作用。老子认为“万物尊道而贵德”，他主张“贵食母”，即从“德”那里吸取养料，提倡积“德”为善。在老子的眼中，“德”构成了人们思想、言论和行为的准则。老子所说的“德”，包含并反映了他的人生观、政治观和战争观。

“孔德之容，唯道是从。”“道”是天地万物的本原、归宿和本质，是自然的缩影和化身。“道”的运动总是向相反的方向转化，这种运动是通过“弱”起作用的。“德”顺从“道”，从“道”中衍化出其内容和本质，它的核心就是自然、无为、守朴和柔弱。这构成了老子人生观的精髓。

所谓自然、无为，是指一切顺乎自然，“辅万物之自然，而弗敢为”。值得注意的是，老子所说的无为，并非没有任何作为，而是指人应辅助自然，而不能违背自然，逆“道”行事。从这一点出发，老子再三强调无为、无事、不言或希言的重要，主张“生而弗有，长而弗宰”。既然一切都是自然发生的，人不能违背自然，妄自作为，那么，人就不能“生生”或“益生”，就应懂得“和曰常”的道理，就应“知止”、“知足”。既然矛盾的转化是必然的，那么，人就应顺从自然，对付困难，要在它还容易克服时动手；做大事，要在它还是小事时着手。

所谓守朴，是指保持无知、无欲、纯朴、原始的状态。所谓柔弱，则是指处于雌柔卑弱，而又蒸蒸向上的状态。守朴、柔弱是老子在矛盾转化的过程中，为避免灾难所采取的主要原则。从守朴出发，老子将无知、无欲、无私置于十分重要的地位，从而提出了“见素抱朴，少私寡欲，绝学无忧”的主张。柔弱这一原则意味着：人“曲则全”，“物壮则老”，“强良者不得死”。因此，人们应安守雌柔卑弱，“自知而不自见”，“自爱而不自贵”，“去甚、去大、去奢”，发扬不争、谦下逊退、收敛、柔慈和“不敢为天下先”的精神。

自然、无为和守朴、柔弱也是老子政治观的核心。老子赞赏政治上“愚民”，反对“察察”为政。他认为，最好的统治者应该没有私心，以老百姓的想法作为自己的想法，勇于献身于治理天下。这样的统治者“居无为之事，行不言之教”，以无所事事来取得天下，治理天下，人民几乎感觉不到他的存在。

在实施统治的过程中，老子反对依靠才智治理国家。他主张以无为、清静使人民潜移默化，以无事、无欲使人民富足、淳朴。他的终极目标是使人民返回到无知、无欲、淳朴、自然的状态中去。

根据对立的双方必然向对立面转化的观点，老子制定了他的政治策略：

一、尊贵者应以卑贱为根本，以卑下为基础，这样才能保住自己的地位。

二、将事情消灭在萌芽状态之中，也就是要在事情没有发生时采取行动，要在混乱尚未产生时着手治理。

三、欲擒故纵，欲强故弱，欲取故予。

四、永远使人民有所畏惧。因此，不能关闭人民住所的大门，不能堵塞人民的生路，不要使人民不畏惧死亡。

老子的战争观也是建立在自然、无为、守朴和柔弱的基础上的。老子认为：“天下有道，却走马以粪；天下无道，戎马生于郊。”战争是天下无“道”的必然结果，是由于人们的贪欲和不知足造成的。老子指出，发动战争的人终将自食其果。所以，他认为：“兵者，不祥之器也。”君子只是在迫不得已的情况下才动用它。在不得已而用兵时，老子又提醒人们注意“兵强则不胜”的原则，主张取得战果应及早住手，不能依靠武力逞强于天下。老子主张以无所事事来取得天下，如果喜欢用兵，喜欢杀人，那就不能得志于天下。据此，可知老子对战争实际上是持否定态度的。

## 有关老子的两个问题

上世纪五十年代，学术界在老子和老子的思想代表什么阶级的问题上，出现过不同的意见。一部分学者认为，老子代表没落的领主、贵族或小贵族阶级。另一部分学者则认为，老子代表农民的思想。这两种观点各有其根据和理由，但都不够充分，不够确切。因为准确地说，老子应是统治阶级内部不当权的派别——“隐君子”的代言人。

老子在其著作中，反复阐述了他的治国和取得天下的道理。他以“君子”、“侯王”、“万乘之王”作为立言和说服的对象。其书五千余字多为“君子”、“佐人主者”和“侯王”而发。老子在书中极尽谆谆告诫、循循善诱之能事，向“君子”和“侯王”们提出了大量的政治建议。由上所述，可知老子在政治上虽然对当权者抱有很大的不满，但他又站在当权者一边，积极为其出谋划策，应该属于统治阶级中的一员。最有说服力的证据，就是老子自己所说的：“若民恒且畏死，而为畸者，吾将得而杀之。”这明白无遗地告诉我们，老子并不是站在人民一边的。

老子在其著作中虽然不遗余力地宣扬和推行他的一整套治国和取天下的主张，企图在政治上有所作为，但他却未能取得当权者的信任和支持。老子承认，他的话虽然很容易理解，也很容易实行，但人们却不能理解和施行，因而也就不能理解他本人。可见他政治上很不得势，并不能贯彻施行他的政见。在《老子》一书中，老子是以淡泊、恬静的形象出现的，给人以超然独行，与众不同的印象。显然，他应是统治阶级不当权的在野派人士。诚如司马迁所说，老子是由周守藏室之史抽身隐退的一位“隐君子”。

关于老子的世界观是唯物主义的还是唯心主义的问题，曾成为当代学术界争论不已的一个重要主题。在这一问题上存在着三种不同的意见。一部分学者认为，老子的“道”无形无象，非感觉所能认知，是一抽象的观念或法则。它具有超时空、超经验的永恒性。老子的“道”就是“无”，从无生有，这不是唯物论。

另一部分学者认为，“道”是排斥一切神的，“道”永远存在。它是永恒的物质世界的自然性，在时间上和空间上都是无限的。“道”是物质实体及其规律，是世界的物质基础——气及其变化法则的统一，应该归入唯物主义之列。

还有一部分学者认为，以上两种意见都有一定的根据和道理，但都不够充分。按近现代哲学观点分析，老子的“道”是混杂的。它含有唯物主义和唯心主义两种因素，包含着向唯物主义或唯心主义发展的两种趋向。作为二千多年前的古人，老子没有，也不可能讲清楚自己的“道”是物质的，还是精神的。因此，讨论这一问题是不可能有真正的结果的。

第三种看法虽然出现较晚，但比较接近实际。老子的“道”是自然的缩影和化身，是客观存在的实体。它是天地万物的本质，又是产生天地万物的本原。作为天地万物的本质和本原的“道”是对立的统一。它既有形有象，又无形无象；既是物质的，又是精神的。根据老子的描述，既无法说“道”是物质第一性的，也无法说“道”是精神第一性的。因为老子在其著作中仅仅提出并解决了天地万物的本质和本原问题，而丝毫没有论及物质和精神的关系问题。因此，从《老子》一书中是无法找到它是唯物主义还是唯心主义的确切答案的。惟一可以明确指出的是：老子的思想中带有较多的否定有神论的倾向和比较浓厚的朴素的唯物主义的色彩。

## 老子的历史地位及其影响

老子是先秦道家学派的创始人，他所创立的学说极大地推动了他所在时代的思想的发展。在老子生活的时代，天命鬼神和尊神敬天的思想虽已遭到怀疑，但尚未从根本上被动摇或否定，上帝和天仍然被视为万物的主宰和本原。一些先进的思想家所能做到的至多只是避开这一话题，闭口不谈它们而已。例如，子产认为："天道远，人道迩，非所及也。"(《左传》昭公十八年)。孔子则主张"敬鬼神而远之"(《论语·雍也》)。老子的贡献就在于：他扩大了"道"的含义，赋予"道"以新的内涵，并形成系统的学说。按照这一新的学说，"道"被看做天地万物的本质和本原。以往是"道"从属于天，现在则是天从属于"道"。老子在充分意识到天地万物之间存在着一种普遍的规律、共同的本质和本原的基础上，概括提出了一个不是上帝或神、但又高于上帝和神、作为自然的缩影和化身的最高本体——"道"。这就从根本上动摇和否定了上帝和天的地位。这一新的学说的产生，意味着春秋时期人们在认识世界的过程中出现了一次重大的飞跃，它可以被看做是人们的抽象思维能力获得长足进展的一项标志。

在老子生活的时代，由于天和上帝的地位已经受到怀疑，人们往往注重社会和人事，比较关注伦理道德，重视人生和政治问题。其视野多局限于这些现实问题之内。作为卓尔独立、与众不同的一位大思想家，老子的思想体系以"道"为核心，由"道"和"一"伸展到天地万物、伦理道德、人生和政治，又从人生、政治和伦理道德返回到"朴"和"道"。这就建构起一个完整而又宏大的理论体系。这一理论体系的建立，将人们思考的范围从伦理道德、人生和政治，扩展到整个宇宙。这是老子的又一理论贡献。

老子创建的这一完整、宏大的思想理论体系，在更高的层次上超越了西周、春秋时盛行一时的天命观和敬天、保民、明德的思想体系。这使他成为道家学派的开创者，成为中国思想史上继往开来的一派宗师。老子在理论上的这些贡献，不仅使他在他那一个时代思想发展的过程中占有极其重要的一席之地，而且使他在以后中国思想和传统文化的发展过程中具有十分重要的地位和影响。

老子在中国思想史上的地位、影响和重要性，仅次于儒家学派的创始人孔子。孔子所创立的儒学在中国封建社会里长期成为官方的正统思想。老子的思想虽然只在汉初和魏晋这两个时期成为统治阶级的主导思想，但它却深深地影响了整个封建时代思想的发展。在诸子百家、佛教、道教，甚至官方儒学的思想中，往往可以找到老子影响的痕迹和烙印。

战国时，老子的思想对庄子、齐国的稷下学派和法家学派产生过巨大的影响。庄子是继老子之后道家学派的一位大思想家，“其学无所不窥，然其要本归于老子之言”（《史记·老子韩非列传》），深受老子思想的影响。他继承、发挥了老子的无中生有说，利用老子辩证法中对立面的转化不讲条件的缺陷，把它引向了相对主义。战国时，齐国稷下学士田骈、接子和环渊诸人，“皆学黄老道德之术，因发明序其指意”（《史记·孟子荀卿列传》），亦与老子有渊源关系。此外，法学家派中，“申子之学本于黄老”，韩非子之学亦“归本于黄老”（《史记·老子韩非列传》），申不害继承并改造了老子无为而治的思想，提出了君主大权独揽、小权分散、君道无为、臣道有为的思想。韩非子继承、发挥了老子的思想，提出“理”是具体事物的规律，“道”是万物之“理”的总和。他针对老子的辩证法只讲同一不讲斗争、只讲转化不讲条件的缺点，着重强调矛盾的斗争性，比较全面地发挥并阐述了矛盾转化的观点。

西汉初，黄老之学一度成为统治阶级的主导思想。黄老之学属于道家学派，深受老子思想的影响。例如西汉时成书的《淮南子》，“其旨近老子，淡泊无为，蹈虚守静”（高诱《淮南子叙》）。《淮南子》继承、改造和发挥了老子无中生有的思想，提出了从“无”产生宇宙、气和天地的观点。这一宇宙生成说直接影响了汉代大天文学家张衡的思想。

魏晋时，受老子思想影响很深的玄学成为当时社会的统治思想。玄学的创始者何晏和王弼继承、发挥了老子“天下之物生于有，有生于无”的宇宙生成说。他们将只有时间上的先后，只有生成与被生成关系的“有”、“无”解释成本体和作用。在给予老子的“有”、“无”以新的含义，将“时间在先”的“无”改换成逻辑在先”的“无”以后，他们进而提出了“无”为本、“有”为末的唯心主义的体用说。

在丧失其统治地位后，老子仍拥有很高的地位，他的思想也仍然对人们具有巨大的影响，为人们所接受，并不断被加以各种各样的改造。例如汉以来产生的道教，就将《老子》一书奉为经典，称之为《道德真经》，并将老子尊为教主。早期的道教利用老子的神秘性和“长生久视”等观点，来宣扬其长生不死、成神成仙的思想。五斗米道则令其信徒诵习《老子》五千言。晋人葛洪将老子的“道”当作“一”，并神化“道”和“一”，使之成为上帝的代名词。在此基础上，他提出只要守住“一”，便能成为神仙的观点，从而建立起道教的理论基础。到了唐代，老子被捧为“太上玄元皇帝”。道教的理论家司马承祯在吸收佛教思想的同时，又根据老子“无欲”可以认识“道”的奥妙、达到虚无的境界就是万物发展变化的极点和尽头，保持静止就是没有偏离万物根本的观点，提出了“虚静至极”就可以得“道”和长生不死的理论(《坐忘论·泰定》)。

老子的思想对中国的佛教也有一定的影响。举例来说，佛教传入中国之初，为便于传授，常用老子的虚无、无为之说，来解释佛教的“涅槃、“寂静”和一切皆空的思想。玄学兴起后，与其相通的佛学般若学盛极一时，其中的本无宗即受何晏、王弼的贵无论的影响，本无异宗则直接接受了老子的无中生有说。

老子的思想又构成了宋明理学的主要来源之一。理学的创始人周敦颐是北宋中叶的思想家，被朱熹推崇为理学的开创者。他的宇宙起源说和禁欲思想即深深打上了老子思想的烙印。周敦颐认为“无极”是宇宙的根源，由“无极而太极”（《太极图说》），由“太极”的动和静产生阴和阳，又由阴、阳的交互作用，最终造成了气象万千的物质世界。周敦颐的“无极”一词来源于《老子》。他从老子“道”生万物和“道”乃“无极”的思想出发，发展出“无极”产生万物的思想。在老子“至虚”、“守静”和“无欲”可以认识“道”的奥妙的思想影响下，周敦颐又提出“无欲故静”，道德修养必需“主静”的观点（《太极图说》）。这就把禁欲主义引入了儒家的道德规范，使之成为宋明理学思想的一个重要组成部分。

从先秦至近、现代，老子的思想曾多次遭到人们的批评或否定。例如战国时，“世之学老子者则绌儒学，儒学亦绌老子”（《史记·老子韩非列传》）。至晋代，裴頠作《崇有论》以批评老子（《晋书·裴頠传》）。南宋时，学者叶适批判了老子的“道”先天地而生等观点。明清之际，思想家王夫之对老子的思想进行了系统的批判。这都从另一个方面说明老子对中国传统思想具有很大的影响。

老子的思想不仅对人们的思想具有巨大的影响，而且还透过人们的思想，对他们的心理和行为模式产生了极其深远的影响。由于这种影响，老子的柔弱胜强、柔慈、啬俭、守静、少私寡欲、曲全、不争、谦退、知足、知止、不敢为天下先、朴素、厚实、积德、为善和功成身退等观点业已深入人心，早已成为中国人的处世方式，构成了中华民族文化传统的一部分。直到今天，在现实生活中我们还能时时感受到它的影响。

中华民族是一个伟大的民族，她拥有自己悠久的文化传统。对这样一个民族来说，传统是一个巨大的力量，它的一部分总能通过现实的选择，经过现在，伸向未来。对这一影响深远、前途未可限量的文化传统，我们首先应承认其价值。只有不全盘否定和抛弃传统，我们的文化才有继续发展的基点和内在的根据。其次，我们应努力吸取外来文化的精华和先进成就，以改造自己的传统。我们当前面临的时代任务之一，就是检讨中国的文化传统，分析辨别它对实现现代化的积极或消极作用，以便继承和弘扬中国传统文化的精华，批判、剔除其糟粕，努力建设中国的现代文化，促进我国现代化的进程。为此，我特将在中国传统文化中具有重要地位和影响的《老子》一书加以注解并译为白话文，以献给广大的读者。

# 凡 例

一、本书《老子》原文以1976年3月文物出版社刊行的马王堆汉墓帛书《老子》为底本，并以他本参校而成。

二、本书的校勘原则为：力求保持《老子》的原貌。帛书甲本如无明显的错讹、残缺、脱漏和解释不通之处，则依甲本。如有，则依帛书乙本补正。如乙本亦残脱、错讹和不通，则参校他本，择善而从。

三、帛书《老子》甲、乙本均不分章，“德”篇皆在“道”篇之前，篇首俱无篇题。为便于阅读、对比和查找，本书现据王弼注本和河上公注本分为八十一章，并将“道”篇移于“德”篇之前，在篇前补如《道篇》和《德篇》两篇篇名。至于各章的先后次序，则一仍帛书《老子》甲、乙本之旧。

四、本书注释和今译的原则是：力求简明扼要，上下贯通，准确无误地表述《老子》的本来意义。

五、为了使注释简明，常用的版本采用略语表示：

帛书甲本——甲本

帛书乙本——乙本

王弼注本——王本

河上公注本——河上本

傅奕注本——傅本

六、为使译文能全面、完整地表达原文的含义，本书将酌情在译文中补加若干字句。补加的字句一律以（　）标出，以示与正文有别。

七、本书校勘、注释和今译参考的主要版本为：

《老子道德经》魏王弼注，清刻《二十二子》本。

《老子道德经》河上公章句,《四部丛刊》本。

《道德经古本篇》唐傅奕,《道藏》本。

《道德真经指归》汉严遵,《道藏》本。

此外，本书还参考了《庄子》、《韩非子》、《吕氏春秋》(以上均为《二十二子》本)、容肇祖《王安石老子注辑本》(中华书局)、王念孙《读书杂志》(金陵局本)、王引之《经传释词》(守山阁本)、马叙伦《老子校诂》(中华书局)、蒋锡昌《老子校诂》(商务印书馆)、高亨《老子正诂》(开明书店)、朱谦之《老子校释》(《新编诸子集成》本)、张舜徽《周秦道论发微·老子疏证》(中华书局)、任继愈《老子新译》(上海古籍出版社)、许抗生《帛书老子注译与研究》(浙江人民出版社)、陈鼓应《老子注译及评介》(中华书局)等书。

# ◇道 篇◇

## 第一章

### 【原文】

道可道也[①]，非恒道也[②]。名可名也[③]，非恒名也。无名，万物之始也[④]，有名[⑤]，万物之母也。故恒无欲也[⑥]，以观其眇[⑦]；恒有欲也，以观其所微[⑧]。两者同出，异名同谓[⑨]。玄之又玄[⑩]，众眇之门。

### 【注释】

①前一个“道”指宇宙的本原和实质，后一个“道”指解说。

②恒：普通的，一般的。这句话以往多解释成：“道”，如果可以说得出来，它就不是永恒不变的“道”。这种解释偏离了《老子》的本义。甲本、乙本“道可道”后均有一“也”字。据此，可知这句话应解释成：“道”是可以表述的，它不是普通的“道”。《老子》通篇说的就是“道”。如第二十一章对“道”做了一番描述，第四十章说“道”可“闻”，第七十二章则说人们对“吾”描述“道”的“言”语不理解。显然，如果说“道”不可言传，那么《老子》五千言也就没有存在的必要了。

③前一个“名”是形名之名，即形式、形态，这里指“道”的形态。后一个“名”指说明。

④无名：指无形。“无名，万物之始也”，以往有人断为“无，名天地之始”。这种断法偏离了《老子》的本义。《老子》所说的“名”，

并非一般的名（“名可名也，非恒名也”），“无名”指的是“道”的一种形态；按第二十五章所说，“可以为天地母”的混成之物“道”应是“萧（无声）呵”、“漻（无形）呵”、“未知其名”的，也就是“无名”的，而不是“无”。所以，第三十二章、第三十七章均有“道恒无名”一语，第四十章则有“道褒无名”的话。

⑤有名：有形。以往有在“有”字后断句的。按第二十一章所说，“道”“其名不去”，第三十二章说“道恒无名……始制有名”。可见“有名”是“道”的另一种形态，不应将其从中断开。

⑥恒：经常。

⑦眇（miào）：通妙，精微，神妙。这句话以往多作：“故常无，欲以观其妙。”甲本、乙本“欲”字后均有一“也”字。按此，可知上述句读是有悖《老子》本义的。

⑧徼（jiào）：运行。甲本、乙本作“噭”，兹据王本、河上本、傅本。这句话以往多作：“常有，欲以观其徼。”甲本、乙本“欲”字后均有一“也”字。按此，“有欲”应为一词。帛书第二十二章、第三十一章分别有“有欲者弗居”一语，亦可为证。

⑨谓：指称，意指。甲本、乙本作“胃”，系借字，此据王本、河上本、傅本（以下各处帛书作“胃”字处均改作“谓”，不另出注）。

⑩玄：高深，奥妙。

## 【译文】

“道”是可以用言语来表述的，它并非普通的“道”。“名”也是可以阐明的，它亦非一般的“名”。“无名（无形）”是万物的始端，“有名（有形）”是万物的根源。所以经常没有欲望，以便认识无形的微妙；经常有所欲望，以便观察有形所运行的轨迹。“无名”、“有名”都泉源于“道”，构成“道”的两种不同的形态和境界，指的是同一个东西。深奥而又深奥，这是洞悉万物奥妙的门径。

# 第二章

## 【原文】

天下皆知美之为美，恶已[①]；皆知善，斯不善矣。有无之相生也，难易之相成也，长短之相刑也[②]，高下之相盈也[③]，音声之相和也，先后之相随[④]，恒也。是以圣人居无为之事[⑤]，行不言之教，万物作而弗始也[⑥]，为而弗志也[⑦]，成功而弗居也。夫唯弗居，是以弗去。

## 【注释】

①恶：丑。

②刑：通形。

③盈：充实。

④随：甲本、乙本作“隋”，“隋”应作“随”，此据王本、河上本、傅本。

⑤圣人：古代所推崇的最高典范人物。居：担任，担当。无为：任其自然，无所作为。

⑥作：兴起，创造。甲本缺，乙本作“昔（cùo）”，兹据王本、河上本、傅本。弗：不。

⑦“为”字前王本、河上本、傅本有“生而不有”四字，甲本缺，乙本无，今从乙本。志：心的倾向，指个人的志向、意志。

## 【译文】

天下都知道美的东西是美的，这就是丑了；都知道善，这就是不善了。有和无的互相转化，难和易的相反相成，长和短的互相衬托，高和下的互相充实，音和声的互相应和，先和后的互相追随，无一不永远如此（不可偏废）。因此，圣人以无为的态度行事，实行不用言语的教化，听任万物自然兴起而不为其创始，（他一切顺从自然，虽）有所施为，但没有自己的意向，功成业就而不自居。因为不居，功绩也就不会离他而去。

# 第 三 章

## 【原文】

不上贤[①]，使民不争；不贵难得之货[②]，使民不为盗[③]；不见可欲[④]，使民不乱。是以圣人之治也，虚其心[⑤]，实其腹，弱其志，强其骨，恒使民无知、无欲也。使夫知不敢、弗为而已[⑥]，则无不治矣[⑦]。

## 【注释】

①上：同尚，即崇尚，尊崇。贤：有德行、才能的人。

②贵：重视，珍贵。

③盗：窃取财物。

④见（xiàn）：即现，出现，显露。

⑤虚：空虚。心：古人以为心主思维，这里指头脑、思想。其：甲本缺，乙本作“亓（qí）”，即“其”（以下帛书各处作“亓”qí字处均改作“其”，不另出注）。

⑥“夫”下王本作“智者不敢为也为无为”，河上本作“知者不敢为也为无为”，傅本作“知者不敢为为无为”，甲本缺，兹据乙本。敢：进取。

⑦治：傅本作“为”，甲本缺，此据乙本、王本、河上本。

## 【译文】

不推崇有才德的人，使人民不互相竞争；不重视难得的财物，使人民不去行窃；不显耀足以激发贪欲的东西，使人民不致破坏既存的秩序。因此，圣人的治理原则是：简化人民的思想（使其头脑空空），填满人民的肚子，削弱人民的志向，强壮人民的体魄，永远使人民没有知识，没有欲望。只使他们懂得无须进取和不必有所作为，这样就没有治理不好的。

# 第四章

## 【原文】

道冲[①]，而用之有弗盈也[②]。渊呵[③]！似万物之宗[④]。锉其兑[⑤]，解其纷，和其光，同其尘。湛呵[⑥]！似或存[⑦]。吾不知其谁之子，象帝之先。

## 【注释】

①冲：通盅（chōng），空虚。

②有：通又。

③渊：深远。呵（ɑ）：语助词，表示停顿。

④似：甲本作“始”，乙本作“佁（sì）”，皆与“似”音相近，兹据王本、河上本、傅本。宗：祖先，祖宗。

⑤锉（cuò）：消磨，折去。兑（ruì）：通锐，锐利，锋利。

⑥湛：沉没，隐灭，不可见的样子。

⑦似：甲本缺，乙本作“佁”，兹据王本、河上本、傅本。

## 【译文】

大“道”空虚（犹如器皿内的空间），使用时又不会充满。深远啊！它好像万物的宗祖。消弭它的锋锐，消除它的纷乱，调和它的光辉，混同于尘垢。隐没不见啊！似无而又实存。我不知道它是谁的后嗣，似乎是天帝的祖先。

# 第五章

## 【原文】

天地不仁，以万物为刍狗[①]；圣人不仁，以百姓为刍狗。天地之间，其犹橐籥乎[②]？虚而不淈[③]，动而俞出[④]。多闻数穷[⑤]，不若守于中。

## 【注释】

①刍（chú）狗：草扎成的狗。古代用于祭祀之中，用完便抛弃，比喻轻贱无用的东西。

②橐籥（túo yuè）：古代冶炼时，鼓风用的袋囊和送风管，如今天的风箱。乎：甲本、乙本作“舆”，此据王本、河上本、傅本。

③淈：（gǔ）：竭，穷尽。

④动：甲本作“踵（zhǒng）”，此据乙本。俞：通愈，更加。

⑤闻：知识。数（shù）：技艺。穷：穷尽，到头。

## 【译文】

天地不存在仁爱之心，它将万物视若“刍狗”，圣人也不存在仁爱之心，他将百姓视若“刍狗”。天地之间，不正像风箱一样吗？其中空虚，但（蕴藏的风却）不可穷尽，愈动而风愈多。（与其）博学多识，技艺登峰造极，不如保持空虚的状态。

# 第六章

## 【原文】

谷神不死[①]，是谓玄牝[②]。玄牝之门，是谓天地之根。緜緜呵[③]！其若存[④]！用之不堇[⑤]。

## 【注释】

①谷：生养，生长。谷神，生养之神，此处用来比喻生养万物的“道”。甲本、乙本作“浴”，此据王本、河上本、傅本（以下帛书各处凡作“浴”字处均改作“谷”，不另出注）。

②玄：黑红色。牝（pìn）：雌性动物。玄牝，指雌性动物的生殖器，以此比喻空虚之“道”。

③緜緜：即绵绵，连绵不断貌。

④若：如此，这样。

⑤堇（jǐn）：通仅、廑、廑，少，不足。

## 【译文】

生养万物的神灵是永存的，这叫做“玄牝”。“玄牝”之门，叫做天地的根本。连绵不绝啊！它就是这样存在的！（所以）使用起来不会感到不足。

# 第 七 章

## 【原文】

天长，地久[①]。天地之所以能长且久者，以其不自生也，故能长生。是以圣人退其身而身先，外其身而身存[②]，不以其无私邪[③]？故能成其私。

## 【注释】

①长、久：均指时间长久。

②外：这里指置之度外。

③邪（yé）：甲本、乙本作“舆”，“舆”应作“与”，此据王本、河上本、傅本。

## 【译文】

天长地久。天地所以能长久存在，是因为它们（自然地存在着）不为自己而生存，所以能长久。因此，圣人谦退无争，反能在众人之先；将自己置于度外，反能使自身生存。这不正是由于他无私吗？所以能成全他的私。

# 第八章

## 【原文】

上善如水。水善，利万物而有静[①]，居众人之所恶[②]，故几于道矣[③]。居善地，心善渊，予善天[④]，言善信，正善治[⑤]，事善能，动善时。夫惟不争，故无尤[⑥]。

## 【注释】

①有：通又。

②恶（wù）：讨厌。川泽处下而容纳污垢，故为人们所厌恶。

③几（jī）：接近。

④予：推予，给与。“予善天”，王本、河上本作“与善仁”，傅本作“与善人”，甲本缺“天”字，此据乙本。

⑤正：通政。

⑥尤：怨恨，归咎。

## 【译文】

崇高的美德就像水。水具有（种种）美德，它有利于万物而又平静，停留在众人所厌恶的地方，所以接近于“道”。（善人）居处（如水一样避高趋下，顺乎自然）善于选择地点，胸怀（如水一样静默深远）善于保持沉静，施予（如水一样润泽万物，公正均平）善于效法上天，说话（如水一样堵塞必止，开决必流）善于守信，为政（如水一样净化污秽，高低一般平）善于治理，处事（如水一样随物成形，可方可圆）善于无所不能，行动（如水一样冬天结冰，春天融化，涸溢有时）善于随时应变。因为它（七善具备而）不争，所以没有怨咎。

# 第九章

## 【原文】

持而盈之[①]，不若其已[②]。揣而锐之[③]，不可长葆也[④]。金玉盈室，莫之能守也。贵富而骄，自遗咎也[⑤]。功遂身退[⑥]，天之道也。

## 【注释】

①持：握，执，拿着。甲本、乙本作“揎”，此据王本、河上本、傅本。

②已：停止。

③揣（zhuī）：捶打，冶炼。甲本缺，乙本作“掬”，傅本作“敱”，兹据王本、河上本。锐：甲本缺，乙本作“允”，王本、傅本作“挩”，此据河上本。

④葆（bǎo）：通保，守住。

⑤遗（wèi）：送给，留给。咎（jiù）：灾祸。

⑥遂（suì）：成就。

## 【译文】

执持盈满，不如趁早放手。锻得锐利，不可长保锋芒。金玉满室，没有谁能保藏。富贵而又骄傲，是给自己留下祸害。功成身退，是天之“道”。

# 第十章

## 【原文】

戴营魄抱一[①]，能毋离乎[②]？抟气至柔[③]，能婴儿乎？脩除玄监[④]，能毋有疵乎[⑤]？爱民活国[⑥]，能毋以知乎[⑦]？天门启阖[⑧]，能为雌乎[⑨]？明白四达[⑩]，能毋以知乎[⑪]？生之、畜之[⑫]，生而弗有[⑬]，长而弗宰也，是谓玄德[⑭]。

## 【注释】

①戴：负荷。营：指营气，人体中饮食水谷所化生的精气，有运行血液与滋养脏腑、组织的作用。魄：甲本缺，乙本作“袙”，兹据王本、河上本，傅本。魄指依附于形体而显现的精神。人生而有魄，随着饮食和所摄取的精气的增多，魄也日益增强。抱一：指合一。

②毋（wú）：不。

③抟（tuǎn）：即圆，运转，周环。甲本缺，王本、河上本、傅本作“专”，兹据乙本。

④脩：即修，通涤，洗濯，扫除。监：通鉴，镜子。甲本作“蓝”，王本、河上本、傅本作“览”，此据乙本。玄监，明镜，比喻内心。

⑤疵（cī）：小毛病。

⑥活：救活。甲本缺，乙本作“栝”，王本、河上本、博本皆作“治”。帛书中“活”字皆作“栝”。又按《经典释文》所说，此字河上本又作“活”。

⑦知：通智，智慧。

⑧天门：指鼻子。启：开。阖（hé）：关。天门启阖指人的呼吸，

以此比喻人的生存。

⑨雌：指安静柔顺。

⑩达：通晓事理。

⑪知：知识。甲本缺，乙本、河上本作“知”，王本、傅本作“为”，今从乙本。

⑫蓄（xù）：蓄养。

⑬“有”字下，王本、河上本、傅本有“为而不恃”四字，甲本缺，乙本无，今从乙本。

⑭德：指“道”的运用所得的特殊规律或特殊属性。

## 【译文】

人身具有的营养精气与精魄的统一，能不分离吗？呼吸吐纳，运气周身，以至于心平气和，能像婴儿那样柔顺吗？清除内心的杂念，能没有一点瑕疵吗？爱民救国，能不用智慧吗？人的生存，能做到安静柔顺吗？聪明通达，能不依赖知识吗？生育万物，养育万物，生育万物而不据为己有，滋养万物而不宰制，这叫做深奥的“德”。

# 第十一章

## 【原文】

卅辐同一毂[①]，当其无有[②]，车之用也[③]。然埴而为器[④]，当其无有，埴器之用也。凿户牖[⑤]，当其无有，室之用也。故有之以为利，无之以为用。

## 【注释】

①卅（sà）：三十。辐（fú）：车轮的辐条，是凑集于车轮中心毂上的直木。甲本缺，乙本作“福”，兹据王本、河上本、傅本。毂（gǔ）：车轮中心有圆孔的圆木，内贯车轴，外承车辐。

②当：处在。无有：没有。

③也：王本、河上本、傅本无，甲本缺，此据乙本。“埴器之用也”的“也”同。

④然（rán）：即燃，烧。埴（zhí）：粘土。器：器皿。

⑤户：门。牖（yǒu）：窗。

## 【译文】

三十根辐条汇集到一个毂中，毂的空虚（使车子得以运转），成就了车的功用。点火烧粘土，制作器皿，器皿中的空虚（使其可以容纳东西），成就了器皿的功用。开凿门窗，门窗的空虚（使光线可以射入，人和空气等可以出入），成就了房间的功用。（“有”给人带来功利，是因为“无”在起作用）所以应把“有”当作（“无”带来的）利益，把“无”当作（带来种种利益的）功用。

# 第十二章

## 【原文】

五色使人目盲[①]，驰骋田猎使人心发狂[②]，难得之货使人之行方[③]，五味使人之口爽[④]，五音使人之耳聋[⑤]。是以圣人之治也，为腹而不为目。故去彼而取此[⑥]。

## 【注释】

①五色：青、赤、黄、白、黑五种颜色。

②驰骋（chí chěng）：纵马疾驰。田猎：打猎。猎，甲本、乙本作“腊”，此据王本、河上本、傅本。

③行：行为。方：违，逆，这里指不轨。

④五味：酸、苦、辛、咸、甘五种味道。爽：伤败，亡失。口爽，口味败坏。

⑤五音：宫、商、角、徵（zhǐ）、羽。五音构成中国古代乐声音阶中的五个音级。

⑥此句甲本作“故去罢耳此”，王本、河上本、傅本皆作“故去彼取此”，此据乙本。

## 【译文】

五彩缤纷令人眼花目盲，纵马狩猎令人心情激动发狂，难得的宝货（激起人们的贪欲）令人行为不轨，五味（增进人们的食欲，最终）令人口味败坏，五音（震耳欲聋）令人听觉失灵。因此，圣人的治理（准则）是：但求填饱肚皮，而不求声色悦目。所以他舍弃后者，而选取前者。

# 第十三章

## 【原文】

宠辱若惊[①]，贵大患若身[②]。何谓宠辱若惊？宠之为下也，得之若惊，失之若惊，是谓宠辱若惊。何谓贵大患若身？吾所以有大患者，为吾有身也，及吾无身[③]，有何患？故贵为身于为天下[④]，若可以讬天下矣[⑤]；爱以身为天下[⑥]，女何以寄天下[⑦]？

## 【注释】

①宠：宠爱，尊崇。甲本作“龙”，乙本作“弄”，兹据王本、河上本、傅本。下同。

②贵：重视。大患：忧患。

③及：等到，到那时。

④贵：崇尚。

⑤若：乃，才。讬：托的异体字，托付。甲本作“迈”，乙本作“橐”，兹据傅本。

⑥爱：舍不得，吝惜。

⑦女：通汝，你。寄：寄托。

## 【译文】

珍爱屈辱以至于为它担惊害怕，重视忧患就像重视自身一样。什么叫宠辱若惊？把屈辱作为卑下一样珍爱，得到它，因之惊喜，失掉它，因之惊恐，这就叫宠辱若惊。什么叫贵大患若身？我所以有忧患，是因为我有这个身躯，等到我没有身体时，还有什么忧患呢？所以，崇尚献身于治理天下的人，才可以将天下托付给他；不愿舍身治理天下的人，你怎么可以将天下寄托给他呢？

# 第十四章

## 【原文】

视之而弗见，名之曰微[①]。听之而弗闻，名之曰希[②]。播之而弗得[③]，名之曰夷[④]。三者不可至计[⑤]，故混而为一[⑥]。一者，其上不谬[⑦]，其下不物[⑧]。寻寻呵[⑨]！不可名也，复归于无物。是谓无状之状，无物之象，是谓沕望[⑩]。随而不见其后[⑪]，迎而不见其首。执古之道，以御今之有[⑫]，以知古始，是谓道纪[⑬]。

## 【注释】

①微：无形。王本、河上本、傅本作“夷”，甲本作“聻”，此据乙本。

②希：无声。

③播（mín）：抚摸。

④夷：泯灭无迹。

⑤计：算清，数清，这里指分别清楚。

⑥混：合而未分，甲本作“圃”，乙本作“绢”，兹据王本、河上奉、傅本。一：指原始的统一体，混沌的元气。

⑦谬：荒诞无稽。王本、河上本、傅本作“皦”，甲本作“攸”，此据乙本。

⑧物：即忽，绝，灭，不明。

⑨寻（xún）：连续不断而来。

⑩沕（mì）：潜藏的样子。望：即惘，远望而惘然不可见。沕望，王本作“惚恍”，河上本作“忽恍”，傅本作“芴芒”，甲本缺，兹据乙本。

⑪随：甲本缺，乙本作“隋”，“隋”应作“随”，此据王本、河上本。

⑫御：驾驭。有：指有形的具体事物。

⑬纪：头绪，条理，纲要。

## 【译文】

视而不见，叫做无形。听而不闻，叫做无声。摸它不着，叫做泯灭无迹。这三者不能达到分别清楚的地步，所以混为一体。“一”这个东西，其先并非虚诞不实，其后也不是灭绝不明，连绵不绝啊！不可具体描述和形容，它反复回归到无形无象、无声无色的状态。这叫做没有具体形状的形状，没有具体事物的形象，这叫做潜藏而不可见。跟着它，看不见它的后面；迎着它，看不见它的前头。把握古已有之的“道”，用它来驾驭现存的具体事物，认识古时（万物）的开始，这叫做“道”的纲要。

# 第十五章

## 【原文】

古之善为道者[①]，微眇玄达[②]，深不可志[③]。夫唯不可志，故强为之容[④]，曰：与呵[⑤]！其若冬涉水。猷呵[⑥]！其若畏四邻[⑦]。严呵[⑧]！其若客。涣呵！其若冰泽[⑨]。沌呵[⑩]！其若朴。湷呵[⑪]！其若浊。旷呵[⑫]！其若谷。浊而静之[⑬]，徐清。安以动之[⑭]，徐生。葆此道者不欲盈[⑮]，夫唯不欲盈，是以能敝而不成[⑯]。

## 【注释】

①善：甲本、乙本缺，兹据王本、河上本、傅本补。道：王本、河上本作“士”，甲本缺，此据乙本、傅本。

②玄达：深奥通达。

③志：记述。

④容：形容，描述。

⑤与：动作谨慎，缓慢。

⑥猷（yóu）：谋划。

⑦邻：甲本缺，乙本作“哭”，此据王本、河上本、傅本。

⑧严：严肃，端整。

⑨冰：甲本、乙本作“淩”，“淩”应作“凌”，此据王本、河上本、傅本。泽：通释，消溶，消散。

⑩沌（dùn）：混沌无知的样子。

⑪朴：未经加工的素材。

⑫湷：（chǔn）：水深的声音。

⑬旷：空旷，广阔。甲本缺，乙本作“莊”，兹据王本、河上本、

傅本。

⑭此句王本、河上本作“孰能浊以静之”，傅本作“孰能浊以澄靖之”，甲本作“浊而情之”，此据乙本。

⑮安、动：甲本、乙本作“女”、“重”，此据王本、河上本、傅本。

⑯葆：通保。者：甲本无，乙本缺，兹据王本、河上本、傅本补。

⑰敝：陈旧，破败。甲本缺，乙本作“嫳”、王本、河上本作“蔽”，此据傅本。

## 【译文】

古时善于实行“道”的人，微妙、高深而又通达，深奥得不可记述。因为不可记述，所以只能勉强对他作一描述：（他）谨慎缓慢啊！就像冬天（冒着寒冷）涉水过河。谋划盘算啊！就像害怕四邻（的围攻）一样。严肃庄重啊！就像宾客一样。涣散疏松啊！就像冰凌消融。混沌无知啊！就像未经雕琢的素材。积厚深沉啊！就像浑水一样难以看透。空旷深阔啊！就像（空虚的）山谷一般。浑浊的水静下来，慢慢就会澄清。安静的东西动起来，慢慢就会产生变化。保持这个“道”的人，不追求盈满。因为不求盈满，因此能安于陈旧，破败，而不是完满无缺。

# 第十六章

## 【原文】

至虚，极也。守静，督也[①]。万物旁作[②]，吾以观其复也。天物云云[③]，各复归于其根[④]，曰静。静，是谓复命。复命，常也。知常，明也。不知常，芇[⑤]。芇作，凶。知常，容[⑥]。容乃公[⑦]，公乃王[⑧]，王乃天，天乃道，道乃久[⑨]，没身不殆[⑩]。

## 【注释】

①督：中央，正中。王本、河上本、傅本作“笃”，甲本作“表”，此据乙本。

②旁：广泛，普遍。

③天：天然，出于自然的。云云：众多的样子。

④根：指事物的本原。

⑤芇：（máng）：同茫，暗昧，茫然无知。

⑥容：容纳，包容。

⑦公：公正，无私。

⑧王（wàng）：归往，统治天下，成就王业。

⑨久：甲本缺，乙本无，此据王本、河上本、傅本补。

⑩没身：终生。殆：危险。

## 【译文】

达到虚无的境界，就是（万物发展变化的）极点和尽头。保持静止，就是没有偏离（万物的根本）。万物都在兴起、发展，我从而观察它们的还原。自然之物尽管变化万端，最后又各自返回到它们的本原，这称做“静”。“静”，这叫做回到生命的起点。回到生命的起点是永恒不变的规律。认识这一规律，就是明智。不认识这一规律，就是暗昧。茫然无知而去行动，必然凶险。认识这一规律才能包容一切。无所不包容就公正不偏，公正不偏就天下归往，天下归往就（无须强迫而）出于自然，出于自然就合乎“道”，与“道”符合就长久，终生不会有危险。

# 第十七章

## 【原文】

大上[①]，下知有之，其次亲誉之，其次畏之，其下侮之[②]。信不足，案有不信[③]。猷呵[④]！其贵言也。成功遂事[⑤]，而百姓谓我自然。

## 【注释】

①大上：即“太上”，指最好的君主。

②侮：轻侮，蔑视。甲本、乙本作“母”，此据王本、河上本、傅本。

③案：乃，于是。

④猷：谋划，这里指深思熟虑。

⑤遂：成功，完成。

## 【译文】

最好的君主（无为而治），人民只知道有他存在；其次的君主，人民亲近他，赞美他；再次的君主，人民畏惧他；最次的君主，人民轻侮他，蔑视他。君主（多言而寡信）信用不足，于是就有人民不相信君主的事发生。深思熟虑啊！他不肯轻易发话。功成事就，人民（不知出于君主所赐）却说我们本来就是这样的。

# 第十八章

## 【原文】

故大道废，案有仁义。知慧出，案有大伪。六亲不和[①]，案有孝慈[②]。邦家昏乱[③]，案有贞臣[④]。

## 【注释】

①六亲：六种亲属，说法不一。或指父、子、兄、弟、夫、妇，或指父、母、兄、弟、妻、子，或指父、昆弟、从父昆弟、从祖昆弟、曾祖昆弟，族昆弟，或指父子、兄弟、姑姊、甥舅、婚媾、姻娅，或指外祖父母、父母、姊妹、妻兄弟之子、从母之子、女之子。

②慈：甲本、乙本作“兹”，此据王本、河上本、傅本。

③邦：国。昏：甲本、乙本作“闆”，此据王本、河上本、傅本。

④贞：正直不阿。

## 【译文】

所以，大“道”被废弃，这才有仁义。智慧出现了，这才有诈伪。六亲不和睦，这才有孝慈。国家昏乱不堪，这才有正直的大臣。

# 第十九章

## 【原文】

绝圣弃知[①]，而民利百倍。绝仁弃义[②]，而民复孝慈[③]。绝巧弃利[④]，盗贼无有。此三言也，以为文未足[⑤]，故令之有所属[⑥]：见素抱朴[⑦]，少私寡欲[⑧]，绝学无忧。

## 【注释】

①圣：通达，聪明。

②仁：仁爱。义：正义。仁、义是古代的道德观念和伦理规范。

③慈：甲本、乙本作“兹”，此据王本、河上本、傅本。

④巧：技艺。

⑤文：指组织成篇的文字、文辞。

⑥属：连接，隶属。

⑦见（xiàn）：呈现，表现。素：没有染色的生帛，这里指本色。朴：这里指纯朴、纯真。

⑧私：甲本、乙本缺，此据王本、河上本、傅本补。

## 【译文】

弃绝聪明、智慧，人民的利益反而增加百倍。弃绝“仁”、“义”，人民反而返回到孝、慈的状态。弃绝技艺和私利，盗贼就会绝迹。这三句话作为组织成篇的文字（含义）尚不够完整，所以还要（予以补充）使其有所增加：以本来的面目出现，保持内心的纯朴，减少私心和欲望，放弃学习，不要忧虑。

# 第二十章

## 【原文】

唯与诃[1]，其相去几何？美与恶，其相去何若？人之所畏，亦不可以不畏人[2]。望呵[3]！其未央才[4]！众人巸巸[5]，若乡于大牢[6]，而春登台。我泊焉未兆[7]，若婴儿未咳[8]。累呵！如无所归。众人皆有馀，我独遗[9]。我愚人之心也，惷惷呵[10]！鬻人昭昭[11]，我独若昏呵[12]！鬻人察察[13]，我独闵闵呵[14]！惚呵[15]！其若海。望呵[16]，其若无所止。众人皆有以[17]，我独顽以鄙[18]。吾欲独异于人，而贵食母[19]。

## 【注释】

①唯：应诺的声音。诃（hē）：大声斥责。

②人：王本、河上本、傅本无，甲本缺，此据乙本。

③望：远望而惘然不可见。王本、河上本、傅本作“荒”，甲本缺，此据乙本。

④未央：没有完。才：同“哉”。王本、河上本均作“哉”，甲本缺，此据乙本。

⑤巸（yí）：欢喜，快乐。

⑥乡（xiáng）：通飨，享受。大（tài）牢：即太牢，古代帝王诸侯祭祀社稷时，牛、羊、猪三牲齐备叫太牢。

⑦泊：淡泊，恬静。兆：迹象，征兆。甲本作“佻”，乙本作“佻”，此据王本、河上本、傅本。

⑧咳（hái）：婴儿的笑。

⑨遗：失。

⑩惷（chǔn）：即蠢，愚笨。

⑪鬻（zhōu）：粥糊，这里指糊涂。鬻人，糊涂人，这里指世人。昭昭：清醒，明辨事理。

⑫昏：甲本作“闐”，乙本作“閲”，兹据王本、河上本、傅本。

⑬察察：分析明辨。

⑭闵（mǐn）：昏昧，糊涂。甲本作“閲”，乙本作“闽”，王本、河上本作“闷”，此据傅本。

⑮物：即忽，不分明，这里指糊涂。

⑯望：王本作“飂”，河上本作“漂”，傅本作“飘”，甲本作“朢”，此据乙本。

⑰有以：有什么可以拿来。

⑱顽：顽钝无知。甲本缺，乙本作“门元”，兹据王本、河上本、傅本。鄙：鄙陋。

⑲食母：指像婴儿那样仰食于母亲。母，指哺育万物的“德”。

## 【译文】

应诺和呵斥，这相差多少？美与丑，这又相差多少？人所畏惧的人，也不可以不畏惧别人。（这种对立两极的严格划分和对它们的肯定或否定，是毫无意义的，我奉行的道德准则）远望而惘然不可见啊！永远存在而没有结束的时候！众人是那样的欢乐，就像参加丰盛的宴会，又像春日登台远眺（那样舒畅）。我却淡泊恬静，无动于衷，就像婴儿还不会笑。疲倦困乏啊！就像无家可归。众人都有富余，我独有所失。我真是愚人的心肠，那样的愚笨啊！世人是那么清醒，我独这么昏昧！世人是那么精明，我独这么糊涂！隐匿不明啊！就像（茫茫的）大海（那样难以看透）。远望而惘然不可见啊！就像永远如此，没有休止之时。众人都有一套有用的本事，我独顽钝无知，而又鄙陋。我偏偏想要与众不同，推崇从哺育万物的母亲（“德”）那里吸取养料。

# 第二十一章

## 【原文】

孔德之容①，唯道是从。道之物，唯望唯物②。物呵！望呵！中有象呵③！望呵！物呵！中有物呵！幽呵④！冥呵⑤！中有请呵⑥！其请甚真，其中有信⑦。自今及古，其名不去⑧，以顺众父⑨。吾何以知众父之然？以此。

## 【注释】

①孔：盛，大。容：容貌，样子。

②望：王本作“恍”，河上本作“怳（即恍）”，傅本作“芒（通茫）”，甲本作“壑”，此据乙本。

③象：形象。

④幽（yōu）：隐微，隐晦。甲本作“湝”，乙本作“幼”，此据傅本。

⑤冥（míng）：暗昧不明。

⑥请（qíng）：通情，即事物的本性、本质。

⑦信：指能予以证实的可信的东西。

⑧名：指形态。去：失去，这里指失去原来的模样。

⑨顺：顺从。众父：指万物的始端。

## 【译文】

大“德”的样子，只随“道”为转移。“道”这个东西，惘然而看不分明。不分明啊！惘然啊！其中（却）有形象（可见）啊！惘然啊！不分明啊！其中（却）有（实在的）事物啊！隐微啊！暗昧啊！其中含有万物的本质。这本质十分真实，其中包含确实可靠的东西。从现今上溯到古代，它的形态（始终如一）没有变化，而是遵循着万物开始时的样子。我凭什么知道万物原始的情形呢？靠的就是这个。

# 第二十二章

## 【原文】

炊者不立[①]，自视者不章[②]，自见者不明[③]，自伐者无功[④]，自矜者不长[⑤]。其在道也，曰：馀食赘行[⑥]。物或恶之[⑦]”，故有欲者弗居。

## 【注释】

①炊：通吹，佐助，扇。这里指自吹，助长，抬高。立：建树，成就。王本此句后有“跨者不行”一句。

②视：通示，显示，标榜。章：通彰，表彰，显扬。

③见（xiàn）：引荐，推荐，介绍。

④伐：夸耀。

⑤矜（jīn）：自以为贤能。长（zhǎng）：地位高。

⑥馀：饱足，丰饶。甲本、乙本作“粽”，此据王本、河上本、傅本。赘（zhuì）：多余。

⑦物：人，公众。或：又。

## 【译文】

吹嘘、抬高自己的，不会有所建树；自我标榜的，反而不能显扬；自荐的，反而不能自明；自我夸耀的，反而无功；自以为贤能的，反而不能领导。就“道”而言，这叫做：过于丰盛（以致败坏人的口味）的食物和画蛇添足之举。公众又厌恶这些，所以有所追求的人不这样做。

# 第二十三章

## 【原文】

曲则全[①]，枉则正[②]，洼则盈，敝则新，少则得，多则惑。是以圣人执一以为天下牧[③]。不自视故章，不自见故明，不自伐故有功，弗矜故能长。夫唯不争，故莫能与之争。古之所谓曲全者，几语才[④]！诚全归之[⑤]。

## 【注释】

①曲：委曲。全：齐全。

②枉：弯曲。正：正直，纠正。

③执：持。牧：法式，规范。

④几：接近，相去不远。才：同哉。

⑤诚：的确。归：趋向，归结。

## 【译文】

委曲才能保全，枉曲才能矫正，低凹才能（积蓄）盈满，陈旧才能推陈出新，少些才能有所得，多了反而会困惑（无所得）。因此，圣人执持（万物的本原）“一”，将它作为天下的规范。不自我标榜，所以才声名显扬；不自荐，所以才能自明；不自我夸耀，所以才有功；不自以为贤能，所以才能地位崇高。正因为与人无争，所以谁也不能和他相争。古人所说的委曲保全，是（与此意义）相近的话啊！的确，保全可以归结为这个意思。

# 第二十四章

## 【原文】

希言自然[1]。飘风不冬朝[2]，暴雨不冬日。孰为此？天地而弗能久，有兄于人乎[3]！故从事而道者同于道，德者同于德[4]，失者同于失[5]。同于德者，道亦德之。同于失者，道亦失之。

## 【注释】

①希：无声。

②飘风：暴起的旋风。冬：终，尽。下同。

③有：即又。兄：同况。

④德：道德。又通得，即获得，事情做对了。

⑤失：丧失，做错了事情。

## 【译文】

不说话是合乎自然的。暴起的旋风刮不了一个早晨，暴雨下不了一整天。谁使它们这样的呢？天地（的力量）尚且不能持久，又何况人呢！所以奉行“道”的就应和“道”相同，奉行“德”的就应和“德”相同，（行为）有失于“道”的就和“失”相同。与“德”相同的，“道”也就得到他。与“失”相同的，“道”也就失掉他。

# 第二十五章

## 【原文】

有物昆成[①]，先天地生。萧呵[②]！漻呵[③]！独立而不改[④]，可以为天地母[⑤]。吾未知其名，字之曰道[⑥]。吾强为之名曰大，大曰逝[⑦]，逝曰远，远曰反[⑧]。道大，天大，地大，王亦大。国中有四大[⑨]，而王居其一焉。人法地[⑩]，地法天，天法道，道法自然。

## 【注释】

①昆：混，同。成：完整。

②萧：寂静。

③漻（liáo）：清澈透明的样子。这里指无形，看不见，摸不着。甲本作“缪”，此据乙本。

④改：甲本缺，乙本作“玹”，此据王本、河上本、傅本。

⑤“可”字前王本、河上本、傅本有“周行而不殆”五字，甲本缺，乙本无，今从乙本。

⑥字：动词，取字。古代婴儿出生后三个月命名。成年后，男女分别在举行冠礼和笄礼时取字。

⑦逝：去。甲本、乙本作“筮”，此据王本、河上本、傅本。

⑧反：返回，回归。

⑨国：这里指宇宙。

⑩法：效法，学习。

【译文】

有一个混同一体的东西，在天地形成以前就已产生。寂静无声啊！清澈无形啊！它独立存在，永不改变，可以看做是天地的根源。我不知道它的名称，把它叫做“道”。（万物都归附于“道”，“道”无所不包，所以）我勉强替它起名为“大”，（但“道”并不主宰它们，万物又可离它而去，因此）“大”可称为“逝”，（去久则远，因此）“逝”可称为“远”，（远则返本归根，因此）“远”可称为“反”。“道”大，天大，地大，王也大。宇宙中有四大，王就是其中之一。人取法地，地取法天，天取法“道”，“道”取法它的原本。

# 第二十六章

## 【原文】

重为轻根，静为趮君[①]。是以君子冬日行[②]，不离其辎重[③]。惟有环官[④]，燕处则昭若[⑤]。若何万乘之王而以身轻于天下[⑥]？轻则失本，趮则失君。

## 【注释】

①趮（zào）：不静，急躁。

②冬：终，尽。

③辎（zī）：甲本、乙本作“甾”，此据王本、河上本、傅本。辎重，指载有寝处服食等生活物品的车子。

④唯：因为。环官：指环绕四周的侍卫人员。

⑤燕：闲，静。昭若：即昭然，明白、清楚的样子。王本、河上本、傅本作“超然”，甲本作“口若”，此据乙本。

⑥乘（shèng）：古时一车四马为一乘。万乘之王，指拥有万乘兵车的大国君主。

## 【译文】

重是轻的根本，静是趮的主宰。因此，君子整天行路，不离开他的辎重车辆。因为有侍卫人员（料理一切），安居就头脑清晰（可以考虑大事。君子尚且如此），怎么拥有万乘兵车的（大国）君主把自身看得比天下还轻呢？轻就丧失根本，趮就丧失主宰的地位。

# 第二十七章

## 【原文】

善行者无勶迹①，善言者无瑕適②，善数者不以梼策③，善闭者无关籥而不可启也④，善结者无缨约而不可解也⑤。是以圣人恒善怵人⑥，而无弃人，物无弃财⑦，是谓愢明⑧。故善人，善人之师⑨；不善人，善人之资也⑩。不贵其师，不爱其资，虽知乎大迷⑪，是谓眇要。

## 【注释】

①勶（zhé）：通彻，即通，这里指通行，往来。

②瑕（xiá）：指缺点，毛病。適（zhé）：即谪（適），责备。

③梼（táo）：截断的木块。策：甲本作"箖"，乙本作"笨"，此据王本、河上本、傅本。梼策，古人记数、计算用的筹码。

④关：门闩。籥（yuè）：锁。

⑤缨（mò）：绳索。约：束缚。

⑥怵（qiú）：埋怨，责备。

⑦财：材料，东西。

⑧愢（shēn）：幽，这里指幽微，隐晦。

⑨"善"字前王本、河上本、傅本有一"不"字，甲本缺，乙本无，今从乙本。

⑩资：这里指可引以为戒的资财。

⑪知：明智，聪明。

【译文】

善于行走的，没有来去的痕迹；善于说话的，没有差错可以指摘；善于计算的，不用筹码；善于关闭的，没有闩锁，却谁都不能打开；善于打结的，没有绳索，却谁都不能解开。因此圣人总是善于（顺乎自然以）埋怨和责备人，而没有摒弃人，万物没有可抛弃的东西，这叫做幽微、隐晦的明智。所以善人是善人的老师，恶人是善人引以为戒的资本。不尊重他的教师，不珍惜引以为戒的资本，虽然（看似）聪明，其实却是大大的糊涂，这叫做奥妙的精要。

# 第二十八章

## 【原文】

知其雄[1]，守其雌，为天下溪。为天下溪，恒德不离[2]。恒德不离，复归于婴儿[3]。知其白[4]，守其辱[5]，为天下谷。为天下谷，恒德乃足。恒德乃足，复归于朴[6]。知其白[7]，守其黑[8]，为天下式[9]。为天下式，恒德不贷[10]。恒德不贷，复归于无极[11]。朴散则为器[12]，圣人用则为官长。夫大制无割[13]。

## 【注释】

①其：本章的六个其字，均系代词，意为“这个”。

②恒：普通的，一般的。离：离去，离失。

③于：甲本无，乙本缺，兹据傅本补。

④白：洁，净，即洁白。王本“白”作“荣”。

⑤辱：污浊。

⑥朴：这里指混沌未分的原始状态。

⑦白：清楚，明白，明辨。

⑧黑：暗昧。

⑨式：式样，榜样。

⑩贷（tè）：过失，差误。

⑪极：极点，最高限度，穷尽。无极，这里指“道”。

⑫器：器具，这里指经过人加工的有形的具体事物。

⑬割：割裂，剪裁。

## 【译文】

知道（什么是）刚强，却安守柔弱，甘作天下的溪渎。甘作天下的溪渎，普通的“德”就不散失。普通的“德”不散失，就又回归到（纯朴的）婴儿状态。知道（什么是）清白，却安守污浊，甘作天下的溪谷。甘作天下的溪谷，普通的“德”就充足。普通的“德”充足，就又回归为质朴。知道（什么是）明辨，却安守暗昧，甘作天下（暗昧）的榜样。甘作天下的榜样，普通的“德”就不会有失误。普通的“德”不会有失误，就又回归为无穷无尽的“道”。“朴”被分散（离开它的原始状态）就成为具体的事物。圣人发挥其作用，就成为它们的主宰。（宰制万物）至高无上的法制并没有裁割“朴”。

# 第二十九章

## 【原文】

将欲取天下而为之[①]，吾见其弗得已。夫天下，神器也，非可为者也。为者败之，执者失之[②]。物或行或随[③]，或炅或吹[④]，或强或硑[⑤]，或陪或隳[⑥]。是以圣人去甚、去大、去奢[⑦]。

## 【注释】

①为：这里指违背自然，加以裁割。

②执：这里指控制，把持。

③或……或……：有的……有的……。

④炅（rè）：即热。吹：这里指寒冷。甲本缺，乙本无，此据王本、河上本、傅本补。

⑤或强：甲本缺，乙本无，此据王本、河上本补。硑（cǔo）：碎石，这里指破碎。王本、河上本作"羸"，傅本作"剉"，甲本缺，此据乙本。

⑥陪：通培，指增加，助益。隳（huī）：毁坏。

⑦奢、大（tài）、甚：三字均含有过分、极端的意思。奢，甲本作"楮"，乙本作"诸"，此据王本、河上本、傅本。

## 【译文】

要想取得天下而裁割它，我看他不会达到目的。天下这个神奇莫测的东西，是不可裁割的。裁割它就毁坏了它，把持它就丧失了它。（因为这违背了自然。在自然情况中）万物有的前行，有的后随；有的热，有的冷；有的坚强，有的破碎；有的（起）增益（作用），有的（起）毁坏（作用）。因此，圣人（只顺乎自然）去除过分和极端的东西。

# 第三十章

## 【原文】

以道佐人主，不以兵强于天下。其事好还[①]。师之所居[②]，楚棘生之[③]。善者果而已矣[④]，毋以取强焉。果而毋骄，果而勿矜，果而勿伐[⑤]，果而毋得已。居是[⑥]，谓果而不强。物壮而老，谓之不道。不道蚤已[⑦]。

## 【注释】

①事好还：甲本、乙本缺，此据王本、河上本、傅本补。好：喜欢，爱好。还：返回，这里指还报。

②师之：甲本、乙本缺。此据王本、河上本、傅本补。

③楚：灌木名，即牡荆。棘（jí）：植物名，即酸枣。

④果：果实，成果，这里指取得成果，成功。

⑤勿：甲本、乙本缺，此据王本、河上本、傅本补。

⑥是：这些。

⑦蚤（zǎo）：通早。已：止，完，结束。蚤已，早亡。

## 【译文】

用“道”辅佐国君，不依靠武力逞强于天下。用兵这件事，喜欢还报（终将使人自食其果）。军队驻扎过的地方，（人口减少，田地荒芜）荆棘丛生。善用兵的，只要取得成功就罢了，不要以武力逞强。取得成功不要骄傲，取得成功不要自以为有才能，取得成功不要夸耀，取得成功是情势所迫，不得不然。属于上述情况的，叫做取得成功而不强盛。万物壮盛因而（过早）衰老，叫做不合乎“道”。不合乎“道”就会早亡。

# 第三十一章

## 【原文】

夫兵者[1]，不祥之器也[2]。物或恶之。故有欲者弗居。君子居则贵左[3]，用兵者贵右。故兵者，非君子之器也。兵者，不祥之器也，不得已而用之。铦袭为上[4]，勿美也。若美之，是乐杀人也。夫乐杀人，不可以得志于天下矣。是以吉事上左[5]，丧事上右。是以偏将军居左[6]，上将军居右，言以丧礼居之也[7]。杀人众，以悲哀立之[8]；战胜，以丧礼处之。

## 【注释】

①兵：指兵器。

②祥：吉祥，吉利。

③君子：指德行兼备的人。

④铦（xiān）：锋利。袭：入，触及，这里指便于刺入、砍入。

⑤吉事：古代指祭祀、冠笄、婚姻等事。上：通尚，崇尚。

⑥偏：辅佐。偏将军，佐将。

⑦丧礼：指古代居丧和兴办丧事的仪节。

⑧哀：甲本作“依”，乙本缺，兹据王本、河上本、傅本。立：成就。

## 【译文】

武器是不祥之物。公众又厌恶它。所以有所追求的人不使用它。君子平时安居以左边为贵，用兵作战就以右边为贵。所以武器不是君子（所用）的东西。武器是不祥之物，君子迫不得已才动用它。武器以锋利便于刺杀的为上等，但不要对好的武器加以赞美。如赞美它们，就是喜好杀人。喜好杀人，就不能得志于天下了。因此，吉庆的事以左边为上，丧事以右边为上。因此，（战时）偏将军位于左边，上将军位于右边。这是说按丧礼来处置战事。杀人众多，要以悲痛的心情对待它。打了胜仗，要按丧礼来处理它。

# 第三十二章

## 【原文】

道恒无名。朴虽小[①]，而天下弗敢臣[②]。侯王若能守之，万物将自宾[③]。天地相合，以俞甘露[④]，民莫之令，而自均焉。始制有名[⑤]，名亦既有[⑥]，夫亦将知止[⑦]。知止所以不殆。俾道之在天下也[⑧]，猷小谷之与江海也[⑨]。

## 【注释】

①小：指微小，渺小。

②臣：役使，支配。

③宾：服从，归附。

④俞（yú）：报，答，这里指施加。露：甲本、乙本作“洛”，此据王本、河上本、傅本。甘露，甜美的露水。

⑤始：指“无名，万物之始也”的“无名”。制：制造，规定。

⑥既：已经，既然。

⑦夫：这，此。

⑧俾（bǐ）：使。

⑨猷（yóu）：犹如，若。与：亲附，参加，这里指加入，归入。

## 【译文】

“道”经常是无形的。“朴”虽微小不显著，但天下谁也不敢役使它。君主如能守住它，万物将自动归从。天地（阴阳）相配合，因此而普施甘露，人们没有发布指令，它却自然而然地分布得很均匀。无形制定有形，（万物）形也已经有了，这也就将知道适可而止。知道适可而止（就无争），因此不会有危险。（君主应懂得这些道理，保持质朴，无为而治）使“道”存在于天下，犹如小溪小涧归入江海一样（成为万众之所归）。

# 第三十三章

## 【原文】

知人者[①]，知也[②]。自知，明也。胜人者，有力也。自胜者，强也。知足者，富也。强行者[③]，有志也。不失其所者[④]，久也。死而不忘者，寿也。

## 【注释】

①知：知道，了解。

②知：知识、经验丰富。

③强：竭力，勉力。

④所：处所，这里指恰当的位置。

## 【译文】

知识和经验丰富的人才能认清别人。认识自己才是明智。战胜别人是有力量。战胜自我才是强大。知足的富有。努力实行的有志气。不丧失恰当位置的（不会犯错误）可以长久。身死而不被人忘却的长寿。

# 第三十四章

## 【原文】

道沨呵[①]！其可左右也。成功遂事而弗名有也[②]。万物归焉而弗为主，则恒无欲也，可名于小。万物归焉，而弗为主[③]，可名于大。是以圣人之能成大也，以其不为大也，故能成大。

## 【注释】

①沨（fēng）：泛滥，涨溢。王本作“氾”，河上本作“氾”，傅本作“汎”，甲本缺，此据乙本。

②此句前王本、河上本有“万物恃之而生而不辞”九字，傅本作“万物恃之以生而不辞”，甲本缺，乙本无，今从乙本。有：存在，这里指具有某种功德。

③主：主宰。

## 【译文】

“道”就像泛滥的河水一样（无边无际）啊！它能左能右，无所不至。功成事就却不自称有功有德。万物归附于它，却不作它们的主宰，它乃是永远没有欲望的，可以称为微小。万物归附于它，却不作它们的主宰，可以称为伟大。因此：圣人能够成为伟大，是由于他不追求伟大，因而伟大。

# 第三十五章

## 【原文】

执大象[①]，天下往。往而不害，安平大[②]。乐与饵[③]，过格止[④]。故道之出言也，曰：淡呵！其无味也。视之，不足见也。听之，不足闻也。用之，不可既也[⑤]。

## 【注释】

①象：形象。大象，指“道”。

②安：乃，就。大（tài）：即泰，通畅，平安。

③饵（ěr）：指食物。

④格：指一定的标准或量度。

⑤既：尽。

## 【译文】

执守大“道”，天下人就归心向往。归往而不互相妨害，就均平安泰。音乐与食物，（颇能吸引人，但）享受过度就会令人止步。（“道”却不是这样）所以“道”所说的话，称得上淡而无味啊！看它，不可以看见。听它，不可以听见。用它，却没有穷尽。

# 第三十六章

## 【原文】

将欲拾之[①]，必古张之[②]。将欲弱之，必古强之。将欲去之[③]，必古与之[④]。将欲夺之，必古予之。是谓微明[⑤]。友弱胜强[⑥]。鱼不脱于渊。邦利器不可以示人。

## 【注释】

①拾：收，敛。

②古：即故，故意，存心。

③去：除掉。

④与：结交，亲附。

⑤微：隐微，幽昧不明。

⑥友：指交好，相聚。

## 【译文】

要想收敛它，必须（先）故意扩张它。要想削弱它，必须（先）故意增强它。要想除掉它，必须（先）故意亲附它。要想夺取它，必须（先）故意给予它。这叫做幽深隐微的明智。（因此，应）站在柔弱的一方，以战胜刚强。（这就和）鱼不能脱离深渊（一样）。（这是）国家锐利的武器，不可以给人看到。

# 第三十七章

## 【原文】

道恒无名[①]。侯王若能守之，万物将自化[②]。化而欲作[③]，吾将阗之以无名之朴[④]。阗之以无名之朴[⑤]，夫将不辱[⑥]。不辱以静，天地将自正。

## 【注释】

①名：形态。

②化：教化，潜移默化。

③化：变化。

④阗（tián）：通填，镇定，安定。

⑤阗之以：王本、河上本、傅本无，甲本缺，此据乙本。

⑥夫：彼，它们。

⑦正：纠正。

## 【译文】

“道”经常是无形的。君主如能保持它，万物自会潜移默化。变化而有欲望萌生，我将用（无知无欲）无形的“朴”来安定它们。用（无知无欲）无形的“朴”来安定它们，它们将不会感受到污辱。不感受到污辱，它们就能安静下来，天地将自会端正不偏。

# ◇德 篇◇

## 第三十八章

**【原文】**

上德不德，是以有德。下德不失德，是以无德。上德无为，而无以为也，上仁为之，而无以为也。上义为之，而有以为也。上礼为之[1]，而莫之应也，则攘臂而扔之[2]。故失道而后德，失德而后仁，失仁而后义，失义而后礼[3]。夫礼者，忠信之泊也[4]，而乱之首也。前识者[5]，道之华也[6]，而愚之首也。是以大丈夫居其厚，而不居其泊；居其实，而不居其华。故去彼而取此[7]。

**【注释】**

①礼：指当时的社会规范和道德规范。

②攘（rǎng）：捋起。攘臂，捋起袖子，伸出胳膊。扔：牵引，拉。甲本、乙本作“乃”，此据王本。

③后：乙本作“句”，甲本缺，此据王本、河上本、傅本。

④泊：通薄，淡薄，少。

⑤前：先。识：认识。

⑥华：虚华，浮华。

⑦彼：甲本作“皮”，乙本作“罢”，此据王本、傅本。

**【译文】**

高层次的“德”不表现为形式上的“德”，因此才是真正有“德”。低层次的“德”死守着形式上的“德”，因此实际上是没有“德”。高层次的“德”无所作为，没有什么可以拿来表现它的“德”。高层次的“仁”有所作为，但其所作所为并不足以表现它的“仁”。高层次的“义”有所作为，其所作所为足以表现它的“义”。高层次的“礼”有所作为，但没有谁响应它，于是就卷起袖子，伸出手臂，强迫人按礼行事。所以失去了“道”，然后“德”行；失去了“德”，然后“仁”行；失去了“仁”，然后“义”行；失去了“义”，然后“礼”行。“礼”这个东西，是忠、信的淡化，邪乱的祸首。先知先见这个东西，不过是“道”的虚浮不实的表现，是愚昧的开端。因此，大丈夫立身敦厚而不浇薄，存心朴实而不虚华。所以他舍弃薄华而要厚实。

# 第三十九章

## 【原文】

昔之得一者[①]：天得一以清，地得一以宁，神得一以霝[②]，谷得一以盈，侯王得一而以为天下正[③]。其致之也[④]，谓天毋已清[⑤]，将恐裂[⑥]；谓地毋已宁，将恐发[⑦]；谓神毋已霝，将恐歇[⑧]；谓谷毋已盈，将恐渴[⑨]；谓侯王毋已贵以高，将恐蹶[⑩]。故必贵而以贱为本[⑪]，必高矣而以下为䔿[⑫]。夫是以侯王自谓孤、寡、不谷[⑬]，此其贱之本与？非也。故致数与无与[⑭]。是故不欲禄禄若玉[⑮]，硌硌若石[⑯]。

## 【注释】

①一：指混沌未分的原始的统一体。

②霝（líng）：即灵。

③正：君主，君长。王本在此句前有“万物得一以生，”一句。

④致：达到，至于。

⑤已：停止。

⑥裂：甲本缺，乙本作“莲”，此据王本、河上本、傅本。

⑦发（fèi）：圮，崩毁。将：甲本、乙本缺，此据王本、傅本补。

⑧歇：尽，灭绝。

⑨渴（jié）：尽，枯竭。

⑩蹶（jué）：倾覆，垮台。甲本缺，乙本作“欮”，此据王本、河上本、傅本。

⑪必：果真，假使。

⑫䔿：即基。孤：孤独。寡：少。

⑬谷：善。甲本、乙本作“朿”，此据王本、傅本。孤，寡：不谷，古代侯王的谦称。致：使……到来。

⑭数：频繁，屡屡。与：赞许。

⑮禄：福，古代官吏的俸给，这里指尊贵。王本、河上本作“琭”，傅本作“碌”，甲本缺，此据乙本。

⑯硌（luò）硌：石头坚硬丑陋的样子。

## 【译文】

自古以来获得“一”的：天获得“一”就澄清，地获得“一”就安宁。神获得“一”就灵验，川谷获得“一”就盈满，侯王获得“一”就成为天下的君长。（但）这种情况达到了极点，就可以这样说，天不停地澄清下去，最终恐怕要破裂；地不停地安宁下去，最终恐怕要崩毁；神不停地灵验下去，最终恐怕要失灵；川谷不停地盈满下去，最终恐怕要涸竭；侯王愈来愈尊贵而高高在上，最终恐怕要垮台。所以果真尊贵就要以卑贱为根本，果真高高在上了就要以卑下为基础。因此，侯王自称“孤”、“寡”、“不谷”。这是侯王卑贱的根本吗？不是的（这是自谦以求美名）。所以招致过多的赞许就得不到赞许。所以（圣人）不愿像美玉那样尊贵，或像顽石那样坚硬。

# 第四十章

## 【原文】

上士闻道[1]，堇能行之[2]。中士闻道，若存若亡。下士闻道，大笑之。弗笑不足以为道[3]。是以建言有之曰：明道如费[4]，进道如退，夷道如类[5]，上德如谷，大白如辱，广德如不足，建德如偷[6]，质真如渝[7]，大方无隅[8]，大器晚成[9]，大音希声[10]，天象无刑[11]。道褒无名[12]。夫唯道，善始且善成[13]。

## 【注释】

①士闻：甲本、乙本缺，此据王本、河上本、傅本补。士：古代男子的美称，又指下级贵族、知识阶层和军士。

②堇（jǐn）：通仅。王本、河上本、傅本作“勤”，甲本缺，此据乙本。

③不足：甲本、乙本缺，此据王本、河上本、傅本补。

④费：烦琐费解。王本、河上本、傅本作“昧”，甲本缺，此据乙本。

⑤夷：平，这里指平等、公正、公平。类（lì）：通戾，偏，不公平。

⑥偷：苟且怠惰。甲本、乙本缺，此据河上本、王本补。

⑦质：诚信，信实。真如渝：甲本、乙本缺。如，据上文文例补。真、渝，据王本、河上本补。渝（yú）：改变，背弃。

⑧隅（yú）：边角。甲本缺，乙本作“禺”，此据王本、河上本、傅本。

⑨晚：迟。甲本缺，乙本作“免”，此据王本、河上本，傅本。

⑩希声：无声。

⑪天：王本、河上本、傅本作“大”，甲本缺，此据乙本。刑：通形。

⑫褒：盛，大。王本、河上本、傅本作“隐”，甲本缺，此据乙本。

⑬始：王本、河上本、傅本作“贷”，甲本缺，此据乙本。

## 【译文】

上等的士人听到了“道”，仅能照着它去做。中等的士人听到了“道”，感到似有似无，将信将疑。下等的士人听到了“道”，哈哈大笑。不笑，那就称不上是“道”了（“道”深奥难知，并非人人都能理解）。因此，有人立言说：明白易晓的“道”犹如烦琐费解一样，前进的“道”犹如后退一样，平直的“道”犹如偏斜一样，高尚的“德”犹如低下的川谷一样，最清白犹如污浊一样，广阔无边的“德”犹如不足一样，有所建树的“德”犹如苟且偷安一样，信实、真诚犹如背信弃义一样，极其方正却没有棱角，极大的器物迟迟才能完成，最高的声音听不到，自然的现象无形。“道”盛大而无形。只有“道”，才能善始并且善终。

# 第四十一章

## 【原文】

反也者①，道之动也。弱也者，道之用也②。天下之物生于有③，有生于无④。

## 【注释】

①反：翻转，返回，还原。这里指向相反方向转化，包括还原在内。

②用：作用，运用，用处，功用。这里指“道”的表现和产物。

③有：指具体的有形之物。

④无：指无形之物。

## 【译文】

向相反的方向转化，是“道”的运动。（“道”通过柔弱起作用）柔弱（无为）是“道”的表现和产物。天下万物产生于具体的有形之物，具体的有形之物则产生于无形之物。

# 第四十二章

## 【原文】

道生一[①]，一生二[②]，二生三[③]，三生万物[④]。万物负阴而抱阳[⑤]，中气以为和[⑥]。天下之所恶，唯孤、寡、不谷[⑦]，而王公以自名也。物或损之而益[⑧]，益之而损[⑨]。故人之所教[⑩]，亦议而教人[⑪]。故强良者不得死[⑫]。我将以为学父[⑬]。

## 【注释】

①道：指宇宙的本原。一：指原始的统一体，即混沌的元气。

②二：指天、地。

③三：指阴气、阳气与阴阳混合所成之气。

④万物：甲本，乙本缺，此据王本、河上本、傅本补。

⑤万物负阴而抱阳：甲本、乙本缺，此据王本、河上本补。

⑥中：中间，当中，这里指不偏、适中。

⑦谷：甲本，乙本作“𣫒”，此据王本，傅本。

⑧物：甲本作“勿”，乙本缺。损：甲本作“䞈”，乙本作“云”。物、损：据王本、河上本、傅本。而益：甲本、乙本缺，此据王本、河上本、傅本补。

⑨益：甲本、乙本缺，此据王本、河上本、傅本补。损：甲本作“䞈”，乙本缺，此据王本、河上本、傅本。

⑩之所教：甲本、乙本缺，此据河上本、王本补。

⑪亦：甲本作“夕”，乙本缺，此据王本、河上本傅本。议：发表言论。或作义，这里指认为合理。

⑫良：甚，很。死：通尸，尸体。

⑬学：觉悟。父：开始。

## 【译文】

“道”（宇宙的本原）产生“一”（统一的元气），“一”产生“二”（天、地），“二”产生“三”（阴气、阳气与阴阳混合之气），“三”产生万物。万物包含着阴阳两个相反的方面，以阴阳混合适中之气作为和谐。（所以）天下所厌恶的虽然是“孤”、“寡”和“不谷”，但（高贵的）王公却用它们来称呼自己。（所以）有的东西损害它反而使它得益，使它得益反而损害了它。所以，别人所教导人的，我也说来教人。因此，过于强横的人不得好死。我把这一点当作觉悟的开始。

# 第四十三章

## 【原文】

天下之至柔，驰骋于天下之致坚[①]。无有入于无间[②]。吾是以知无为之有益也[③]。不言之教[④]，无为之益，天下希能及之矣[⑤]。

## 【注释】

①致：极。

②无有：没有。间：夹缝，间隙。

③之有：甲本、乙本缺，此据王本、河上本、傅本补。

④言之：甲本、乙本缺，此据王本、河上本、傅本。

⑤天：甲本，乙本缺，此据王本、河上本、傅本。

## 【译文】

天下最柔弱的东西，能在天下极坚硬的东西里驰骋。（这是因为）空虚无有之物，能够进入没有空隙的东西中。我因此而知道无所作为的益处。不用言语的教化，无所作为的好处，天下没有什么能够比得上它们。

# 第四十四章

## 【原文】

名与身孰亲？身与货孰多[1]？得与亡孰病[2]？甚爱必大费[3]，多藏必厚亡[4]。故知足不辱，知止不殆，可以长久。

## 【注释】

①多：称美，推重。

②病：担忧。

③爱必大费：甲本、乙本缺，此据王本、河上本、傅本补。费，损耗。

④多藏必厚：甲本、乙本缺，此据王本、河上本、傅本补。厚：重大。

## 【译文】

名声与生命哪个（和人）更亲近？生命与财产哪个更值得推重？得与失哪个更令人担忧？过分吝惜必定会有很大的耗费，过多的收藏必定会有重大的损失。所以知足就不会招致侮辱，知道适可而止就不会遇到危险，因此就可长久。

# 第四十五章

## 【原文】

大成若缺[1]，其用不敝[2]。大盈若冲，其用不穷[3]。大直如诎[4]，大巧如拙[5]，大赢如绌[6]，大辩如讷[7]。趮胜寒[8]，靓胜炅[9]。请靓可以为天下正[10]。

## 【注释】

①成：完全，具备。

②敝：坏，困、败。甲本作“弊”，乙本缺，此据傅本。

③穷：尽，终结。甲本作“窜”，乙本缺，此据王本、河上本、傅本。

④诎（qū）：通屈，屈曲。

⑤拙（zhuō）：笨拙。

⑥赢（yíng）：有余。绌（chù）：不足。甲本、王本、河上本、傅本无，此据乙本。

⑦大辩：甲本无，乙本缺，此据王本、河上本、傅本。辩：有辩才，巧言。如：按上文文例补。讷（nà）：出言迟钝。甲本作“炳”，乙本缺，此据王本、河上本、傅本。

⑧趮（zào）：急躁不安。

⑨靓（jìng）：通静。炅（rè）：热。

⑩请：愿意，乞，求。正：君长。

## 【译文】

极其完备就像残缺不全一样，它的作用不会败坏。极其盈满就像空虚一样，它的作用不会穷尽。极其正直就像弯曲一样，极其灵巧就像笨拙一样，极其有余就像不足一样，极其善辩就像出言迟钝一样。急躁不安（令人浑身冒汗）足以（使人）禁得起寒冷。安静（令人心情平静）足以（使人）禁得起炎热。愿求安静（的人）可以成为天下的君长。

# 第四十六章

## 【原文】

天下有道，却走马以粪[①]。天下无道，戎马生于郊[②]。罪莫大于可欲，祸莫大于不知足，咎莫憯于欲得[③]。故知足之足[④]，恒足矣。

## 【注释】

①却：退，拒绝，不接受。走马：奔跑的马，这里指战马。粪：指粪田，整治田地。

②郊：国都之外，离都城50里的地方叫近郊，100里的地方叫远郊。

③咎（jiù）：灾祸，灾殃。憯（cǎn）：惨痛。甲本“憯”字左旁残损，王本、河上本作“大”，此据《韩非子》书中《解老》、《喻老》，傅本和范应元本补。

④故知足之足：甲本、乙本缺，此据王本、河上本、傅本补。

## 【译文】

天下有“道”，就退下驰骋的战马而用于耕种。天下无“道”，（战争不断，连怀胎的母马也被征用，所以）战马就出生于城郊。没有哪一种罪恶比可以激起人们的贪欲更大，没有哪一种祸害比不知足更大，没有哪一种灾难比贪得无厌更令人痛心。所以具备知足之心，就永远不会有任何不足。

# 第四十七章

## 【原文】

不出于户[①]，以知天下；不规于牖[②]，以知天道。其出也弥远[③]，其知弥少[④]。是以圣人不行而知[⑤]，不见而名[⑥]，弗为而成。

## 【注释】

①户：门。

②规：通窥，窥看。牖（yǒu）：窗。

③弥：愈，更加。

④弥：甲本缺，乙本作"箽"，此据王本、河上本。少：甲本、乙本缺，此据王本、河上本补。

⑤是以圣人不行而知：甲本、乙本缺，此据王本、河上本、傅本补。

⑥不见：甲本、乙本缺，此据王本、河上本、傅本补。名：明白。

## 【译文】

不出大门，却了解天下；不看窗外，却了解"天道"。出门愈远，所了解的愈少。因此，圣人不必出行就能了解，不必看就能明晓，不必做就能成功。

# 第四十八章

## 【原文】

为学者曰益，闻道者曰损①。损之有损②，以至于无为③。无为则无以为④。将欲取天下也⑤，恒无事⑥。及其有事也⑦，又不足以取天下矣⑧。

## 【注释】

①闻：王本、河上本、傅本作“为”，甲本缺，此据乙本。损：甲本缺，乙本作“云”，此据王本、河上本、傅本。下同。

②有：通又。

③为：甲本、乙本缺，此据王本、河上本、傅本补。

④无为则无以为：甲本、乙本缺，王本、河上本作“无为而无不为”，傅本作“无为则无不为”，严遵本作“而无以为”，今据以上诸本补。

⑤将欲：甲本、乙本缺，此据傅本、严遵本补。

⑥“恒”字后王本、河上本、傅本有一“以”字，甲本缺，乙本无，今从乙本。

⑦及：等到，到那时。

⑧又不、下矣：甲本、乙本缺，此据傅本补。

## 【译文】

求学问的，天天都有长进，听说“道”的，天天都有损失。减损又减损，以至于没有什么可减损。无所减损就没有什么事可以做了。要想取得天下，永远要无所事事。等到有事可做，就又不足以取得天下了。

# 第四十九章

## 【原文】

圣人恒无心[①]，以百姓之心为心[②]。善者善之[③]，不善者亦善之[④]，德善也[⑤]。信者信之[⑥]，不信者亦信之，德信也。圣人之在天下，欱欱焉[⑦]，为天下浑心[⑧]。百姓皆属耳目焉[⑨]，圣人皆孩之[⑩]。

## 【注释】

①圣：甲本、乙本缺，此据王本、河上本、傅本补。恒无心：甲本缺，王本、河上本、傅本作“无常心”，敦煌本、景龙碑本、顾欢本作“无心”，此据乙本。

②姓：甲本缺，乙本作“省”，此据王本、河上本、傅本。

③善：善良，美好，有道德。

④之：甲本、乙本缺，此据王本、河上本、傅本补。

⑤德：道德。又同得，得到。甲本、乙本缺，此据王本、河上本补。

⑥“者”字后王本、河上本、傅本有一“吾”字，甲本缺，乙本无，今从乙本。下同。

⑦欱（hē）：这里指翕（xì），聚合。欱欱，和合的样子。王本、傅本作“歙歙”，河上本作“怵怵”，甲本作“翕翕”，此据乙本。

⑧浑：浑厚博大的样子。

⑨属（zhǔ）：专注。

⑩孩之：使他们像婴孩一样。甲本、乙本缺，此据王本、河上本补。

【译文】

圣人永远没有私心，而把百姓的心作为他的心。百姓的心善的，他（固然）认为善；不善的，他也把它当做善，这就（使人心向善，因而）得到了善。百姓的心真实可信的，他（固然）相信；不可信的，他也把它当做可信的，这就（使人人守信，因而）得到了信任。圣人在天下（没有私欲，心无所主，不偏不执）聚合协和，（与百姓同心同德）成为天下（民众）深厚博大之心。百姓都对他注目、倾听，圣人使他们都回复到像婴儿一样。

# 第五十章

## 【原文】

出生[①]，入死。生之徒十有三[②]，死之徒十有三[③]，而民生生[④]，动皆之死地之十有三[⑤]。夫何故也？以其生生也。盖闻善执生者[⑥]，陵行不避兕虎[⑦]，入军不被甲兵[⑧]，兕无所椯其角[⑨]，虎无所措其蚤[⑩]，兵无所容其刃[⑪]。夫何故也[⑫]，以其无死地焉。

## 【注释】

①出：甲本、乙本缺，此据王本、河上本、傅本补。

②徒十、三：甲本、乙本缺，此据王本、河上本、傅本补。徒，指同类。

③死：甲本、乙本缺，此据王本、河上本、傅本补。

④生生：养生，求生。

⑤动：甲本作“勭”，乙本作“僮”，此据王本、河上本、傅本。

⑥执：保持。

⑦陵：大土山。兕（sì）：古代犀牛一类的独角兽。

⑧被：具备，带。

⑨椯（chuǎi）：揣，这里指试。

⑩措：安放，施用，施展。甲本作“昔”，乙本缺，此据王本、河上本、傅本。蚤（zǎo）：通爪。

⑪容：用。其刃：甲本、乙本缺，此据王本、河上本、傅本补。刃，刀口，刀锋。

⑫夫：甲本、乙本缺，此据王本、河上本、傅本补。

## 【译文】

人出生，就会陷入死地。其中（生命力强，出生后）生存下来的，十分中有三分；（生命力弱）生而夭折的，十分中有三分；而（生命力强，本来能生存下来的）人因为养生，动辄陷于死地的，十分中有三分。这是什么缘故？这是因为养生。听说善于保持生命的人，在山中行路不避兕和老虎，进入敌阵之中不带铠甲和兵器，而兕没有地方一试它的角，老虎没有地方施展它的爪，兵器没有地方运用它的锋刃。这是什么缘故？这是因为他没有进入死的境地。

# 第五十一章

## 【原文】

道生之，而德畜之；物刑之[①]，而器成之[②]。是以万物尊道而贵德。道之尊，德之贵也，夫莫之爵而恒自然也[③]。道生之，畜之，长之，遂之[④]，亭之[⑤]，毒之[⑥]，养之，复之[⑦]。生而弗有也[⑧]，为而弗恃也[⑨]，长而弗宰也，此之谓玄德。

## 【注释】

①刑：通形，指成为某种形态。

②器：器物。

③爵：指授予爵位，使其尊贵。

④遂：成就。

⑤亭：指变化，孳生。

⑥毒：指培育，培植。

⑦之：甲本、乙本缺，此据王本、河上本、傅本补。

⑧生而：甲本、乙本缺，此据王本、河上本、傅本补。

⑨恃：甲本作“寺”，乙本缺，此据王本、河上本、傅本。

## 【译文】

“道”生育万物，“德”畜养它们；万物因此而呈现各种形态，构成具体的器物。因此，万物尊崇“道”而崇尚“德”。“道”的受尊崇，“德”的受崇尚，其间并没有谁使它们这样，而是从来就是自然而然的。“道”生育万物，蓄养万物，滋长万物，成就万物，化生万物，培育万物，调养万物，蔽护万物。生而不据为己有，有所施为而不自恃，滋长而不宰制，这叫做深远的“德”。

# 第五十二章

## 【原文】

天下有始[①]，以为天下母。既得其母，以知其子[②]。既知其子，复守其母，没身不殆。塞其兑[③]，闭其门[④]，终身不堇[⑤]。启其说，济其事[⑥]，终身不棘[⑦]。见小曰明[⑧]，守柔曰强。用其光，复归其明[⑨]，毋遗身殃[⑩]，是谓袭常[⑪]。

## 【注释】

①始：开端，指“道”。

②子：指天下万物。

③兑（yuè）：通阅，假借为穴，指耳目口鼻等穴窍。

④门：指耳目口鼻等感知认识的大门。

⑤堇（qín）：通懃，即愁苦，担心。

⑥济：成功，成就。

⑦棘（jí）：指纪，即找出头绪，整治。王本、河上本、傅本作“救”，甲本缺，此据乙本。

⑧见：看见，察见。

⑨归：返回。

⑩殃：祸害，灾祸。甲本、乙本作“央”，此据王本、河上本、傅本。

⑪袭（xí）：沿用，因袭。

## 【译文】

天下有一个开端，可以把它作为天下万物的根源。既已得到万物的根源，便可认识天下万物。既已认识天下万物，又持守万物的根源，就终身不会遭到危险。堵住耳目口鼻，关上感知认识的大门，终身不必忧愁。开启耳目口鼻，成就你的事情，终身不可治理。察见（“道”的）微妙叫做“明”，保持柔弱叫做“强”。运用（“道”的）微妙所发出的智慧之光，（以认识天下万物）又返回到“明”的状态，不给自己留下灾殃，这叫做袭用永恒的“道”。

# 第五十三章

## 【原文】

使我介有知也[①]，行于大道，唯施是畏[②]。大道甚夷[③]，民甚好解[④]。朝甚除[⑤]，田甚芜，仓甚虚，服文采[⑥]，带利剑，猒食而货财有余[⑦]，是谓盗夸[⑧]。盗夸[⑨]，非道也[⑩]。

## 【注释】

①介：确定不移，的确。

②施（yí）：邪，即偏、斜，不正。甲本缺，此据乙本、王本、河上本、傅本。

③夷：平坦。

④解（xiè）：即嶰（xiè），两山间的涧谷。

⑤朝（cháo）：朝廷，君主接见臣下和处理政事的地方。除：整洁。

⑥服：穿着。文采：有彩色交错花纹的丝织品。

⑦猒（yàn）：同餍，饱，足。有余：甲本、乙本缺，此据王本、河上本、傅本补。

⑧是谓盗夸：甲本、乙本缺，此据王本、河上本、傅本补。盗：偷窃。夸：这里指盛行。

⑨盗夸：甲本、乙本缺，此据傅本补。

⑩道：甲本、乙本缺，此据王本、河上本、傅本补。

## 【译文】

假使我的确具有智慧，我就走大道，惟恐走入邪路。大道很平坦，人们却很喜欢走山间（崎岖）的小道。宫殿十分整洁，田地非常荒芜，仓库极其空虚，（统治者）却穿着有文采的衣服，佩带着锋利的宝剑，饱食终日而钱财盈积，这叫做盗窃盛行。盗窃盛行，不是正“道”。

# 第五十四章

## 【原文】

善建者不拔[①]，善抱者不脱[②]，子孙以祭祀不绝[③]。修之身[④]，其德乃真。修之家，其德有余。修之乡，其德乃长。修之国，其德乃夆[⑤]。修之天下，其德乃博[⑥]。以身观身，以家观家，以乡观乡，以邦观邦[⑦]，以天下观天下。吾何以知天下之然兹[⑧]？以此[⑨]。

## 【注释】

①不：甲本、乙本缺，此据王本、河上本、傅本补。拔：拔出，移易。

②善抱者不脱：甲本、乙本缺，此据王本、河上本补。抱，抱持。脱，遗失，离失。

③祭祀（jì sì）：祭神和祀祖。

④修：整治，增进。

⑤夆（féng）：丰厚。

⑥博：即博，博大，广博。

⑦邦：即国。

⑧以：甲本、乙本缺，此据王本、河上本、傅本补。兹（zī）：即哉。

⑨此：甲本、乙本缺，此据王本、河上本、傅本补。

## 【译文】

善于建树的不可移易，善于抱持的不会离失，（这样的人）子孙就会世世代代不断地祭祀他。用“道”修身，他的“德”就真实。用“道”治家，他的“德”就有余。用“道”治乡，他的“德”就增长变大。用“道”治国，他的“德”就丰厚。用“道”治天下，他的“德”就博大。根据（有“德”的）人来观察人，根据（有“德”的）家来观察家庭，根据（有“德”的）乡来观察乡，根据（有“德”的）国家来观察国家，根据（有“德”的）天下来观察天下。我依靠什么知道天下（实行“道”）的情况呢？依靠的就是这个。

# 第五十五章

## 【原文】

含德之厚者，比于赤子[①]。螽虿毒虫弗螫[②]，攫鸟猛兽弗搏[③]，骨弱筋柔而握固。未知牝牡之会而朘怒[④]，精之至也。终日号而不嚘[⑤]，和之至也。和曰常，知和曰明。益生曰祥[⑥]。心使气曰强[⑦]。物壮则老[⑧]，谓之不道。不道蚤已。

## 【注释】

①赤子：初生的婴儿。

②螽：即蜂。虿（chài）：甲本作“𧊐”，乙本作“疠”，兹据王本、傅本。毒：蝎类毒虫。虫：即虺（huǐ），毒蛇、毒虫。螫（zhē）：刺人，毒害。

③攫（jué）：鸟用爪疾取。攫鸟，指鹰鹞之类的猛禽。搏：捕捉，搏击。

④牝（pìn）：鸟兽的雌性。牡（mǔ）：鸟兽的雄性。会：交合。朘（zuī）：婴儿的生殖器。怒：奋起，勃起。王本作“全作”，河上本作“峻作”，傅本作“朘作”，甲本缺，此据乙本。

⑤嚘（yōu）：气逆。王本作“嗄”，河上本作“哑”，傅本作“嗷”，甲本作“𡚸”，此据乙本。

⑥祥：灾殃。

⑦心：心思，心意，思想，感情，这里指意志。气：这里指精气。强：强盛，勉强。

⑧壮：甲本、乙本缺，此据王本、河上本、傅本补。

**【译文】**

含“德”深厚的人，好比初生的婴儿。蜂蝎毒蛇不伤害他，凶禽猛兽不捕捉他，（他）筋骨柔弱而握物坚牢。（他）不懂得牝牡交合，生殖器却勃起不衰，（这是因为）精气充沛至极。（他）终日号哭不止，却不气逆，（这是因为）和谐达到了极点。和谐叫做永恒不变的规律，认识和谐叫做明智。人为地延年益寿叫做灾殃，用心支使（损耗）精气叫做逞强，（不设法保持和谐，以致）万物壮盛之时而（过早）衰老，叫做不合乎“道”。不合乎“道”，就会早亡。

# 第五十六章

## 【原文】

知者弗言[1]，言者弗知。塞其垗，闭其门，和其光，同其尘，锉其兑，解其纷，是谓玄同[2]。故不可得而亲，亦不可得而疏；不可得而利，亦不可得而害；不可得而贵，亦不可得而贱。故为天下贵[3]。

## 【注释】

①知：即智。言：讲，说。

②齐：齐同，均一。

③贵：重视，崇尚。

## 【译文】

智者不言，言者不智。堵住耳目口鼻，关上感知的大门，调和其光辉，混同于尘垢，消弭其锋锐，消解其纷乱，这叫做玄妙深奥（而与“道”）齐同。所以（这样的人）无法与他亲近，也无法与他疏远；无法使他获益，也无法使他受害；无法使他尊贵，也无法使他卑贱。所以（这样的人）被天下所重视和崇尚。

# 第五十七章

## 【原文】

以正治邦[①]，以畸用兵[②]，以无事取天下。吾何以知其然也才[③]？夫天下多忌讳[④]，而民弥贫[⑤]；民多利器[⑥]，而邦家兹昏[⑦]；人多知，而奇物兹起[⑧]；法物兹章[⑨]，而盗贼多有[⑩]。是以圣人之言曰[⑪]：我无为也，而民自化；我好静，而民自正；我无事，而民自富；我欲不欲，而民自朴。

## 【注释】

①正：平正，不偏。治：甲本、乙本作“之”，此据王本、河上本、傅本。

②畸（jī）：通奇，与众不同。

③才：即哉。甲本作“此”，王本、河上本、傅本均作“哉”，此据乙本。

④忌讳：禁忌。

⑤弥（mí）：越，更加。

⑥利器：精良的器械或工具。

⑦兹（zī）：通滋，益，更加。

⑧奇：甲本作“何”，乙本缺，此据王本、河上本。起：甲本、乙本缺，此据王本、河上本、傅本补。起：兴起，发生。

⑨法：甲本、乙本缺，此据王本、河上本、傅本补。物：王本、傅本作“令”，甲本缺，此据乙本、河上本。法物，法律制度。章：彰明。

⑩多有：甲本、乙本缺，此据王本、河上本、傅本补。

⑪圣：甲本、乙本缺，此据王本、河上本、傅本补。言：言论，话。

**【译文】**

用平正的办法治理国家，以出奇制胜的方法用兵，以无所作为来取得天下。我凭什么知道是这样的呢？（我的根据是）天下禁忌越多，人民就越贫穷；民间精良器械愈多，国家就愈混乱；人民智慧愈多，奇异的事物就愈是层出不穷；法律制度愈明晰，盗贼反而更多。因此圣人的话说：我无所作为，人民自会潜移默化；我喜欢清静，人民自会走上轨道；我无所事事，人民自会富足；我想要无所欲望，人民自会淳朴。

# 第五十八章

## 【原文】

其正闵闵[①]，其民屯屯[②]。其正察察[③]，其邦夬夬[④]。祸，福之所倚[⑤]。福，祸之所伏。孰知其极[⑥]？其无正也[⑦]。正复为奇[⑧]，善复为妖[⑨]，人之悉也[⑩]，其曰固久矣。是以方而不割，兼而不刺[⑪]，直而不绁[⑫]，光而不眺[⑬]。

## 【注释】

①正：通政。闵闵：甲本缺，乙本作“阑阑”，此据傅本。闵闵，昏昧，糊涂。

②屯屯：厚。河上本作“醇醇”。

③察：明察。察察，分析明辨。

④夬（guài）：分决，离散。

⑤祸：甲本作“𡡉”，乙本缺，兹据王本、河上本、傅本。

⑥极：极点，极边，界限。

⑦其：甲本、乙本缺，此据王本、河上本、傅本补。正：一定，确定，定准。

⑧复为奇：甲本、乙本缺，此据王本、河上本、傅本补。

⑨妖：邪恶。甲本、乙本缺，此据王本补。

⑩人：甲本、乙本缺，此据王本、河上本、傅本补。悉（xī）：同悉，熟悉，知道。王本、河上本、傅本作“迷”，甲本缺，此据乙本。

⑪兼：兼而有之。王本、河上本、傅本作“廉”，甲本缺，此据乙本。刺：制伤。王本、傅本作“刿”，河上本作“害”，甲本缺，此据乙本。

⑫绁（yì）：超越，越度。王本、河上本、傅本作“肆”，甲本缺，此据乙本。

⑬眺（tiào）：斜视，即目不正视。王本、傅本作“耀”，河上本作“曜”，甲本缺，此据乙本。

## 【译文】

政治昏昧，人民就淳厚。政治明辨，国家就分崩离析。祸是福的凭依，福中潜藏着祸。谁知道它们的界限呢？这并没有一定的标准。正还原为奇，善还原为恶，人们（对这些）的熟悉和了解，时间本来就已很久了。（物极则反）因此，（圣人）方正而不（以此）裁割万物，兼收并蓄而不伤害他人，正直而不过度，光明正大而不（炫耀，不）使人不敢正视。

# 第五十九章

## 【原文】

治人事天[①]，莫若啬[②]。夫唯啬，是以蚤服[③]。蚤服是谓重积德[④]。重积德则无不克[⑤]。无不克则莫知其极[⑥]。莫知其极[⑦]，可以有国。有国之母[⑧]，可以长久。是谓深根固氐[⑨]，长生久视之道也[⑩]。

## 【注释】

①事：侍奉。

②啬（sè）：吝惜，爱惜。

③蚤（zǎo）：在先。服：顺从，奉行。

④重：多，厚。德：甲本、乙本缺，此据王本、河上本、傅本补。

⑤积德则无不克：甲本、乙本缺，此据王本、河上本、傅本补。克：能够，胜任。

⑥无不克则莫知其极：甲本、乙本缺，此据王本、傅本补。

⑦极：甲本、乙本缺，此据王本、河上本、傅本补。

⑧母：根源，本原。

⑨氐（dǐ）：根本。

⑩久视：久活，久存。

## 【译文】

治理人民，侍奉上天，没有哪一种原则比得上吝惜。为吝惜（精力）因而能先于他人顺奉“道”。顺奉“道”在先叫做多积“德”。多积“德”就无所不能。无所不能就不知道它能力的极限。

不知道它能力的极限，就可以领有国家。拥有（这取之不尽的能力就是拥有）国家的本原，就可以长久。这叫做根深蒂固，长生久存之“道”。

# 第六十章

## 【原文】

治大国若亨小鲜[①]。以道立天下[②]，其鬼不神[③]。非其鬼不神也，其神不伤人也。非其神不伤人也[④]，圣人亦弗伤也[⑤]。夫两不相伤，故德交归焉[⑥]。

## 【注释】

①亨（pēng）：即烹，烧煮食物。小鲜：指小鱼。

②立：建树，设立。王本、河上本、傅本作“莅”，甲本缺，此据乙本。

③神：神奇莫测，灵验。

④非：“不唯”二字的合音，不独，不仅。

⑤“伤”字后王本、傅本有一“人”字，甲本缺，乙本无，今从乙本、河上本。

⑥交：俱，都。

## 【译文】

治理大国就像烹煮小鱼一样（不能常常扰动，以免散碎）。（圣人）依照“道”建设天下，鬼就不灵验。不是鬼不灵验，而是鬼的神奇莫测不损害人。不独它的神奇莫测不损害人，圣人也不损害它。（由于圣人的作用）人与鬼互不损害，所以（他们就把）“德”都归属于圣人。

# 第六十一章

## 【原文】

大邦者，下流也[①]，天下之牝也。天下之交也，牝恒以静胜牡。为其静也，故宜为下。故大邦以下小邦[②]，则取小邦[③]。小邦以下大邦，则取于大邦。故或下以取，或下而取[④]。故大邦者，不过欲兼畜人[⑤]。小邦者，不过欲入事人[⑥]。夫皆得其欲，则大者宜为下。

## 【注释】

①下流：即下游。

②下：谦下，屈己尊人。小邦：甲本作“小口”，乙本作“口国”。甲本“邦”字，乙本均作“国”。据此，甲本“小口”应作“小邦”。

③取（qǔ）：取得，获得。

④取（qū）：通趣，即趋，趋向，归附。

⑤兼畜：兼并畜养。

⑥事：侍奉，服侍。

## 【译文】

大国好比江河的下游，天下的牝雌。天下雌雄交合，雌性常以安静战胜雄性。因为雌性安静（无争），所以宜居于下位。所以大国屈己尊重小国，就得到小国（的归顺）。小国屈已尊重大国，就被大国所容纳。因此，有的谦下而有所得，有的谦下而归附他人。所以，大国（谦下）不过是想兼并蓄养小国，小国（谦下）不过是想要侍奉大国。（如果要使）双方都满足他们的愿望，那么，大国宜居于卑下的地位。

# 第六十二章

## 【原文】

道者，万物之注也[①]。善，人之宝也[②]。不善，人之所保也[③]。美言可以市[④]，尊行可以贺人[⑤]。人之不善，何弃之有[⑥]？故立天子[⑦]，置三卿[⑧]，虽有共之璧以先四马[⑨]，不若坐而进此。古之所以贵此者何也？不谓求以得[⑩]，有罪以免与？故为天下贵。

## 【注释】

①注：流入，灌入，这里指汇归。

②宝：珍宝。甲本、乙本作“葆”，此据王本、河上本、傅本。

③保：保持，保有。

④美：赞美，称美。市：购买。

⑤贺：以礼物奉送相庆。

⑥之：甲本、乙本缺，此据王本、河上本、傅本补。

⑦天子：古代统治天下的帝王。

⑧卿（qīng）：古代天子和诸侯所属的高级官员。

⑨共（gǒng）：同拱，双手合抱。璧（bì）：平圆形、中有圆孔的玉器。共之璧，指大璧。四马：即驷马，用四匹马拉的车子。

⑩谓：通为，因为。

## 【译文】

“道”是万物汇归之地。善是人的珍宝。不善（也）是人民保有的。赞美的言语可以买到，令人敬重的行为可以像贺礼一样奉送给人。（既然如此）人们的不善，（又）有什么可摒弃的呢？所以拥立天子，设置大臣，虽有拱璧在先、驷马随后的礼仪，倒还不如坐着献上“道”（把它作为治理天下的献礼）。古代所以贵重“道”是为什么呢？不就因为有所求就会获得，有罪便得免吗？所以它为天下所贵重。

# 第六十三章

## 【原文】

为无为，事无事，味无未[①]。大小[②]，多少[③]，报怨以德。图难乎其易也[④]，为大乎其细也[⑤]。天下之难作于易[⑥]，天下之大作于细。是以圣人冬不为大[⑦]，故能成其大[⑧]。夫轻诺必寡信[⑨]，多易必多难。是以圣人猷难之[⑩]，故冬于无难。

## 【注释】

①味：这里指品尝，品味。未：即味，滋味。

②大：使……增大。

③多：使……增多。

④图：图谋，设法对付。乎：于。其易：甲本、乙本缺，此据王本、傅本补。也：据《韩非子》书中《喻老》、《难三》及《意林》所引补。

⑤为大：甲本、乙本缺，此据王本、河上本、傅本补。细：微小。

⑥作：兴起。

⑦冬：终，尽。下同。

⑧成其大：甲本、乙本缺，此据王本、河上本、傅本补。

⑨诺（nuò）：答应，允许。甲本缺，乙本作“若”，此据王本、河上本、傅本。必寡：甲本、乙本缺，兹据王本、河上本、傅本补。

⑩猷（yóu）：谋划，考虑。

## 【译文】

（“道”）行事无所作为，处事无所事事，品起味来淡如白水。（“道”虽无为、无事、无味，但它却能）化小为大，化少为多，用恩惠报答怨恨。（因此）设法对付困难，要在它还容易克服时动手；做大事，要在它还是小事时着手。天下的困难起于容易，天下的大事起于微细。因此，圣人始终不做大事，所以能成就大事。（反之）轻易允诺，必定很少讲信用；把事情看得过分容易，必定使困难增多。因此，圣人遇事谋划盘算，宁可把它看得困难些。所以他终于没有困难。

# 第六十四章

## 【原文】

其安也[①]，易持也[②]。其未兆也[③]，易谋也[④]。其脆易判[⑤]，其微易散[⑥]。为之乎其未有，治之乎其未乱[⑦]。合抱之木[⑧]，作于毫末[⑨]。九成之台[⑩]，作于虆土[⑪]。百仞之高[⑫]，始于足下。为之者败之[⑬]，执者失之。是以圣人无为也，故无败也[⑭]；无执也，故无失也。民之从事也[⑮]，恒于其成事而败之[⑯]。故慎终若始[⑰]，则无败事矣。是以圣人欲不欲，而不贵难得之货；学不学，而复众人之所过[⑱]；能辅万物之自然[⑲]，而弗敢为。

## 【注释】

①安：安稳，安定。

②持：支持，维持。

③兆（zhào）：事物发生前的征候，迹象，预示。其未兆也，甲本、乙本缺，前三字据王本、河上本、傅本补。"也"字按上文例补。

④也：甲本、乙本缺，此据《韩非子·喻老》和上文例补。

⑤其脆易判：甲本、乙本缺，此据傅本补。判，分离，分裂。

⑥其微易散：甲本、乙本缺，此据傅本补。

⑦这二句，甲本、乙本缺，此据傅本补。

⑧合抱之：甲本、乙本缺，此据王本、河上本补。合抱，两臂围拢。

⑨作：兴起，创造，这里指萌发。王本、河上本、傅本作"生"，甲本缺，此据乙本。

⑩成：即层，重。

⑪作：兴起。蔂（léi）：即篡，盛土笼。王本、河上本、傅本作“累”，甲本作“羸”，此据乙本。

⑫仞（rèn）：古代长度单位。七尺为一仞，一说八尺为一仞。甲本作“仁”，乙本作“千”，兹据严遵本、成玄英本。此句王本、河上本、傅本作“千里之行”。

⑬败：毁坏，败坏。

⑭故：甲本、乙本缺，此据王本、河上本、傅本补。也：甲本、乙本缺，据下文例补。

⑮从：参与。从事：办事。

⑯其：将要。

⑰慎（shèn）：谨慎，当心。

⑱复：返回，还原。过：走过，经过。

⑲辅：辅佐，扶助。

## 【译文】

事物稳定，就容易维持。事物还没有变化的迹象，就容易计议。脆弱的东西容易分裂，细微的东西容易消散。（因此）要在事情没有发生之时采取行动，要在没有发生混乱之时着手治理。合抱的大树，萌发于细小的幼芽。九层的高台，起于一小筐土。登上百仞的高处，要从脚下的第一步开始。（人们如违背上述规律）有所作为反会坏事，抓住不放反而会失去。因此，圣人（顺从自然）无所作为，所以无所败坏；无所把持，所以无所损失。人们做事，常常在即将成功之际坏事。（这是因为缺乏始终如一的精神）所以最终如能像最初一样谨慎，就不会坏事了。因此，圣人以没有欲望为欲望，不重视难得的财物；学习弃绝学习的道理，而回到众人所经历过的（无知无欲的）婴儿状态；（他只）能辅助万物的自然发展，而不敢轻举妄动。

# 第六十五章

## 【原文】

故曰：为道者非以明民也，将以愚之也。民之难治也，以其知也[①]。故以知知邦[②]，邦之贼也[③]。以不知知邦，邦之德也[④]。恒知：此两者亦稽式也[⑤]。恒知稽式，此谓玄德。玄德深矣，远矣，与物反矣，乃至大顺[⑥]。

## 【注释】

①知：即智。

②知邦：主持、治理国家。

③贼：败坏者，乱臣，这里指祸害、灾难。

④邦：甲本缺，乙本作“国”。甲本中“邦”字，乙本均作“国”。据此，该句第一字应作“邦”。德：恩惠，德泽，这里指福气。

⑤稽式：法式，法则。

⑥顺：和顺，顺理。大顺，指顺乎自然。

## 【译文】

所以说：奉行“道”的人不是用“道”使人变得明智，而是要用“道”教人质朴无知。人民难以统治，是因为他们聪明有智慧。所以用才智治理国家，是国家的灾难。不用才智治理国家，是国家的福气。要永远懂得：这两者也是一条法则。永远懂得这一法则，这叫做“玄德”。“玄德”深奥，又高远，它和一般的事物相反，但却（顺乎自然）达到最大的和顺。

# 第六十六章

## 【原文】

江海之所以能为百谷王者①，以其善下之也，是以能为百谷王。是以圣人之欲上民也，必以其言下之。其欲先民也，必以其身后之。故居前而民弗害也②，居上而民弗重也③，天下乐推而弗猒也④。非以其无诤与⑤？故天下莫能与诤。

## 【注释】

①谷：两山间的溪涧。王（wàng）：指归往，汇集。

②害：损害，妨碍。

③重：这里指感到负担重。

④推：举荐，推戴。甲本作“隼”，乙本作“谁”，此据王本、河上本，傅本。猒（yā）：通压，抑制，堵塞。

⑤诤（zhēng）：通争，竞争。

## 【译文】

江海所以能汇集众多溪涧，是因为它善于处在溪涧的下游，因此而能汇集众多的溪涧。因此，圣人想要居于人民之上（统治人民），必须用言语表示谦下。想要居于人民之前（领导人民），必须把自己放在人民之后。所以他居于人民之前，而人民不以为是妨害；居于人民之上，而人民不以为是负担加重，（所以）天下乐于推戴而不抑制他。不正是因为他不争吗？所以天下没有谁能和他争。

# 第六十七章

## 【原文】

小邦[①]，寡民[②]。使十百人之器毋用[③]，使民重死而远徙[④]。有车舟无所乘之[⑤]，有甲兵无所陈之[⑥]。使民复结绳而用之[⑦]。甘其食[⑧]，美其服，乐其俗，安其居。邻邦相望[⑨]，鸡犬之声相闻，民至老死，不相往来。

## 【注释】

①小：使……小。

②寡：使……少。

③十百人之器：指十人、百人使用的大的器具。

④远：疏远，避开。徙（xǐ）：迁移。

⑤舟：船。甲本、乙本作“周”，此据王本、河上本、傅本。

⑥陈：陈列。

⑦结绳：相传为文字发明前人们记事的方法。

⑧甘：以……为甘。美、乐、安同此。

⑨邻：甲本作“𩉵”，乙本作“哭”，此据王本，河上本、傅本。

## 【译文】

使国家小，人民少。让大的器具没有用，使人民看重死亡（爱惜生命），而不迁徙。虽有车船而没有乘坐的必要，虽有铠甲、兵器而没有地方陈列。使人民再用（远古时代）结绳记事的方法。（使人民）以自己的食物为甜美，以自己的衣服为美观，以自己的习俗为欢乐，以自己的住所为安适。相邻之国彼此望得见，鸡鸣犬吠之声互相听得到，人民到老死也不相往来。

# 第六十八章

## 【原文】

信言不美①，美言不信。知者不博②，博者不知。善者不多，多者不善③。圣人无积④，既以为人⑤，己俞有⑥；既以予人矣，己俞多。故天之道，利而不害；人之道⑦，为而弗争。

## 【注释】

①信：真实。

②知：即智，见解高明，聪明。博：指知识广博。

③此句王本、河上本作“善者不辩，辩者不善”，傅本作“善言不辩，辩言不善”，甲本缺，此据乙本。

④积：积聚，储蓄。

⑤既：尽。

⑥俞：通愈，更。

⑦“人”字前王本、河上本、傅本有一“圣”字，甲本缺，乙本无，今从乙本。

## 【译文】

真实的话不动听，动听的话不真实。聪明的人知识不广博，知识广博的人不聪明。好的不多，多的不好。圣人没有（自己的）积蓄，他完全把它们当作别人的东西，自己反而更富有；他全把它们送给别人了，自己（所得）反而更多。所以天之“道”（生而弗有，长而弗宰），有利于万物，而不妨害它们；人之“道”，有所施为，而无所争执。

# 第六十九章

## 【原文】

天下皆谓我大①，大而不宵②。夫唯不宵③，故能大④。若宵，久矣其细也夫⑤。我恒有三葆⑥，持而宝之⑦。一曰慈⑧，二曰检⑨，三曰不敢为天下先。夫慈，故能勇；检，故能广⑩；不敢为天下先，故能为成事长。今舍其慈⑪，且勇⑫；舍其检，且广；舍其后，且先，则必死矣。夫慈，以战则胜⑬，以守则固。天将建之⑭，如以慈垣之⑮。

## 【注释】

①皆：甲本、乙本缺，此据王本、河上本、傅本补。我：指“道”。

②大而：王本、河上奉、傅本作“似”，甲本缺，此据乙本。宵（xiāo）：通肖，衰微，变弱小。

③不宵：甲本缺，王本、河上本、傅本作“大”，此据乙本。

④能大：甲本作“不宵”，王本、河上本、傅本作“似不宵”，此据乙本。

⑤细：渺小。

⑥葆（bǎo）：通宝，珍宝。

⑦持：甲本无，乙本作“市”，此据王本、河上本、傅本。宝：甲本无，乙本作“琼”，此据河上本、傅本。

⑧慈：慈爱，柔善。甲本、乙本作“兹”，此从王本、河上本、傅本。

⑨检：约束，收敛。

⑩广：开廓，扩大。

⑪慈：甲本、乙本作“兹”，此据王本、河上本、傅本。下同。

⑫且：又。

⑬战：甲本缺，乙本作“单”，此据王本、河上本。

⑭建：设置，树立。

⑮如：王本、河上本、傅本无，甲本作“女”，此据乙本。垣（yuán）：援助，护卫。

## 【译文】

天下都称说“道”博大，博大而不衰微。因为不衰微，所以能博大。如若衰微，它早就渺小了。“道”永远有三件珍宝，保持并珍惜着它们。第一件称作柔慈，第二件称作收敛，第三件称作不敢走在天下人之前。柔慈（足以能使人民感恩戴德），所以能（使人）勇敢；收敛，所以能开廓；不敢走在天下人之前，所以能成为既成事物的君长。现在舍弃柔慈，而又勇敢；舍弃收敛，而又开阔；舍弃谦退后随，而又争先，就必死无疑。柔慈，将它用于作战就打胜仗，用于防守就坚固不拔。天要树立谁，这就像（慈母）用柔慈来援助、护卫他一样。

# 第七十章

## 【原文】

故善为士者不武[①]，善战者不怒[②]，善胜敌者弗与[③]，善用人者为之下。是谓不诤之德[④]，是谓用人，是谓肥天[⑤]，古之极也[⑥]。

## 【注释】

①士：指武士。武：勇敢。

②怒：生气，发怒。

③与：对敌，这里指与敌作战、交锋。

④诤：即争。

⑤肥：使……盛大、壮大。王本、河上本、傅本作“配”，甲本无，此据乙本。

⑥极：准则。

## 【译文】

所以善于作武士的，不（逞其）勇武；善于作战的，不发怒（拼命）；善于战胜敌人的，不与敌交锋（而胜）；善于用人的，对人谦下。这叫做与人无争的美德，这叫做善于用人，这叫做壮大天“道”，这是古代的准则。

# 第七十一章

## 【原文】

用兵有言曰：吾不敢为主而为客[①]，吾不进寸而退尺。是谓行无行[②]，襄无臂[③]，执无兵，乃无敌矣[④]。祸莫大于无敌，无敌近亡吾葆矣[⑤]。故称兵相若[⑥]，则哀者胜矣[⑦]。

## 【注释】

①主：指战争中取攻势的一方。客：指取守势的一方。

②无：动词，没有。行：行路，道路。

③襄：通攘，上举。

④乃：于是，就，因而。

⑤近：接近。亡：失去。葆：指“慈”、“检”、“不敢为天下先”三宝。

⑥称：举。若：相当。

⑦哀：怜爱，悲伤。哀者：指“慈”、“检”和“不敢为天下先”三者，也就是心怀柔慈，遭到进攻和欺凌的一方。

## 【译文】

用兵的人有这样一句话：我不敢采取攻势而采取守势，我不前进一寸，而要后退一尺。这叫做出兵行军，却没有道路（可行，即不出兵以逞勇武），奋臂举手，却没有手臂可举（即不振臂发怒），持拿握紧，却没有武器可执（即不与敌交锋），（如能做到这些）于是就无敌于天下了。（但要注意）没有哪一种灾祸比心目中没有敌人更大，心目中没有敌人就差不多等于丢失了我的（三件）珍宝。所以举兵相争，（双方）力量相当，乃是柔慈、悲哀的一方获得胜利。

# 第七十二章

## 【原文】

吾言甚易知也，甚易行也；而人莫之能知也，而莫之能行也。言有君[①]，事有宗[②]。其唯无知也[③]，是以不我知[④]。知者希，则我贵矣，是以圣人被褐而褱玉[⑤]。

## 【注释】

①君：主宰，中心，要领。

②宗：主旨，纲领，本。

③其：指众人。唯：因为。

④不我知：即“不知我”。

⑤被（pī）：通披。褐（hè）：古代贫贱者所穿的用兽毛或粗麻编织成的短衣。褱（huái）：通怀，怀藏，怀抱。

## 【译文】

我的话很容易了解，（也）很容易实行；但没有谁能了解它，（也）没有谁能实行它。（我）言论自有中心，行事自有所本。人们因为没有了解这一点，因此就不了解我。了解（我）的人非常少，那么我就（显得）尊贵了。因此，圣人（就像是外面）披着粗布衣、怀内揣着宝玉（尚未被人充分认识他的价值）。

# 第七十三章

## 【原文】

知不知，尚矣[①]。不知不知，病矣[②]。是以圣人之不病，以其病病也，是以不病。

## 【注释】

①尚（shàng）：庶几，差不多。

②病：担忧，困乏。

## 【译文】

知道（自己）不了解（“道”），那就差不多了（便可进而了解“道”）。不知道（自己）不了解（“道”），那就可忧和困乏了。因此，圣人不困忧，是因为他把不知道（自己）不了解（“道”）当做困忧，因此（他）不困忧。

# 第七十四章

## 【原文】

民之不畏畏[①]，则大畏将至矣[②]。毋闸其所居[③]，毋猒其所生[④]。夫惟弗猒[⑤]，是以不猒[⑥]。是以圣人自知而不自见也[⑦]，自爱而不自贵也。故去彼而取此[⑧]。

## 【注释】

①畏：害怕，恐怖。

②畏：王本、河上本、傅本作“威”，甲本缺，兹据乙本。将：王本、河上本、傅本无，甲本缺，此据乙本。

③毋（wù）：不要。闸（gē）：闭门。

④猒（yā）：通压，堵塞，抑制。

⑤惟：唯独，只有。

⑥猒（yā）：倾覆。

⑦见（xiàn）：显现，显露。

⑧彼：甲本作“被”，乙本作“罢”，此从王本，河上本、傅本。

## 【译文】

人民不惧怕恐怖，那么大的恐怖就要到来了。（因此）不要关闭人民住所的大门（使其流离失所），不要堵塞人民的生路（使其铤而走险）。只有不堵塞，（统治者）因此才不致倾覆。因此，圣人自己了解（“道”），但不自我表现；爱护自己，但不自居高贵。所以（他）舍弃“自见”、“自贵”，而选择“自知”和“自爱”。

# 第七十五章

## 【原文】

勇于敢者则杀[①]，勇于不敢者则活[②]，此两者或利或害[③]。天之所亚[④]，孰知其故[⑤]？天之道，不战而善胜[⑥]，不言而善应，不召而自来，单而善谋[⑦]。天网恢恢[⑧]，疏而不失[⑨]。

## 【注释】

①敢：进取。

②活：甲本、乙本作“栝”，此据王本、河上本、傅本。

③此：甲本、乙本缺，兹据王本、河上本，傅本补。

④亚（wù）：即恶，憎恨，厌恶。

⑤孰（shú）：谁。“故”字后王本、河上本、傅本有“是以圣人犹难之”七字，甲本缺，乙本、严遵本无，今从乙本。

⑥战：王本、河上本、傅本作“争”，甲本缺，乙本作“单”，即战，据改。胜：甲本缺，乙本作“朕”，此据王本、河上本、傅本。

⑦单（dàn）：诚厚，诚信。甲本作“弹”，王本、河上本作“缂”，傅本作“默”，此据乙本。

⑧恢恢（huī huī）：宽广、宏大的样子，甲本缺，乙本作“袪袪”，此据王本、河上本、傅本。

⑨疏：稀疏，不密。

## 【译文】

勇于进取就死，勇于不进取就活，这两种“勇”有的（对人）有利，有的（对人）有害。天厌恶勇于进取，谁知道它的原因呢？

天之“道”，不战而善于取胜，不说话而善于应答，不召唤而自动到来，诚厚而善于谋划。天网宽广宏大，网眼虽然稀疏，却不漏失任何东西。

# 第七十六章

## 【原文】

若民恒且不畏死[①]，奈何以杀愳之也[②]？若民恒且畏死[③]，而为畸者吾将得而杀之[④]，夫孰敢矣？若民恒且必畏死[⑤]，则恒有司杀者[⑥]。夫代司杀者杀，是代大匠斲也[⑦]。夫代大匠斲者，则希不伤其手矣[⑧]。

## 【注释】

①若、且：王本、河上本、傅本无，甲本缺，此据乙本。恒（gèng）：普遍，到处。甲本缺，王本、河上本无，傅本作“常”，高翱本“民”下有“情”字，兹据乙本。且：将要，将近。

②愳（jù）：即惧，恐惧，恐吓。

③且：王本、河上本、傅本无。甲本缺，此据乙本。

④畸（jī）：与众不同，不正常。为畸者，指不怕死，从事异端活动的人。

⑤此句王本、河上本、傅本均无，甲本作“若民口口必畏死”，兹据乙本。

⑥恒（héng）：通常。司：掌握。

⑦大匠：木工的首领，匠师。斲（zhuó）：斫斩，砍削。

⑧希：少。

## 【译文】

如果人民普遍接近于不怕死，怎么（能）用杀人去恐吓他们呢？如果人民普遍接近于怕死，我将抓获（个别）异端分子而杀死他们，那谁（还）敢从事异端活动呢？如果人民普遍接近于果真怕死，那么通常有掌握杀人的人在（应由他们负责捕杀，而不必由他人代劳）。代替主管杀人的去杀，那是代替匠师砍削东西。代替匠师砍削东西，就很少不伤害自己的手了。

# 第七十七章

## 【原文】

人之饥也，以其取食说之多也[①]，是以饥。百姓之不治也[②]，以其上之有以为也，是以不治。民之轻死也[③]，以其求生之厚也[④]，是以轻死。夫惟无以生为者[⑤]，是贤贵生[⑥]。

## 【注释】

①说：道路，途径。“说”与“遂”音近通假，义同。

②治：治理，太平。

③轻：看轻，轻视。

④厚：深厚，这里指过多。

⑤惟：惟恐，只有。无以生为：没有什么可拿来生存，即不追求生存，不厚生，不贵生。

⑥是：此，这个。贤：胜过，胜于。

## 【译文】

人们陷于饥饿（以致轻死），是因为他们获取食物的途径太多，因此而陷于饥饿。老百姓得不到治理，是因为他们的统治者积极有为，因此而得不到治理。（所以）人们看轻死，是因为他们追求生存过多，因此而看轻死。只有不追求生存，这胜过重视生存。

# 第七十八章

## 【原文】

人之生也柔弱，其死也胻信坚强[①]。万物草木之生也柔脆[②]，其死也枯槁[③]。故曰：坚强者，死之徒也[④]；柔弱微细，生之徒也。是以兵强则不胜[⑤]，木强则恒[⑥]，强大居下[⑦]，柔弱微细居上[⑧]。

## 【注释】

①胻（gèng）：即亘，亦即極，最终，末了。信（shēn）：通伸，指身体伸直。胻信，王本，河上本、傅本无，甲本作“楦仞”，此据乙本。

②脆：脆弱，易折，易碎。

③枯：甲本、乙本作“梓”，兹据王本、河上本、傅本。槁（gào）：枯干。

④徒：类属。

⑤以：甲本无，乙本缺，此据王本、河上本、傅本补。

⑥恒（gèng）：通亘，穷尽，结束，死亡。

⑦下：下降。

⑧上：上升。

## 【译文】

人活着时（身体）柔弱，死后躯体最终挺直僵硬。万物草木活着时柔软脆弱，死后枯萎干硬。所以说：坚强的东西属于死亡的一类，柔弱微细的东西属于生存的一类。因此，军队强大就不会取胜，树木强盛就要死亡。强大就处于下降的地位，柔弱微细则处于上升的地位。

# 第七十九章

## 【原文】

天之道，犹张弓者也[①]，高者印之[②]，下者举之[③]，有余者损之[④]，不足者补之。故天之道，损有余而益不足[⑤]。人之道则不然[⑥]，损不足而奉有余[⑦]。孰能有余而有以取奉于天者乎？唯又道者乎[⑧]？是以圣人为而弗又[⑨]，成功而弗居也。若此[⑩]，其不欲见贤也[⑪]。

## 【注释】

①犹：如。甲本缺，乙本作“酉”，此据王本、河上本、傅本。张：把弓弦绷紧，上弓弦。

②印（yìn）：用手按下，压下。

③举：抬起。

④余：多余。损：减损。甲本作“敡”，乙本作“云”，此据王本、河上本、傅本，下同。

⑤益：增加。

⑥则：甲本缺，乙本无，此据王本、河上本、傅本补。

⑦奉：进献，给予，供奉。

⑧唯：只有。又：通有。

⑨又：王本、河上本、傅本作“恃”，甲本缺，此据乙本。

⑩若此：王本、河上本、傅本无，甲本缺，此据乙本。

⑪见（xiàn）：同现，显现。贤：德行，才能，善。

## 【译文】

天之“道”，就像（弓匠）张弓，高的就压低一点，低的就抬高一点，有多余的就减少些，不够的就补足它。所以天之“道”，减损有余而增加不足。人的“道”就不是这样，它削减不足的，而供给有余的。谁能有多余的东西可以拿来奉献给天（让它去增加不足）呢？只有有“道”的人吧？因此，圣人有作为而一无所有，功成而不自居。像这样，他就不想显现他的才德了。

# 第八十章

## 【原文】

天下莫柔弱于水，而攻坚强者莫之能先也[①]，以其无以易之也[②]。水之胜刚也[③]，弱之胜强也，天下莫弗知也，而莫之能行也[④]。故圣人之言云曰[⑤]：受邦之询[⑥]，是谓社稷之主[⑦]；受邦之不祥[⑧]，是谓天下之王。正言若反。

## 【注释】

①而攻、先：甲本、乙本缺。“而攻”据王本、河上本、傅本补。先：超过，胜过。据傅本、严遵本补。

②易：移易，改变。

③水：王本、河上本、傅本作“柔”，甲本缺，此据乙本。胜：甲本缺，乙本作“朕”，此据王本、河上本、傅本。

④莫之能：甲本、乙本缺，此拥傅本补。行：实施，实行。

⑤云：如此。曰：说。

⑥受：承受。询（gòu）：同诟，耻辱，诟骂。

⑦社：土神。稷（jì）：谷神。社稷，古代帝王诸侯所祭之神，后用作国家的代称。

⑧祥：吉兆，福，善。不祥：不吉，祸恶。

## 【译文】

天下没有哪一种东西比水更柔弱了，但攻击坚强（的力量）却没有什么东西能超过它？（这是）因为（水的）这种攻坚的力量是没有任何东西可以改变的。水胜刚，弱胜强，天下没有谁不知道这些，但没有谁能照此施行。所以圣人的话这样说：（能）承受国家的耻辱，这叫做一国之主；（能）承受国家的祸恶，这叫做天下的君王。（这些）正面的话就和反话一样（看似悖于常理，其实顺乎天“道”）。

# 第八十一章

## 【原文】

和大怨[①]，必有余怨，焉可以为善[②]？是以圣人右介[③]，而不以责于人[④]。故有德司介[⑤]，无德司徹[⑥]。夫天道无亲，恒与善人[⑦]。

## 【注释】

①和：调和，调解。怨：抱怨，仇恨。

②焉：怎么。

③右：崇尚，赞助。介：善。

④责：责求，索取，要求。

⑤司：掌管，主持。

⑥徹（zhé）：通彻，这里指剥削，毁坏。

⑦与：亲近，赞许，援助。

## 【译文】

调和大的怨仇，必然还有遗留的怨恨（不能化解），怎么可以把这当做“善”？因此，圣人崇尚、赞助“善”，但并不以此苛求于人。所以有“德”的人主持“善”事，没有“德”的人主持剥夺和毁坏。天“道”没有偏爱，（但）它永远亲近、赞助善人。

# 白话列子

# 前 言

《列子》一书是中国古代思想史上的重要著作之一。其思想与道家十分接近，后来被道教奉为经典。唐天宝元年（公元742年）诏称《列子》为《冲虚真经》。书中记载了许多民间故事、寓言和神话传说，因而在中国古代文学史上也有一定地位。书中还有大量的养生与古代气功的论述，亦值得研究。我们要了解中国传统文化，吸取其精华为社会主义现代化建设服务，《列子》是有必要认真阅读的。

《列子》一书相传为战国时期列御寇所著。列御寇在古籍中又被写作列圄寇、列圉寇，郑国人。《庄子》中有许多关于他的传说。《吕氏春秋·不二》说："子列子贵虚。"这里的"虚"即虚静、无为，一切顺应自然。列子曾向壶丘子林和老商氏学过气功。《庄子·逍遥游》把他描绘成为神仙，说："列子御风而行，泠然善也，旬有五日而后反。"列子的学说主要是养生术，因而他不大关心政治，认为政治事务与政治斗争，以及一切改造社会和改造自然的努力都有碍于养生。在这方面，他与老子"无为而无不为"的权术有明显区别，而比较接近于庄子，其消极因素是十分明显的。但他与秦汉的神仙家又有所不同，认为人不能长生不死，有生必有死，该生就让它生，该死就让它死，才是正确的态度。在这一点上，也和庄子相同。

《汉书·艺文志》著录《列子》八篇，早已散佚了。今天我们见到的《列子》，可能是西晋人的作品。马叙伦《列子伪书考》说："盖《列子》晚出而早亡，魏晋以来好事之徒聚敛《管子》、《晏子》、《论语》、《山海经》、《墨子》、《庄子》、《尸佼》、《韩非子》、《吕氏春秋》、《韩诗外传》、《淮南》、《说苑》、《新序》、《新论》之言，附益晚说，假为向序以见重。”任继愈先生主编的《中国哲学发展史》（魏晋南北朝卷）对此作归纳：（一）刘向的《列子序》称列子为郑人，与郑缪公同时，然而书中多言缪公以后事，如孔穿、公孙龙是战国后期人而入书。（二）书中多采引先秦与西汉诸子书的资料，除马叙伦《列子伪书考》已列举者外，还有今已亡佚的《汤问》、《说符》等。（三）书中有些资料更晚，如太初、太始、太素说出自《易纬》，切玉之刀、火浣之布乃魏文帝事，周穆王驾八骏西游出自汲冢书《穆天子传》，《杨朱篇》纵恣肉欲，不符合《淮南子·汜论训》关于杨子“全性保真，不以物累形”的宗旨，而反映魏晋人的放荡性格。（四）有明显的佛教影响，如“西方之人有圣者”指佛，“死之与生，一往一反”乃释氏轮回之说等。（五）从语言的角度考察，书中有不少汉以后、甚至魏晋以后的词汇。

今本《列子》虽系魏晋人的作品，但他们在重新编辑《列子》时，毕竟采录了许多先秦古籍中关于列子的记载，并不是完全凭空捏造。其中有些寓言故事古朴无华，不见于汉魏诸书，如愚公移山、扁鹊易心等。可知今本《列子》中也保存了不少古本《列子》的断简残篇与零星记载，对于研究列子其人及其思想仍然有一定参考价值。

《列子》的版本甚多，清人汪继培曾取影宋本、纂图互注本、明世德堂本、虞九章和王震亨同订本参订缺误，刻入《湖海楼丛书》。今人杨伯峻先生以汪本为底本，复取瞿氏铁琴铜剑楼所藏之北宋本（即《四部丛刊》之底本）、吉府本、铁华馆影宋本、《道藏》诸本（白文本、宋徽宗《义解》本、林希逸《口义》本、江遹《解》本、高守元集《四解》本）、元本、明世德堂本参校，于1979年10月由中华书局出版，是为《列子》一书最好的版本于汪本颇多订正，并吸取历代注家解释，著成《列子集释》，本书的原文部分，以杨伯峻《列子集释》本为依据，只作了个别订正。校勘记也多采自该书，但为了节省篇幅，只采录了少量的必须说明的部分，纳入了注释之中。标点有与《集释》本相同者，也有与《集释》本相异者。本书的注释部分，引用或参考了历代诸家的注释，除《列子集释》中已集录者外，还参考了任继愈先生的《老子新译》（上海古籍出版社 1978 年 3 月版）、陈鼓应先生的《庄子今注今译》（中华书局 1983 年 5 月版）、周克昌先生的《读〈列子集释〉札记》（载《古籍点校疑误汇录四》，中华书局 1990 年 3 月版）等，有可从者择善而从，无可从者赋以己意。本书的译文部分，参考了杨伯峻先生的《白话列子》（岳麓书社 1990 年 4 月版），但该书有多处漏译（不知何故，漏译达 20 多处），其中许多译文也值得商榷，当然开创之功不应抹煞。笔者步杨伯峻等先生之后尘，理应有超过前人之处，但因水平所限，无论在标点、校勘、注释与今译方面，都必定存在不少错误与不妥之处，欢迎读者批评指正。

尹协理

于古晋阳双塔寺下

# ◇ 卷 一 ◇

## 天瑞第一①

**【原文】**

子列子居郑圃②，四十年人无识者。国君卿大夫视之，犹众庶也③。国不足④，将嫁于卫⑤。弟子曰："先生往无反期，弟子敢有所谒⑥，先生将何以教？先生不闻壶丘子林之言乎⑦？"子列子笑曰："壶子何言哉⑧？虽然，夫子尝语伯昏瞀人⑨。吾侧闻之，试以告女⑩。其言曰：有生不生，有化不化。不生者能生生，不化者能化化。生者不能不生，化者不能不化，故常生常化。常生常化者，无时不生，无时不化，阴阳尔⑪，四时尔。不生者疑独⑫，不化者往复⑬。往复，其际不可终⑭；疑独，其道不可穷。《黄帝书》曰：'谷神不死⑮，是谓玄牝⑯。玄牝之门，是谓天地之根。绵绵若存，用之不勤⑰。'故生物者不生，化物者不化。自生自化，自形自色，自智自力，自消自息。谓之生化形色智力消息者⑱，非也。"

**【注释】**

①天瑞——瑞，吉祥，这里指吉祥的征兆。天人感应论认为，帝王修德，世道清平，会出现祥瑞感应。本篇认为所谓祥符瑞以至天地万物都是由一个不生不化的本体所产生的，并不是天的意志。

②子列子——列子，名列御寇，亦作列圄寇、列圉寇，郑国人。《庄子》中多载其传说，后被道教神化为神仙，唐玄宗封他为“冲虚真人”，宋徽宗封他为“致虚观妙真君”。子列子，后一个“子”表示有德之人，前一个“子”表示是作者或说话人的老师。《陔余丛考·夫子》：“有以子为师之专称者，《公羊传序》有子公羊子、子司马子。何休释曰：加子于姓上，名其为师也。若非师而但有德者，不以子冠氏也。《梁溪漫志》云：《列子》书，亦其门人所集，故曰子列子，冠氏上，明其为师也。不但言子者，所以避孔子也。”郑圃——郑国的圃田。杨伯峻：“郑之圃田，一作甫田，见《诗经》、《左传》、《尔雅》诸书，今河南中牟县西南之丈八沟及附近诸陂湖，皆其遗迹。”

③众庶——指一般百姓。

④国不足——张湛注：“年饥。”

⑤嫁——张湛注：“自家而出谓之嫁。”卢重玄解：“嫁者，往也。”

⑥敢有所谒——敢，自言冒昧之词，犹胆敢。谒，请问，请求说明问题。

⑦壶氏子林——张湛注：“列子之师。”殷敬顺、陈景元释文：“司马彪注《南华真经》云：名林，郑人也。”

⑧壶子何言哉——何言，犹言何，说了些什么。

⑨语——告诉。本作“诏”。伯昏瞀人，又作伯昏无人，张湛注：“伯昏，列子之友，同学于壶子。”瞀，音móu（谋）。

⑩女——同“汝”，你。

⑪尔——指示代词，如此。阴阳尔，四时尔，指阴阳如此，四时也如此。

⑫疑独——疑，许维遹：“疑读为拟，僭也，比也。”即比拟之意。独，独一无二。

⑬往复——循环。明世德堂本、《道藏》本、北宋本此处只出现一次“往复”，按王重民说，应据吉府本增补“往复”二字。

⑭际——交界之处。终，终点。

⑮谷神——谷，即山谷之谷，指虚空。任继愈《老子新译》："谷神，也就是老子的道。"张湛注："至虚无物，故谓谷神。"

⑯玄牝——牝，音pìn（聘）。任继愈："'牝'是一切动物的母性生殖器官。'玄牝'是象征着深远的、看不见的生产万物的生殖器官。"玄，幽远，微妙。

⑰勤——许维遹："勤当训尽。"任继愈："勤即尽。"

⑱谓——俞樾："谓，当作为，古书'谓''为'通用，说详王氏引之《经传释词》。"

## 【译文】

列子住在郑国圃田，四十年没有知道他的人。郑国的国君公卿大夫看待他，就像看待一般老百姓一样。郑国发生了饥荒，列子准备离开家到卫国去。他的学生说："老师这次出门，不知道什么时候才能回来，学生想请教一些问题，老师用什么来教导我们呢？老师没有听到过壶丘子林的教导吗？"列子笑着说："壶丘先生说了什么呢？即使如此，他老先生曾经告诉过伯昏瞀人。我从旁边听到了，姑且告诉你们。他的话说：有生死的事物不能产生其他事物，有变化的事物不能使其他事物发生变化。没有生死的事物能够产生出有生死的事物，没有变化的事物能使有变化的事物发生变化。有生死的事物不能不生死，有变化的事物不能不变化，所以这些事物经常生死，经常变化。经常生死、经常变化的事物，无时无刻不在生死，无时无刻不在变化，阴阳是这样，四时也是这样。没有生死的事物无与伦比，没有变化的事物循环往复。循环往复的事物，它的边界永远找不到；无与伦比的事物，它的道理不可以穷究。《黄帝书》说：'虚空之神不会死亡，它就是幽深微妙的阴户。阴户的大门，就叫做天地的本根。它绵延不断，好像存在着，用它不尽。'所以产生万物的自己不生死，变化万物的自己没有变化。它自己产生，自己变化；自己形成，自己着色；自己产生智慧，自己产生力量；自己消减衰落，自己生长旺盛。说有使它产生、变化、形成、着色、产生智慧、产生力量、消减衰落、生长旺盛的事物，那是错误的。”

## 【原文】

子列子曰：“昔者圣人因阴阳以统天地。夫有形者生于无形，则天地安从生？故曰：有太易，有太初，有太始，有太素。太易者，未见气也；太初者，气之始也；太始者，形之始也；太素者，质之始也。气形质具而未相离，故曰浑沦[①]。浑沦者，言万物相浑沦而未相离也。视之不见，听之不闻，循之不得[②]，故曰易也[③]。易无形埒[④]，易变而为一，一变而为七，七变而为九。九变者，究也[⑤]，乃复变而为一。一者，形变之始也，清轻者上为天，浊重者下为地，冲和气者为人[⑥]；故天地含精，万物化生。”

## 【注释】

①浑沦——又作“浑沌”、“混沌”，古人想象中的天地开辟前的状态，即气、形、质都未分离出来的混然一片的状态。

②循——王重民《列子校释》：“循当读如揗”“揗，正字；循，假字。”《说文》：“循，摩也。”

③易——简易。张湛注：“《老子》曰：‘视之不见名曰希。’而此曰易，易亦希简之别称也。”

④形埒——形状。埒，音liè（劣）。《淮南子·本经训》：“合气化物，以成埒类。”高诱注：“埒，形也。”

⑤究——穷尽，终极。张湛注：“究，穷也。”

⑥冲和——中和。陶鸿庆《读列子札记》云：“冲读为中。《文子·九守篇》：‘故三皇、五帝有戒之器，命曰侑卮，其冲即正，其盈即覆。’冲即中也。又《精诚篇》‘执冲含和’，《淮南子·泰族训》冲

作中，皆冲、中通用之证。”

【译文】

列子说：“过去圣人凭借阴阳二气来统御天地万物。有形的事物是从无形的事物产生出来的，那么有形的天地万物是从哪里产生的呢？所以说：天地万物的产生过程有太易阶段，有太初阶段，有太始阶段，有太素阶段。所谓太易，是指没有出现元气时的状态；所谓太初，是指元气开始出现时的状态；所谓太始，是指形状开始出现时的状态；所谓太素，是指质量开始出现时的状态。元气、形状、质量具备但却没有分离开来，所以叫做浑沦。所谓浑沦，说的是万物浑然一片而没有分离开来的状态。看它看不见，听它听不到，摸它摸不着，所以叫做简易。易没有形状，易变化而成为一，一变化而成为七，七变化而成为九。九是变化的终极，于是反过来又变化而成为一。一是形状变化的开始，清轻之气上浮成为天，浊重之气下沉成为地，中和之气便成为人，所以天地蕴含着精华，万物由此变化而生。”

【原文】

子列子曰：“天地无全功[①]，圣人无全能，万物无全用。故天职生覆，地职形载，圣职教化，物职所宜。然则天有所短，地有所长，圣有所否[②]，物有所通。何则？生覆者不能形载，形载者不能教化，教化者不能违所宜，宜定者不出所位[③]。故天地之道，非阴则阳；圣人之教，非仁则义；万物之宜，非柔则刚；此皆随所宜而不能出所位者也。故有生者，有生生者[④]；有形者，有形形者；有声者，有声声者；有色者，有色色者；有味者，有味味者。生之所生者死矣，而生生者未尝终；形之所形者实矣，而形形者未尝有；声之所声者闻矣，而声声者未尝发；色之所色者彰矣，而色色者未尝显；味之所味者尝矣，而味味者未尝呈：皆无为之职也。能阴能阳，能柔能刚，能短能长，能员能方[⑤]，能生能死，能暑能凉，能浮能沈[⑥]，能宫能商[⑦]，能出能没，能玄能黄，能甘能苦。能羶能香。无知也，无能也，而无不知也，而无不能也。”

## 【注释】

①全——完备。张湛注：“全犹备也。”

②否——堵塞，不通达，与下句“通”相对而言。

③不出所位——杨伯峻案：“‘不出所位’‘不’下疑脱‘能’字。‘不能出所位’与‘不能形载’等三句句法一律。下句‘不能出所位者也’，有‘能’字，可证。”

④生生者——第二个“生”字，指有生死的事物。第一个“生”字是动词，指产生。此下“形形者”、“声声者”、“色色者”、“味味者”句法相同。

⑤员——通“圆”。

⑥沈——音chén（沉），与“沉”同。

⑦宫、商——我国古代五声音阶的第一、第二音级。五声音阶为：宫、商、角、徵（zhǐ纸）、羽，近似于简谱中的1、2、3、4、5、6。

## 【译文】

列子说：“天地没有完备的功效，圣人没有完备的能力，万物没有完备的用途。所以天的职责在于生长覆盖，地的职责在于成形载物，圣人的职责在于教育感化，器物的职责在于适合人们使用。这样看来，天有短缺之功，地有擅长之事，圣人有淤塞之时，器物有通达之用。为什么呢？这是因为生长覆盖的不能成形负载，成形负载的不能教育感化，教育感化的不能违背它的适当用途，事物适宜的功用已经确定了的，便不能再超出它所担负的职责。所以天地的运行，不是阴便是阳；圣人的教化，不是仁便是义；万物的本质，不是柔便是刚；这些都是按照它所适宜的功用而不能超出它所担负的职责的。所以有有生死的事物，有使有生之物产生的事物；有有形状的事物，有使有形之物成形的事物；有有声音的事物，有使有声之物发出声音的事物；有有颜色的事物，有使有色之物表现出颜色的事物；有有滋味的事物，有使有味之物呈现出滋味的事物。有生死的事物所呈现出的生命死亡了，但使有生之物产生的事物却没有终止；有形状的事物所呈现出的形状成就了，但使有形之物成形的事物却没有出现；有声音的事物所呈现出的声音已经被听到了，但使有声之物发声的事物却没有发声：有颜色的事物所呈现出的颜色显明了，但使有色之物出色的事物却没有显露；有滋味的事物所呈现出的滋味已经被尝到了，但使有味之物出味的事物却没有呈现：这些都是'无'所做的事情。无使事物可以表现出阴的特性，也可以表现出阳的特性；可以表现出柔的特性，也可以表现出刚的特性；可以缩短，也可以延长；可以呈现圆的形状，也可以呈现方的形状；可以产生，也可以死亡；可以暑热，也可以凉爽；可以上浮，也可以下沉；可以发出宫声，也可以发出商声；可以呈现，也可以隐没；可以表现出黑的颜色，也可以表现出黄的颜色；可以呈现出甜的滋味，也可以呈现出苦的滋味；可以发出羶的气味，也可以发出香的气味。它没有知觉，没有能力，却又无所不知，无所不能。”

## 【原文】

子列子适卫，食于道，从者见百岁髑髅[①]，攓蓬而指[②]，顾谓弟子百丰曰：“唯予与彼知而未尝生未尝死也。此过养乎？此过欢乎[③]？种有几[④]：若䵷为鹑[⑤]，得水为㡭[⑥]。得水土之际，则为䵷蠙之衣[⑦]。生于陵屯[⑧]，则为陵舄[⑨]。陵舄得郁栖[⑩]，则为乌足[11]。乌足之根为蛴螬[12]，其叶为胡蝶。胡蝶胥也化而为虫[13]，生灶下，其状若脱[14]，其名日鸲掇[15]。鸲掇千日化而为鸟，其名曰乾余骨。乾余骨之沫为斯弥[16]，斯弥为食醯颐辂[17]。食醯颐辂生乎食醯黄軦[18]，食醯黄軦生乎九猷[19]，九猷生乎瞀芮[20]，瞀芮生乎首腐蠸[21]。羊肝化为地皋[22]，马血之为转邻也[23]，人血之为野火也。鹞之为鹯[24]，鹯之为布谷，布谷久复为鹞也。燕之为蛤也[25]，田鼠之为鹑也[25]，朽瓜之为鱼也，老韭之为苋也，老羭之为猨也[26]，鱼卵之为虫[27]。亶爰之兽自孕而生曰类[28]，河泽之鸟视而生曰鶂[29]。纯雌其名大腰[30]，纯雄其名稚蜂[31]。思士不妻而感，思女不夫而孕。后稷生乎巨迹[32]，伊尹生乎空桑[33]。厥昭生乎湿[34]，醯鸡生乎酒[35]。羊奚比乎不箰[36]，久竹生青宁[37]，青宁生程[38]，程生马，马生人，人久入于机。万物皆出于机，皆入于机。

## 【注释】

①从者——陶鸿庆《读列子札记》："列子因见髑髅，攓蓬而指，以示弟子百丰，不当言'从者'。《庄子·秋水篇》作'从见百岁髑髅'，无'者'字，当从之。"杨伯峻案："从，当依《释文》作'徒'，字之误也。郭庆藩《庄子集释·至乐篇注》：'《列子·天瑞篇》正作食于道徒'，是郭所见《列子》有作'徒'者矣，当据改。'者'字后人所加，陶说是。"司马彪："徒，道旁也；一本或作从。"髑髅——死人的头骨。

②攓蓬——捷，音qiān（牵），拔取。蓬，草名，又叫"飞蓬"。

③过养、过欢——洪颐煊《读书丛录》："《庄子·至乐篇》两'过'字皆作'果'。《国语·晋语》'知果'，《汉书·古今人表》作'知过'。过即果，假借字。"俞樾《诸子平议》："养当读为恙。《尔雅·释诂》：'恙，忧也。'恙与欢对，犹忧与乐对也。恙与养古字通。"

④种有几——种，物种，指万事万物。几，当读为"机"，即下文结语"万物皆出于机，皆入于机"之"机"。机，机关，指万物出生与

复归的机关。

⑤𪓰——同鼃（蛙）。鹑——鸟名，鹌鹑。

⑥㡭——音jì（计），与“继”同。《说文》：“继，续也。继或作㡭。”

⑦𪓰蠙之衣——蠙，音bīn（宾），又音pín（贫）等。𪓰蠙之衣，青苔，又称蝦蟆衣、鱼衣、石衣。

⑧陵屯——张湛注：“陵屯，高洁处也。”

⑨陵舄——《庄子·至乐》疏：“陵舄，车前草也。既生于陵阜高陆，即变为车前也。”

⑩郁栖——《庄子·至乐》疏：“郁栖，粪壤也。”

⑪乌足——草名。

⑫蛴螬——俗称“地蚕”、“土蚕”，金龟子的幼虫。

⑬胥——《释文》：“胥，少也，谓少去时也。”俞樾：“‘胡蝶胥也化而为虫’，与下文‘鸲掇千日化而为鸟’两文相对。‘千日为鸟’，言其久也；‘胥也化而为虫’，言其速也。”

⑭脱——蜕皮。《释文》：“郭注《尔雅》云：脱谓剥皮也。”

⑮鸲掇——音qú（渠）duō（多），虫名。

⑯斯弥——虫名。

⑰食醯颐辂——醯，音xī（希），醋。颐辂，虫名，古人以为酒醋上的白霉所变。

⑱黄軦——軦，音kuàng（况）。黄軦，虫名，亦生于酒醋之上。

⑲九猷——《释文》：“李云：九当作久。久，老也。猷，虫名。”

⑳瞀芮——瞀，音mào（茂）或móu（谋）。瞀芮，《释文》：“小虫也，喜去乱飞。”

㉑腐蠸——腐蠸，《释文》：“谓瓜中黄甲虫也。”《庄子·至乐》疏：“萤火虫也，亦言是粉鼠虫。”以上四句所云，皆为小虫，但越来越大，故文中“乎”字当为助词，非介词“于”意。

㉒地皋——皋，《说文》：“皋，气皋白之进也，从白本。”段注：

“气白之进者，谓进之见于白气溶然者也。”则地皋当附在地面上的白气，鬼火之属。

㉓转邻——《释文》：“顾胤《汉书集解》云：如淤泥邻，《说文》作粦，又作燐，皆鬼火也。”则转邻当为能转动的磷火，鬼火之属。下句“野火”，为在野外乱窜的鬼火。

㉔鹯——又名“晨风”，鸟名。

㉕蛤——即蛤蜊，生活在浅海泥沙中的有壳软体动物。《释文》引《家语》：“冬则燕雀入海化为蛤。”又引《周书》：“雀入大水化为蛤。”

㉖羭——音yú（于），母羊。《说文》：“夏羊牝曰羭。”猨，即猿。

㉗鱼卵之为虫——王叔岷《列子补正》：“‘虫’下当有‘也’字。乃与上文句法一律。《御览》八八七引《庄子》正有‘也’字。”

㉘亶爰——亶，音chán（蝉）。亶爰，山名，《山海经》：“亶爰之山有兽，其状如狸而有发，其名曰类，自为牝牡相生也。”

㉙鶂——音yì（亿），鸟名，即鹢。《庄子·天运》：“白鹢相视，眸子不运而风化之也。”

㉚大腰——张湛注：“大腰，龟鳖之类也。”

㉛稚蜂——《释文》引司马彪：“稚蜂，细腰者。”张湛注：“此无雌雄而自化。”

㉜后稷生乎巨迹——张湛注：“传记云：高辛氏之妃名姜原，见大人迹，好而履之，如有人理感己者，遂孕，因生后稷。长而贤，乃为尧佐。即周祖也。”

㉝伊尹生乎空桑——张湛注：“传记曰：伊尹母居伊水之上，既孕，梦有神告之曰：‘臼水出而东走，无顾！’明日视臼出水，告其邻，东走，十里而顾，其邑尽为水，身因化空桑。有莘氏女子采桑，得婴儿于空桑之中，故命之曰伊尹，而献其君。令庖人养之。长而贤，为殷汤相。”

㉞厥昭生乎湿——厥昭，当即蟨蛁，厥为蟨之省，昭为蛁之讹。井中赤虫。《晋书·束皙传》：“羽族翔林，蟨蛁赴湿。”《玉篇》：“蟨，井

中虫。”湿，潮湿之处。张湛注：“此因蒸润而生。”

㉟醯鸡——醯，音xī（希）。醯鸡，小虫名，即蠛蠓。古人误以为由酒醋上的白霉所变。张湛注：“此因酸气而生。”

㊱羊奚比乎不箰——羊奚，《释文》引司马彪：“羊奚，草名，根似芜青。”箰，即笋。《太平御览》卷八八七引《庄子·至乐》文，此句与下句为：“羊奚比乎不箰久竹，不箰久竹生青宁。”不箰久竹，为不生笋的老竹，文意甚明。

㊲久竹生青宁——按《太平御览》引《庄子》文，此句应为“不箰久竹生青宁”。青宁，《释文》引司马彪：“青宁，虫名也。”

㊳程——《释文》引《尸子》：“程，中国谓之豹，越人谓之貘。”

## 【译文】

列子到卫国去，在路边吃饭，看见道旁已有百年的死人头骨。列子拔起一根飞蓬草指着它，回头对他的学生百丰说：“只有我和他懂得万物既没有生，也没有死的道理。生死果真使人忧愁吗？生死果真使人欢喜吗？物种都有出生与复归的机关：就像青蛙变为鹌鹑，得到水又继续变化。到了水土交会之处，便成为青苔。生长在高土堆上，便成为车前草。车前草得到了粪土，又变为乌足草。乌足草的根变为土蚕，它的叶子则变为蝴蝶。蝴蝶很快就又变为虫子，如果生长在炉灶下，它的形状就会像蜕了皮一样，它的名字叫鸲掇。鸲掇过了一千天，又变化成为鸟，它的名字叫乾余骨。乾余骨和唾沫变成为斯弥虫，斯弥虫又变成为酒醋上的颐辂虫。酒醋上的颐辂虫生出了酒醋上的黄軦虫，酒醋上的黄軦虫又生出了九猷虫，九猷虫生出了瞀芮虫，瞀芮虫又生出了萤火虫。羊肝变化为附在地面上的白气，马血变成为能转动的磷火，人血变成为在野外流窜的鬼火。鹞鸟变成为晨风鸟，晨风鸟变成为布谷鸟，布谷鸟时间长了又反过来变为鹞鸟。燕子变成为蛤蜊，田鼠变成为鹌鹑，腐朽的瓜变成为鱼，老韭菜变成为苋菜，老母羊变成为猿猴，鱼的卵又变成为虫子。亶爰山上的兽自己怀孕而生崽叫做类，河泽中的鸟互相看着而生子叫做鶂。全是母的动物的名字叫大腰，全是公的动物的名字叫稚蜂。单相思的男士不娶妻子而受胎，单相思的女子不嫁丈夫而怀孕。后稷生于巨人的脚印，伊尹生于空旷的桑林。蠛昭生在潮湿之处，蠛蠓生在酒醋之中。羊奚草与不长笋子的老竹相媲美，不长笋子的老竹生出了青宁虫，青宁虫生出了豹子，豹子生出了马，马生出了人，人活久了又复归于像阴户那样的机关。万物都从这个机关生出，又都复于这个机关。

## 【原文】

《黄帝书》曰："形动不生形而生影，声动不生声而生响，'无'动不生'无'而生'有'。"形，必终者也。天地终乎？与我偕终。终进乎[①]？不知也[②]。道终乎本无始，进乎本不久[③]。有生则复于不生，有形则复于无形。不生者，非本不生者也；无形者，非本无形者也。生者，理之必终者也。终者不得不终，亦如生者之不得不生。而欲恒其生，画其终[④]，惑于数也[⑤]。精神者，天之分[⑥]；骨骸者，地之分。属天清而散，属地浊而聚。精神离形，各归其真[⑦]，故谓之鬼。鬼[⑧]，归也，归其真宅[⑨]。黄帝曰："精神入其门，骨骸反其根，我尚何存？"

## 【注释】

①终进乎——卢重玄解："进当为尽。假设问者，言天地有终尽乎？"

②不知也——陶鸿庆："'不知'二字无义，注亦弗及，疑'知'为'始'字之误。"并以二句为一句"终进乎不始也。"此说证据不足，然可供参考。

③进乎本不久——张湛注："'久'当为'有'。无始故不终，无有故不尽。"王叔岷云："'久'盖'又'字形误，古多以'又'为'有'。"

④画其终——俞樾："画者，止也。《论语·雍也篇》'今女画'，孔注曰：'画，止也。''画其终'者，止之使不终也。"杨伯峻案："俞说是也。《藏》本、北宋本、卢重玄本作'尽'，今从世德堂本正。"

⑤数——自然之理。

⑥天之分——分，当作"有"。《释文》引《汉书》杨王孙："精神者天之有，骨骸者地之有。"任大椿又引《淮南子·精神训》"是故精神者天之有也，而骨骸者地之有也"，又"壶子持以天壤"，高诱注"精神天之有也，形骸地之有也"，认为"与杨王孙所云皆本《列子》此文，然则汉人所见之本并作'有'，不作'分'。"

⑦真——本原，即下文"真宅"。

⑧鬼——王重民："'鬼'字下本有'者'字，今本脱之。《韩诗外传》：'死者为鬼。鬼者，归也。'"《论衡·论死篇》："人死精神升天，骸骨归土，故谓之鬼。鬼者，归也。'《风俗通》'死者，澌也；鬼者，归也。精神消越，骨肉归于土也。"'鬼'下并有'者'字可证。《意林》引正作'鬼者归也'。"

⑨真宅——本原之地，即"万物皆出于机，皆入于机"之"机"，亦即玄牝，天地万物的阴户。

## 【译文】

《黄帝书》说："形体动不产生形体而产生影子，声音动不产生声音而产生回响，'无'动不产生'无'而产生'有'。"有形之物是一定会终结的。天地会终结吗？和我一样有终结。终结有完尽的时候吗？不知道。道终结于原来没有开始的时候，完尽于原来就没有事物的地方。有生死的事物则回复到没有生死的状态，有形状的事物则回复到没有状态的状态。没有生死的状态，并不是原来就没有生死；没有形状的状态，并不是原来就没有形状。凡是产生出来的事物，按理是必定要终结的。该终结的事物不得不终结，就像该产生的事物不能不产生一样。而要想使它永远生存，制止它的终结，这是不懂得自然之理啊！精神，属于天；骨骸，属于地。属于天的清明而分散，属于地的混浊而凝聚。精神离开了形骸，各自回到它原来的地方，所以叫它为鬼。鬼，意思是回归，回归到它原来的老家。黄帝说："精神进入天门，骨骸返回原来的地根，我还有什么留存呢?"

## 【原文】

人自生至终，大化有四：婴孩也，少壮也，老耄也[①]，死亡也。其在婴孩，气专志一，和之至也，物不伤焉，德莫加焉。其在少壮，则血气飘溢，欲虑充起，物所攻焉，德故衰焉。其在老耄，则欲虑柔焉，体将休焉，物莫先焉。虽未及婴孩之全，方于少壮[②]，间矣[③]。其在死亡也，则之于息焉，反其极矣[④]。

## 【注释】

①耄——音mào（冒），老。《礼记·曲礼上》："八十、九十曰耄。"《盐铁论·孝养》："七十曰老耄。"

②方——比。

③间——《释文》："间，隔也。"

④极——本文指死与生的交会点。

## 【译文】

人从出生到死亡，大的变化有四个阶段：婴孩，少壮，老耄，死亡。人在婴孩阶段，意气专一，是最和谐的时候，外物不能伤害它，德不能比这再高了。人在少壮阶段，血气飘浮横溢，欲望思虑充斥升起，外物便向它进攻，德也就开始衰败了。人在老耄阶段，欲望思虑不断减弱，身体将要休息，外物也就不和它争先了。这时的德虽然还不如婴孩时的完备，但与少壮阶段相比，却有距离了。

人在死亡阶段，那就到了完全休息的时候，返回到出生之前的极点了。

## 【原文】

孔子游于太山[1]，见荣启期行乎郕之野[2]，鹿裘带索[3]，鼓琴而歌。孔子问曰："先生所以乐，何也?"对曰："吾乐甚多：天生万物，唯人为贵；而吾得为人[4]，是一乐也。男女之别，男尊女卑，故以男为贵；吾既得为男矣，是二乐也。人生有不见日月、不免襁褓者，吾既已行年九十矣，是三乐也。贫者士之常也，死者人之终也，处常得终[5]，当何忧哉[6]?"孔子曰："善乎！能自宽者也。"

## 【注释】

①太山——即泰山。

②郕——音chéng（成）。杨伯峻："郕，亦作成，本国名，周武王封其弟叔武于此。春秋时属鲁，为孟氏邑。在今山东泰安地区宁阳县东北九十里。"

③鹿裘带索——裘，皮衣。鹿裘，沈涛："鹿裘乃裘之粗者，非以鹿为裘也。鹿车乃车之粗者，非以鹿驾车也。""《吕氏春秋·贵生篇》，颜阖鹿布之衣，犹言粗布之衣也。"带索，腰间系着绳索。

④而吾得为人——杨伯峻："《御览》四六八引作'吾既得为人'，与下'吾既得为男'、'吾既已行年九十'句法一律，《说苑·杂言篇》作'吾既已得为人'，《家语·六本篇》作'吾既得为人'，疑当从《家语》。"

⑤处常得终——卢文弨："'得'，《说苑·杂言篇》作'待'。"王重民："作'待'是也。盖荣启期乐天知命，既明贫者士之常，死者人之终，故自谓处常以待终，当有何忧。若作得，则非其旨矣。《御览》四六八引正作'待'。《类聚》四十四引作'居常以待终'，文虽小异，

‘待’字固不误也。”

⑥当——杨伯峻：“当读为尚。《史记·魏公子列传》：‘使秦破大梁，而夷先王之宗庙，公子当何面目立天下乎？’当亦应读为尚，可以互证。”

## 【译文】

孔子在泰山游览，看见荣启期漫步在郕邑的郊外，穿着粗皮衣，系着粗麻绳，一面弹琴，一面唱歌。孔子问道：“先生这样快乐，是因为什么呢？”荣启期回答说：“我快乐的原因很多：“大自然生育万事万物，只有人最尊贵；而我既然能够成为人，那自然就是我快乐的第一个原因了。人类中有男女的区别，男人受尊重，女人受鄙视，所以男人最为贵；而我既然能够成为男人，那自然就是我快乐的第二个原因了。人出生到世上，有没有见到太阳月亮、没有离开襁褓就夭亡的，而我既然已经活到了九十岁，那自然就是我快乐的第三个原因了。贫穷是读书人的普遍状况，死亡是人的最终结果，我安心处于一般状况，等待最终结果，还有什么可忧愁的呢？”孔子说：“说得好！你是个能够自己宽慰自己的人。”

## 【原文】

林类年且百岁[①]，底春被裘[②]，拾遗穗于故畦，并歌并进。孔子适卫，望之于野，顾谓弟子曰：“彼叟可与言者，试往讯之。”子贡请行[③]。逆之垅端[④]，面之而叹曰：“先生曾不悔乎？而行歌拾穗？”林类行不留，歌不辍。子贡叩之不已[⑤]，乃仰而应曰：“吾何悔邪？”子贡曰：“先生少不勤行，长不竞时，老无妻子，死期将至，亦有何乐而拾穗行歌乎？”林类笑曰：“吾之所以为乐，人皆有之，而反以为忧。少不勤行，长不竞时，故能寿若此[⑥]。老无妻子，死期将至，故能乐若此[⑦]。”子贡曰："寿者人之情[⑧]，死者人之恶。子以死为乐，何也？"林类曰："死之与生，一往一反。故死于是者，安知不生于彼？故吾（安）知其不相若矣[⑨]？吾又安知营营而求生非惑乎？亦又安知吾今之死不愈昔之生乎？"子贡闻之，不喻其意，还以告夫子。夫子曰："吾知其可与言，果然；然彼得之而不尽者也[⑩]。"

## 【注释】

①林类——张湛注："书传无闻，盖古之隐者也。"且——将近。

②底——张湛注："底，当也。"被——同"披"，穿着。裘——这里指粗糙皮衣。

③子贡——孔子弟子，姓端木，名赐，字子贡，卫国人。

④逆——迎。垅——田埂。

⑤叩——询问。

⑥故能寿若此——张湛注："不勤行，则遗名誉；不竞时，则无利欲。二者不存于胸中，则百年之寿不祈而自获也。"卢重玄解："勤于非行之行，竞于命外之时，求之不跛，伤生夭寿矣。吾所以乐天知命，而得此寿。"跛当作获。

⑦故能乐若此——张湛注："所谓乐天知命，故无忧也。"卢重玄解；"妻子适足以劳生苦心，岂能延人寿命？居常待终，心无忧戚，是以能乐若此也。"

⑧情——杨伯峻："《汉书·董仲舒传》云：'情者人欲也。'又云：'人欲之谓情。'《后汉书·张衡传》注云：'情者，性之欲。'古人多以欲恶对文，如《吕览·论威篇》'人情欲生而恶死'是也。则此'情'字当训'欲'。"

⑨故吾知其不相若矣——俞樾云："'吾'下脱'安'字。上云'死之与生，一往一反'，故云'安知其不相若'，言死生一致也。下云'吾又安知营营而求生非惑乎'，正承此而言。若作'知其不相若'，则于语意大背矣。"

⑩然彼得之而不尽者也——孔子为何说林类之言未尽其理，其意不清。张湛云："今方对无于有，去彼取此，则不得不觉内外之异。"若夫万变玄一，彼我两忘，即理自夷，而实无所遗。"卢重玄则云："死此生彼，必然之理也。林类所言'安知'者，是疑似之言耳，故云未尽。"

## 【译文】

林类的年纪将近一百岁了，到了春天还穿着粗皮衣，在田地里拾取收割后遗留下来的谷穗，一面唱歌，一面往前走。孔子到卫国去，在田野上看见了他，回头对学生说："那位老人是个值得对话的人，试试去问问他。"子贡请求前往。在田埂的一头迎面走去，面对着他感叹道："先生没有后悔过吗？却边走边唱地拾谷穗？"林类不停地往前走，照样唱歌不止。子贡再三追问，他才仰着头答复说："我后悔什么呢？"子贡说："您少年时懒惰不努力，长大了又不争取时间，到老了还没有妻子儿女，现在已经死到临头了，又有什么快乐值得拾谷穗时边走边唱歌呢？"林类笑着说："我所以快乐的原因，人人都有，但他们却反而以此为忧。我少年时懒惰不努力，长大了又不争取时间，所以才能这样长寿。到老了还没有妻子儿女，现在又死到临头了，所以才能这样快乐。"子贡问："长寿是人人所希望的，死亡是人人所厌恶的。您却把死亡当作快乐，为什么呢？"林类说："死亡与出生，不过是一去一回。因此在这儿死去了，怎么知道不在另一个地方重新出生呢？由此，我怎么知道死与生不一样呢？我又怎么知道为求生存而忙忙碌碌不是头脑糊涂呢？同时又怎么知道我现在的死亡不比过去活着更好些呢？"子贡听了，不明白他的意思，回来告诉了孔子。孔子说："我知道他是值得对话的，果然如此；可是他懂得自然之理并不完全彻底。"

## 【原文】

子贡倦于学，告仲尼曰："愿有所息。"仲尼曰："生无所息。"子贡曰："然则赐息无所乎[①]？"仲尼曰："有焉耳。望其圹[②]，睪如也[③]，宰如也[④]，坟如也[⑤]，鬲如也[⑥]，则知所息矣[⑦]。"子贡曰："大哉死乎！君子息焉，小人伏焉[⑧]。"仲尼曰："赐！汝知之矣。人胥知生之乐[⑨]，未知生之苦；知老之惫，未知老之佚；知死之恶，未知死之息也[⑩]。晏子曰[⑪]：'善哉，古之有死也！仁者息焉，不仁者伏焉。'死也者，德之徼也[⑫]。古者谓死人为归人。夫言死人为归人，则生人为行人矣。行而不知归，失家者也。一人失家，一世非之；天下失家，莫知非焉。有人去乡土、离六亲[⑬]、废家业、游于四方而不归者，何人哉？世必谓之为狂荡之人矣。又有人钟贤世[⑭]、矜巧能、修名誉、夸张于世而不知己者，亦何人哉？世必以为智谋之士。此二者，胥失者也，而世与一不与一[⑮]。唯圣人知所与，知所去。"

## 【注释】

①赐——子贡之名，姓端木，字子贡。息无所——王叔岷："'息无所'疑原作'无所息'，即本上文'生无所息'而言。今本'息'字误错在'无所'上。"此说可从。子贡所要的是休息的时间，而不是休息的地方，故不应谈到"有所"、"无所"上。

②圹——音kuàng（矿），墓穴；原野。本文指空旷的墓地。

③睪如——睪，音gāo（高），通"皋"，实即"皋"字的讹变。《荀子·大略》："望其圹，皋如也。"可证。睪如，高貌。

④宰如——宰，犹"冢"，坟墓。

⑤坟如——坟，古代指高出地面的土堆。《礼记·檀弓》："古也墓而不坟。"郑玄注："土之高者曰坟。"

⑥鬲如——鬲，音lì（利），古代炊器，陶或青铜制，圆口，三空

心足。鬲如，像鬲一样。郝懿行：“鬲如，盖若覆釜之形，上小下大，今所见亦多有之。”

⑦则知所息矣——张湛注：“见其坟壤鬲翼，则知息之有所。《庄子》曰：“死为休息也。”

⑧伏——埋葬。

⑨胥——皆，都。《方言》第七：“胥，皆也。东齐曰胥。”

⑩苦、佚、息——张湛注引《庄子·大宗师》文：“大块载我以形，劳我以生，佚我以老，息我以死耳。”

⑪晏子——晏子（？—前500年），名婴，字平仲，夷维（今山东高密）人，春秋时齐国大夫。齐灵公二十六年（前556年）其父去世后，继任齐卿，历仕灵公、庄公、景公。世传《晏子春秋》出于后人伪托，但保存了很多晏婴的有关资料。此下孔子引文，见《晏子春秋·内篇谏上》。

⑫德之徼——徼，音yāo（腰），求取。张湛注：“德者，得也。徼者，归也。言各得其所归。”似不妥。紧接下文有“古者谓死人为归人”，此处不该重复。

⑬六亲——六种亲属，其说不一，《汉书·贾谊传》颜师古注引应劭注，以父、母、兄、弟、妻、子为六亲。一般以“六亲”泛指各种亲属或所有的亲属。

⑭钟贤世——钟，专注。贤世，善世，治理、安定之世。

⑮与——赞许。

## 【译文】

子贡对学习有些厌倦，对孔子说：“希望能休息一阵。”孔子说：“人生没有什么休息。”子贡问：“那么我也就没有休息的时候了吗？”孔子回答说：“有休息的时候。你看那空旷的原野上，有高起来的地方，好像是墓穴，又像是土丘，又像是底朝上的饭锅，就知道休息的时候了。”子贡说：“死亡真伟大啊！君子在那时休息了，小人在那时被埋葬了。”孔子说：“赐！你现在已经明白了。人们都知道活着的快乐，却不知道活着的劳苦；都知道老年的疲惫，却不知道老年的安逸；都知道死亡的可恶，却不知道死亡是休息。晏子说过：‘真好啊，自古以来就有死亡！仁慈的人在那时休息了，不仁的人在那时被埋葬了。’死亡是德所求取的事情。古人把死人叫做‘归人’。说死人是‘归人’，那么活着的人就是‘行人’了。一直在外面行走而不知道回家，那是抛弃了家庭的人。一个人抛弃了家庭，所有世上的人都反对他；天下的人都抛弃了家庭，却没有人知道反对。有人离开了家乡，抛弃了亲人，荒废了家业，到处游荡而不知道回家，这是怎样的人呢？世上的人一定会说他是放荡而疯狂的人。又有人专心致志于盛世之治，自以为聪明能干，于是博取功名，到处夸夸其谈而不知道停止，这又是怎样的人呢？世上的人一定会认为他是有智慧谋略的人。这两种人都是错误的，而世上的人却赞扬一个，反对一个。只有圣人才知道什么该赞扬，什么该反对。”

## 【原文】

或谓子列子曰：“子奚贵虚[①]？”列子曰：“虚者无贵也[②]。”子列子曰：“非其名也[③]。莫如静，莫如虚。静也虚也，得其居矣；取也与也，失其所矣。事之破砀而后有舞仁义者[④]，弗能复也。”

## 【注释】

①奚——何，为什么。贵虚——以虚无为贵。《吕氏春秋·不二篇》：“子列子贵虚。”

②虚者无贵也——张湛注：“凡贵名之所以生，必谓去彼而取此，是我而非物。今有无两忘，万异冥一，故谓之虚。虚既虚矣，贵贱之

名，将何所生？”

③非其名也——不在于事情的名称。张湛注：“事有实者，非假名而后得也。”

④砉——音huǐ（毁），毁坏。

## 【译文】

有人对列子说：“您为什么以虚无为贵呢？”列子说：“虚无没有什么可贵的。”列子又说：“不在于事物的名称。关键在于保持静，最好是虚。清静与虚无，便得到了事情的真谛；争取与赞许，反而丧失了事情的精义本性。事物已被破坏，而后出现了舞弄仁义的人，但却不能修复了。”

## 【原文】

粥熊曰[①]：“运转亡已[②]，天地密移，畴觉之哉[③]？故物损于彼者盈于此，成于此者亏于彼。损盈成亏，随世随死[④]。往来相接，间不可省[⑤]，畴觉之哉？凡一气不顿进[⑥]，一形不顿亏，亦不觉其成，亦不觉其亏。亦如人自世至老[⑦]，貌色智态，亡日不异；皮肤爪发，随世随落，非婴孩时有停而不易也。间不可觉，俟至后知。”

## 【注释】

①粥熊——粥，音yù（育），同“鬻”。鬻熊，史传为周代楚国的祖先。年九十知道，为周文王师。后人集其遗言，凡22篇，名《鬻子》。成王时封其玄孙熊绎于荆楚之丹阳。

②亡已——亡，无。已，止。

③畴——通“谁”。《书·尧典》：“帝曰：畴咨若时登庸？”蔡沈集传：“畴，谁。”

④世——生。张湛注：“‘此世’亦宜言‘生’。”

⑤间——音jiàn（见），缝隙。省——音xǐng（醒），察看。

⑥顿——很短的时间，突然。进——增长。

⑦世——出生。

## 【译文】

鬻熊说："万事万物运动转移永不停止，连天地也在悄悄地移动，谁感觉到了呢？所以事物在那里减损了，却在这里有了盈余；在这里成长了，却在那里有了亏缺。减损、盈余、成长、亏缺，随时发生，随时消失。一往一来，头尾相接，一点间隙也看不出来，谁感觉到了呢？所有的元气都不是突然增长，所有的形体都不是突然亏损，所以我们也就不觉得它在成长，也不觉得它在亏损。这也像人们从出生到衰老一样，容貌、肤色、智慧、体态，没有一天不发生变化；皮肤、指甲、毛发，随时生长，随时脱落，并不是在婴孩时就停顿而不变化了。变化一点觉察不到，等到衰老来到了才明白。"

## 【原文】

杞国有人忧天地崩坠[①]，身亡所寄，废寝食者。又有忧彼之所忧者，因往晓之，曰："天，积气耳，亡处亡气。若屈伸呼吸，终日在天中行止，奈何忧崩坠乎？"其人曰："天果积气，日月星宿，不当坠耶？"晓之者曰[②]："日月星宿，亦积气中之有光耀者，只使坠[③]，亦不能有所中伤。"其人曰："奈地坏何[④]？"晓者曰："地积块耳，充塞四虚，亡处亡块。若躇步跐蹈[⑤]，终日在地上行止，奈何忧其坏？"其人舍然大喜[⑥]，晓之者亦舍然大喜。长庐子闻而笑之曰[⑦]："虹蜺也[⑧]，云雾也，风雨也，四时也，此积气之成乎天者也。山岳也，河海也，金石也，火木也，此积形之成乎地者也。知积气也，知积块也，奚谓不坏？

夫天地，空中之一细物[⑨]，有中之最巨者[⑩]。难终难穷，此固然矣；难测难识，此固然矣。忧其坏者，诚为大远；言其不坏者，亦为未是。天地不得不坏，则会归于坏。遇其坏时，奚为不忧哉?”子列子闻而笑曰：“言天地坏者亦谬，言天地不坏者亦谬。坏与不坏，吾所不能知也。虽然，彼一也，此一也，故生不知死，死不知生；来不知去，去不知来。坏与不坏，吾何容心哉?”

## 【注释】

①杞国——杞，音qǐ（起）。杞国，周初分封的诸侯国，姒姓，初在雍丘（今河南杞县），杞成公迁缘陵（今山东昌乐东南），杞文公迁淳于（今山东安丘东北）。公元前445年被楚国所灭。

②晓之者——王重民：“‘晓’下‘之’字蒙上文‘因往晓之’句而衍。《御览》二引作‘晓者云’，无‘之’字。下文‘晓者曰地积块耳’云云，亦无‘之’字，可证。”然观下文，又有“晓之者亦舍然大喜”一句，似此处不衍，而“晓者曰地积块耳”，句脱一“之”字。

③只使——即使。吴闿生：“只使，藉使也，然非三代语。”

④奈地坏何——犹“地坏奈何”。

⑤躇步跐蹈——躇，音chú（除）。跐，音cǐ（此）。《释文》云：“四字皆践蹈之貌。”

⑥舍然——张湛注：“舍，宜作释，此书释字作舍。”《释文》：“舍音释，下同。”释然，疑虑消除貌。

⑦长庐子——又作“长卢子”，楚国人，曾著书九篇，属道家一流。笑之曰——杨伯峻：“《御览》二引无‘之’字，是也，当删。下文‘子列子闻而笑曰’亦无‘之’字，可证。”。

⑧蜺——音ní（倪），即霓，虹的一种，亦称副虹。

⑨空——与“有”相对，指整个宇宙空间。

⑩有——与“空”相对，指我们见到的万物。

## 【译文】

杞国有个人担忧天会塌下来，地会陷下去，自己的身体无处可藏，因而睡不着觉，吃不下饭。又有一个担忧那个怕天塌地陷之人的人，于是前去向他解释，说："天是气的积聚，无处没有气。就像你弯腰挺身、呼气吸气，整天在天空中生活，为什么要担忧它崩塌下来呢？"那人说："天果真是气的积聚，那日月星辰不会掉下来吗？"向他解释的人说："日月星辰，也是积聚起来的气中有光辉的物体，即使掉下来，也不会伤害什么。"那人说："地陷下去怎么办呢？"解释的人说："地是土块的积聚，充满了四方空间，无处没有土块。就像你停走踩踏，整天在地上生活，为什么要担忧它陷裂下去呢？"那人放下心来，十分高兴；那个为他担心的人也放下心来。长庐子听说后笑着说："虹霓呀，云雾呀，风雨呀，四季呀，这些是气在天上积聚而形成的。山岳呀，河海呀，金石呀，火木呀，这些是有形之物在地上积聚而形成的。知道它们是气的积聚，是土块的积聚，为什么说它不会毁坏呢？天地是宇宙中的一个小物体，但却是有形之物中最巨大的东西。难以终结，难以穷究，这是必然的；难以观测，难以认识，也是必然的。担忧它会崩陷，确实离正确的认识太远；说它不会崩陷，也是不正确的。天地不可能不毁坏，最终总会毁坏的。遇到它毁坏时，怎么能不担忧呢？"列子听到后，笑着说："说天地会毁坏的意见是荒谬的，说天地不会毁坏的意见也是荒谬的。毁坏与不毁坏，是我们不可能知道的事情。即使这样，毁坏是一种可能，不毁坏也是一种可能，所以出生不知道死亡，死亡不知道出生；来不知道去，去不知道来。毁坏与不毁坏，我为什么要放在心上呢？"

## 【原文】

舜问乎烝曰[①]："道可得而有乎？"曰："汝身非汝有也，汝何得有夫道？”舜曰：“吾身非吾有，孰有之哉？”曰：“是天地之委形也[2]。生非汝有，是天地之委和也[3]。性命非汝有，是天地之委顺也[4]。孙子非汝有，是天地之委蜕也[5]。故行不知所往，处不知所持，食不知所以[6]。天地强阳[7]，气也，又胡可得而有邪？”

## 【注释】

①烝——当是人名。

②委——委托，托付。

③和——指宇宙中的中和之气。

④顺——指宇宙中的顺序密码。

⑤蜕——指宇宙中的蜕变功能。

⑥食不知所以——俞樾：“《庄子·知北游篇》作‘食不知所味’。”王叔岷：“宋徽宗《义解》：‘食不知所味。’范致虚《解》：‘食安知所味。’是所见本‘以’并作‘味’，与《庄子》同。”

⑦天地强阳——王重民：“《庄子·知北游篇》‘天地’下有‘之’字，此不可省。疑《列子》本有‘之’字，而今本脱之也。郭注云：强阳犹运动耳。”

## 【译文】

舜问烝说：“治理天下的道可以获得并据为己有吗？”烝回答说：“你的身体都不是你所据有的，你怎么能据有道呢？”舜问：“我的身体不属于我所有，是谁据有它呢？”烝回答说：“是天地把形体托付给你的。生命不属于你所有，是天地把中和之气托付给你的。寿夭不属于你所有，是天地把顺序密码托付给你的。子孙也不属于你所有，是天地把蜕变的功能托付给你的。所以你行走不知道要到哪儿去，居住不知道要拿些什么，吃饭不知道要什么味道。天地的运动，也是气的作用，天地间的万物又怎么能获得并据有呢？”

## 【原文】

齐之国氏大富，宋之向氏大贫；自宋之齐，请其术。国氏告之曰：“吾善为盗。始吾为盗也，一年而给，二年而足，三年大穰[①]。自此以往，施及州闾[②]。”向氏大喜。喻其为盗之言[③]，而不喻其为盗之道，遂踰垣凿室[④]，手目所及，亡不探也。未及时，以赃获罪，没其先居之财[⑤]。向氏以国氏之谬己也[⑥]，往而怨之。国氏曰：“若为盗若何[⑦]？”向氏言其状。国氏曰：“嘻[⑧]！若失为盗之道至此乎？今将告若矣。吾闻天有时，地有利。吾盗天地之时利，云雨之滂润，山泽之产育，以生吾禾，殖吾稼，筑吾垣，建吾舍。陆盗禽兽，水盗鱼鳖，亡非盗也。夫禾稼、土木、禽兽、鱼鳖，皆天之所生，岂吾之所有？然吾盗天而亡殃。夫金玉珍宝，谷帛财货，人之所聚，岂天之所与？若盗之而获罪，孰怨哉[⑨]？”向氏大惑，以为国氏之重罔己也[⑩]，过东郭先生问焉[⑪]。东郭先生曰：“若一身庸非盗乎[⑫]？盗阴阳之和以成若生，载若形；况外物而非盗哉？诚然，天地万物不相离也，仞而有之[⑬]，皆惑也。国氏之盗，公道也，故亡殃；若之盗，私心也，故得罪。有公私者，亦盗也；亡公私者，亦盗也。公公私私[⑭]，天地之德。知天地之德者，孰为盗耶？孰为不盗耶？”

## 【注释】

①穰——本作“壤”，误。穰，庄稼丰熟。

②闾——里巷。《周礼·地官·闾胥》：“闾胥各掌其闾之征令。”郑玄注引郑司农：“二十五家为闾。”

③喻——了解。

④踰垣——踰，即逾，越过。垣，墙。

⑤居——积蓄。俞樾：“居犹畜也，谓其先所蓄之财也。《论语·

公冶长篇》：‘臧文仲居蔡。’皇侃《义疏》曰：“居犹蓄也。’是其义。”

⑥谬——钱绎：“谬，诈也。”

⑦若为盗若何——前一“若”字，你。

⑧嘻——《释文》：“嘻，哀痛之声。”

⑨孰怨——孰，谁。孰怨，犹怨准。

⑩罔——欺骗。《汉书·王嘉传》：“臣骄侵罔。”师古：“罔，谓诬蔽也。”

⑪过——一本作“遇”。

⑫庸——岂，难道。

⑬仞——通“认”。

⑭公公私私——公其公，私其私。前一个“公”、“私”为动词。

## 【译文】

齐国的国氏非常富有，宋国的向氏非常贫穷。向氏从宋国到齐国，向国氏请教致富的方法。国氏告诉他说：“我善于偷盗。我开始偷盗时，一年就够自用，二年便很富足，三年就家资丰收了。从此以后，我还施舍州里乡亲。”向氏听了非常高兴。但他只理解了国氏偷盗的话，却没有了解国氏偷盗的方法。于是跳墙打洞，凡是手摸到的，眼睛看到的，没有一件不探取。没过多久，便以盗窃来的赃物而被问罪，并被没收了先前积蓄的财产。向氏认为国氏欺骗了自己，便去埋怨国氏。国氏问：“你是怎样偷盗的？”向氏叙述了他偷盗的情况。国氏说：“唉！你偷盗的方法竟然错到了这种程度！现在来告诉你吧。我听说天有季节性，地有利人处。我偷盗天的季节和地的利益，如云雨的滋润，山泽的特产，都用来生育我的禾苗，繁殖我的庄稼，夯筑我的围墙，建造我的房屋。在陆地上偷盗禽兽，在水泊中偷盗鱼鳖，没有不偷盗的。这些禾苗、庄稼、土地、树木、禽兽、鱼鳖，都是天生出来的，难道是我所有的？然而我偷盗天的东西却没有灾殃。至于金玉珍宝、谷布财物，是别人所积聚，哪里是天给你的呢？你偷盗它们而被问罪，能怨谁呢？”向氏十分迷惑，以为国氏又在欺骗自己了，于是到东郭先生那里去请教。东郭先生说：“你全身的东西难道不都是偷盗来的吗？偷盗阴阳中和之气来成就你的生命，充塞你的形体，又何况身外之物，哪一样不是偷盗来的呢？诚然，天地和万物都是不能完全分开的，把它们认作己有，都是糊涂的。国氏的偷盗，是公道，所以没有灾殃；你的偷盗，是私心，所以被问罪。其实，分别公私也是偷盗，不分别公私也是偷盗。但把公共的东西视为公共所有，把私人的东西视为私人所有，这是天地的德行。了解天地德行的人，谁是偷盗者呢？谁又不是偷盗者呢？”

# 黄帝第二

## 【原文】

黄帝即位十有五年，喜天下戴己[①]，养正命[②]，娱耳目，供鼻口，焦然肤色皯黣[③]，昏然五情爽惑[④]。又十有五年，忧天下之不治，竭聪明[⑤]，进智力[⑥]，营百姓[⑦]，焦然肌色皯黣，昏然五情爽惑。黄帝乃喟然赞曰[⑧]："朕之过淫矣[⑨]。养一己其患如此，治万物其患如此。"于是放万机[⑩]，舍宫寝，去直侍[⑪]，彻钟悬[⑫]，减厨膳，退而间居大庭之馆[⑬]，斋心服形[⑭]，三月不亲政事。昼寝而梦，游于华胥氏之国。华胥氏之国在弇州之西，台州之北，不知斯齐国几千万里[⑮]，盖非舟车足力之所及，神游而已。其国无师长[⑯]，自然而已。其民无嗜欲，自然而已。不知乐生，不知恶死，故无夭殇；不知亲己，不知疏物，故无爱憎；不知背逆，不知向顺，故无利害。都无所爱惜[⑰]，都无所畏忌。入水不溺，入火不热。斫挞无伤痛[⑱]，指擿无痟痒[⑲]。乘空如履实，寝虚若处床。云雾不硋其视[⑳]，雷霆不乱其听，美恶不滑其心[㉑]，山谷不踬其步[㉒]，神行而已。黄帝既寤，怡然自得，召天老、力牧、太山稽[㉓]，告之曰："朕闲居三月，斋心服形，思有以养身治物之道，弗获其术。疲而睡，所梦若此。今知至道不可以情求矣[㉔]。朕知之矣！朕得之矣！而不能以告若矣。"又二十有八年[㉕]，天下大治，几若华胥氏之国，而帝登假[㉖]。百姓号之[㉗]，二百余年不辍。

## 【注释】

①喜天下戴己——王叔岷："《路史后记》五注引'戴'上有'之'字，当从之。'喜天下之戴己'与下文'忧天下之不治'句法一律。《艺文类聚》十一引'戴'上亦有'之'字。"戴，拥护，尊奉。

②养正命——俞樾："正当为生。"

③焦然肤色皯黣——焦，一本作"燋"，二字通用。焦然，枯焦的样子，面色黄黑。皯，音gǎn（杆），面色枯焦黝黑。黣，音měi（每），面色晦黑。《释文》云："《埤苍》作黴，同音每，谓木伤雨而生黑斑点也。皯黣亦然也。""肤色一作颜色。"

④五情爽惑——五情，喜、怒、哀、乐、怨，亦泛指人的感情。《文选》曹植《上责躬应诏诗表》："五情愧赧。"刘良注："五情，喜、怒、哀、乐、怨。"爽惑，爽然迷惑，空虚恍惚，心绪迷乱。

⑤聪明——聪，听力。明，视力。

⑥进智力——《释文》："进，音尽。"智，指智力。力，指体力。

⑦营——治理。《诗·小雅·黍苗》："召伯营之。"郑玄笺："营，治也。"下文"养一己其患如此，治万物其患如此"，"养一己"与上文"养正命"相应，"治万物"与"营百姓"相应，知营意为治。

⑧喟然赞曰——喟然，叹息的样子。赞，张湛注："赞当作叹。"《释文》："赞音叹。"

⑨朕之过淫矣——朕，古人自称之词，自秦始皇始，专用为皇帝自称。过，过错。淫，张湛注："淫当作深。"释文》："淫音深。"

⑩放——放弃。

⑪直侍——直，通"值"，当值，指值班官吏。侍，指侍从。

⑫彻钟悬——彻，通"撤"，撤除。《左传·宣公十二年》："军卫不彻。"注："彻，去也。"钟悬，指悬挂的钟磬之类的乐器。

⑬间——《释文》："间音闲。"意亦为闲。

⑭斋心服形——斋心，清除心中杂念。服形，降服形体欲望。张湛注："心无欲则形自服矣。"卢重玄解："斋肃其心，退伏其体。"

⑮斯齐——张湛注："斯，离也。齐，中也。"周克昌云："'齐'通'脐'。以脐居腹之中部，故引申为'中'或'中央'之义。"

⑯师——本作"帅"。当以"师"为正。

⑰惜——王重民："'惜'当作'憎'，字之误也。""《御览》七十九引正作'憎'，"王叔岷："范致虚解：'都无所爱憎，故其心无所知。'是所见本'惜'亦作'憎'。"

⑱斫挞——斫，音zhuó（酌），砍。挞，打。

⑲指擿无痟痒——擿，音zhì（至），搔爬。痟，音xiāo（消），痠痛。

⑳阂——音ài（碍），同"碍"。

㉑滑——音gǔ（骨），扰乱。通"汩"（gǔ）。一本作"汩"。

㉒踬——音zhì（至），阻挡，妨碍。

㉓天老、力牧、太山稽——张湛注："三人，黄帝相也。"

㉔情——此处"情"字亦当训"欲"，与《天瑞篇》"寿者人之情"的"情"字相同。参见"林类年且百岁"节注⑧。

㉕又二十有八年——《释文》："一本作三十有八年。"《集释》："《路史后记》五注引作'四十八年'，《事文类聚后集》二一引作'二十有九年'。"

㉖登假——同"登遐"。古代帝王死亡的讳称，《礼记·曲礼下》孔颖达疏："登，上也；假，已也。言天子上升已矣，若仙去然也。"

㉗号——音háo（豪），哭。

## 【译文】

黄帝即天子位的第十五年，因天下百姓拥戴自己而十分高兴，于是就保养身体，兴歌舞娱悦耳目，调美味温饱鼻口，然而却弄得肌肤枯焦，面色霉黑，头脑昏乱，心绪恍惚。又过了十五年，因忧虑天下得不到治理，于是竭尽全部精力，增进智慧和体力，去治理百姓，然而同样是肌肤枯焦，面色霉黑，头脑昏乱，心绪恍惚。黄帝长叹道："我的错误真是太深了。保养自己的毛病是这样，治理万物的毛病也是这样。"于是他放下了纷繁的日常事务，离开了宫殿寝室，取消了值班侍卫，撤掉了钟磬乐器，削减了厨师膳食，退出来安闲地居住在宫外的大庭之馆，清除心中杂念，降服形体欲望，三个月不过问政治事务。有一天，他白天睡觉时做梦，游历到了华胥氏之国。华胥氏之国在弇州的西方，台州的北方，不知离中国有几千万里，并不是乘船、坐车和步行所能到达的，只不过是精神游历而已。那个国家没有老师和官长，一切听其自然罢了。那里的百姓没有嗜好和欲望，一切顺其自然罢了。他们不懂得以生存为快乐，也不懂得以死亡为可恶，因而没有幼年死亡的人；不懂得私爱自身，也不懂得疏远外物，因而没有可爱与可憎的东西；不懂得反对与叛逆，也不懂得赞成与顺从，因而没有有利与有害的事情。没有什么值得偏爱与吝惜的，也没有什么值得畏惧与忌讳的。他们到水中淹不死，到火里烧不坏。刀砍鞭打没有伤痛，指甲抓搔也不觉酸痒。乘云升空就像脚踏实地，寝卧虚气就像安睡木床。云雾不能妨碍他们的视觉，雷霆不能捣乱他们的听觉，美丑不能干扰他们的心情，山谷不能阻挡他们的脚步，一切都凭精神运行而已。黄帝醒来后，觉得十分愉快而满足，于是把大臣天老、力牧和太山稽叫来，告诉他们说："我安闲地在家中住了三个月，清除了心中的杂念，降服了形体的欲望，专心考虑能够保养身心和治理外物的方法，却仍然得不到这种方法。后来我因疲倦而睡觉，做了一个这样的梦。现在我才懂得最高的'道'是不能用主观的欲望去追求的。我明白了！我得到了！但却不能用语言来告诉你们。"又过了二十八年，天下大治，几乎和华胥氏之国一样，而黄帝却升天了，老百姓悲痛大哭，二百多年也不曾中断过。

## 【原文】

列姑射山在海河洲中[1]，山上有神人焉，吸风饮露，不食五谷；心如渊泉[2]，形如处女；不偎不爱[3]，仙圣为之臣[4]；不畏不怒[5]，愿悫为之使[6]；不施不惠，而物自足；不聚不敛，而已无愆[7]。阴阳常调，日月常明，四时常若[8]，风雨常均，字育常时[9]，年谷常丰；而土无札伤[10]，人无夭恶，物无疵厉[11]，鬼无灵响焉[12]。

## 【注释】

①列姑射之山在海河洲中——此段文字大意又见《山海经·海内北经》与《庄子·逍遥游》中。

②渊泉——深泉。《诗·邶风·燕燕》："其心塞渊。"孔颖达疏："其心诚实而深远也。"

③偎——张湛注："偎亦爱也。"

④仙圣——张湛注："仙，寿考之迹；圣，治世之名。"

⑤畏——张湛注："畏，威也。"

⑥愿悫——愿，谨慎老实。悫，音què（确），诚笃忠厚。

⑦愆——音qiān（牵），张湛注："愆，蹇乏也。"指困难缺乏。

⑧若——张湛注："若，顺也。"

⑨字——养育。《左传·昭公十一年》："其僚无子，使字敬叔。"注："字，养也。"

⑩札——因遭瘟疫而早死。本文指损伤。

⑪疵厉——疵厉，灾害，疾病。

⑫灵响——妖异作怪。

## 【译文】

列姑射山在海河洲中，山上住着神人，呼吸空气，饮用露水，不吃五谷；心灵似深山的泉水，形貌似闺房的少女；不偏心不私爱，仙人和圣人做他的群臣；不威严不愤怒，诚实与忠厚的人替他办事；不施舍不恩惠，外界的事物都自己满足；不积聚不搜括，自己的用品一点也不缺乏。阴阳二气永远调和，太阳月亮永久明亮，春夏秋冬年年有序，风霜雨雪季季适当，孕育生长时时合节，五谷杂粮岁岁满仓；而土地未被伤害，人民不会夭殇，万物没有残疾，鬼魅不兴风作浪。

## 【原文】

列子师老商氏，友伯高子，进二子之道，乘风而归。尹生闻之，从列子居，数月不省舍[①]。因间请蕲其术者[②]，十反而十不告。尹生怼而请辞[③]，列子又不命[④]。尹生退。数月，意不已，又往从之。列子曰："汝何去来之频？"尹生曰："曩章戴有请于子[⑤]，子不我告[⑥]，固有憾于子[⑦]。今复脱然[⑧]，是以又来。"列子曰："曩吾以汝为达，今汝之鄙至此乎？姬[⑨]！将告汝所学于夫子者矣[⑩]。自吾之事夫子友若人也[⑪]，三年之后，心不敢念是非，口不敢言利害，始得夫子一眄而已[⑫]。五年之后，心庚念是非[⑬]，口庚言利害，夫子始一解颜而笑[⑭]。七年之后，从心之所念，庚无是非；从口之所言，庚无利害，夫子始一引吾并席而坐[⑮]。九年之后，横心之所念[⑯]，横口之所言，亦不知我之是非利害欤，亦不知彼之是非利害欤；亦不知夫子之为我师，若人之为我友：内外进矣[⑰]。而后眼如耳，耳如鼻，鼻如口，无不同也[⑱]。心凝形释，骨肉都融；不觉形之所倚，足之所履，随风东西，犹木叶干壳。竟不知风乘我邪？我乘风乎[⑲]？今女居先生之门，曾未浃时[⑳]，而怼憾者再三。女之片体将气所不受，汝之一节将地所不载。履虚乘风，其可几乎[㉑]？"尹生甚怍[㉒]，屏息良久，不敢复言。

## 【注释】

①省——音xǐng（醒），察看。

②间——《释文》：“间，音闲。”意亦为闲。蕲——祈求。

③怼——音duì（队），怨恨。

④不命——《释文》作“又不与命”。意为不表态。

⑤曩——音nǎng，以前。章戴——张湛注：“章戴，尹生名。”

⑥子不我告——犹“子不告我”。

⑦憾——恨。

⑧脱然——疾病痊愈的样子。本文指解除了怨恨。

⑨姬——音jū（居）。张湛注：“姬，居也。”指坐下来。

⑩夫子——张湛注：“夫子谓老商。”

⑪若人——张湛注：“若人谓伯高。”

⑫眄——音miǎn（免），斜视。

⑬庚——张湛注：“庚当作更。”《集释》：“吉府本‘庚’作‘更’，”《释文》：“庚音更，居行切，益也，下同。”

⑭夫子始一解颜而笑——张湛注：“是非利害，世间之常理；任心之所念，任口之所言，而无矜吝于胸怀，内外如一，不犹逾于匿而不显哉？欣其一致，聊寄笑焉。”

⑮夫子始一引吾并席而坐——张湛注：“夫心者何？寂然而无意想也；口者何？默然而自吐纳也。若顺心之极，则无是非；任口之理，则无利害。道契师友，同位比肩，故其宜耳。”

⑯横——音hēng，放纵。

⑰内外进矣——张湛注：“心既无念，口既无违，故能恣其所念，纵其所言。体道穷宗，为世津粱。终日念而非我念，终日言而非我言。若以无念为念，无言为言，未造于极也。所谓无为而无不为者如斯，则彼此之异，于何而求？师资之义，将何所施？故曰内外尽矣。”则“进”应读为“尽”。

⑱无不同也——卢重玄解：“眼、耳、口、鼻不用其所能，各任之

而无心，故云无不同也。”

⑲竟不知风乘我邪，我乘风乎——张湛注：“夫眼、耳、鼻、口，各有攸司。令神凝形废，无待于外，则视听不恣眼、耳，臭味不赖鼻、口，故六藏七孔，四肢百节，块然尸居，同为一物，则形奚所倚？足奚所履？我之乘风，风之乘我，孰能辨也？”

⑳浃时——浃，音jiā（夹），周匝。浃时，一个时辰，等于现在的2小时。

㉑几——希望。《史记·晋世家》：“毋几为君。”索隐：“几，望也。”

㉒怍——音zuò（坐），惭愧。

## 【译文】

列子拜老商氏为师，以伯高于为友，把两人的所有本领都学到了手，然后乘风而归。尹生听说了，便来跟列子学习，并和列子住到一起，好几个月都不回去看望家人。他趁列子闲暇时，请求学习他的法术，往返十次，列子十次都没有告诉他。尹生有些生气，请求离开，列子也不表态。尹生回家了。几个月后，尹生心不死，又去跟列子学习。列子问：“你为什么来去这么频繁呢？”尹生说：“以前我向您请教，您不告诉我，本来有些怨恨您。现在又不恨您了，所以又来了。”列子说：“过去我以为你通达事理，现在你的无知竟到了如此程度吗？坐下！我打算把我在老师那里学习的情况告诉你。自从我拜老商氏为师、以伯高子为友，三年之内，心中不敢计较是与非，嘴上不敢谈论利与害，然后才得到老师斜着眼睛看我一下罢了。又在两年之内，心中（比学道前）更多地计较是与非，嘴上更多地谈论利与害，然后老师才开始放松脸面对我笑了笑。又在两年之内，我顺从心灵去计较，反而觉得没有什么是与非；顺从口舌去谈论，反而觉得没有什么利与害；老师这才叫我和他坐在一块席子上。又在两年之内，我放纵心灵去计较，放纵口舌去谈论，但所计较与谈论的也不知道是我的是非利害呢，也不知道是别人的是非利害呢；并且也不知道老商氏是我的老师，伯高子是我的朋友；这时身内身外都忘得一干二净了。从此以后，眼睛就像耳朵一样，耳朵就像鼻子一样，鼻子就像嘴一样，没有什么区别了。心灵凝聚，形体消失，骨肉全都融化了；感觉不到身体依靠着什么，两脚踩着什么，随风飘游四方，就像树叶与干燥的皮壳一样。竟然不知道是风驾驭着我呢，还是我驾驭着风啊！现在你在老师的门下，还不到一个时辰，便怨恨了好几次。你的一片肤体也不会被元气所接受，你的一根肢节也不会被大地所容纳。脚踏虚空，驾驭风云，又怎么能办得到呢?”尹生非常惭愧，好长时间不敢大声出气，也不敢再说什么。

## 【原文】

列子问关尹曰[①]：“至人潜行不空[②]，蹈火不热，行乎万物之上而不慄。请问何以至于此?”关尹曰：“是纯气之守也，非智巧果敢之列[③]。姬！鱼语女[④]。凡有貌像声色者，皆物也。物与物何以相远也？夫奚足以至于先？是色而已[⑤]。则物之造乎不形，而止乎无所化，夫得是而穷之者，焉得而正焉？彼将处乎不深之度[⑥]，而藏乎无端之纪，游乎万物之所终始。壹其性，养其气，含其德，以通乎物之所造[⑦]。夫若是者，其天守全，其神无郤[⑧]，物奚自入焉？夫醉者之坠于车也，虽疾不死。骨节与人同，而犯害与人异，其神全也。乘亦弗知也，坠亦弗知也，死生惊惧不入乎其胸，是故遻物而不慴[⑨]。彼得全于酒而犹若是，而况得全于天乎[⑩]？圣人藏于天，故物莫之能伤也。

## 【注释】

①关尹——《释文》：“关尹，关令尹喜，字公度，著书九篇。”杨伯峻：“今本《关尹子》一卷，九篇，南宋陈振孙《直斋书录解题》疑

为孙定（南宋人）依托，《四库提要》则云‘或唐五代间方士解文章者所为也’。”

②至人——道术最高的人。空——《集释》：“《道藏》江遹本、宋徽宗本‘空’并作‘窒’。作‘窒’者是也。”俞樾：“《释文》曰，‘空一本作窒’，当从之。《庄子·达生篇》正作‘不窒’。”窒，指窒息。

③列——《释文》：“列音例。”

④鱼语女——张湛注：“鱼当作吾。”《释文》云：“鱼音吾。”女，即汝，你。

⑤是色而已——杨伯峻：“‘色’上脱‘形’字，当作‘是形色而已’。‘形色’承上文‘貌像声色’而言。注引向秀曰‘同是形色之物耳’，则向所注《庄子》本有‘形’字。江南古《藏》本《庄子》正作‘是形色而已’，当据正。说本奚侗《庄子补注》。”

⑥深——张湛注：“深当作淫。”《释文》：“深音淫。”

⑦造——到，至。《释文》“造，至也。”

⑧郤——音xì（隙），通“隙”，空隙。

⑨遻——音è（鄂），遇到。慴——即慑，音shè，害怕。

⑩而况得全于天乎——张湛注：“向秀曰：得全于天者，自然无心，委顺理也。”

## 【译文】

列子问关尹说：“道术最高的人在深水中游泳不会窒息，站在火中不感到炽热，在最高的地方行走不至于战栗。请问他们为什么会这样呢？”关尹说：“这是积聚了纯真之气的结果，而不是聪明、技巧和果敢所能办到的。坐下！我给你讲。凡是有相貌、形状、声音和颜色的，都是物。物与物为什么会差别很大呢？是什么使某些物比其他物高出一头呢？不过是形貌与声色罢了。而那些高级的物可以达到没有声色形貌的程度，以至于达到没有变化的程度，到了这种程度时你要想考察个透彻，又怎么能获得完全正确的认识呢？

这种物将表现出平常的状态，隐藏于无头无尾的循环之中，运动在万事万物的始终。完善你的性，培养你的气，深藏你的德，与最高级的物相贯通。如果能这样，你的天赋的纯真之气就会积聚完整，你的精神就不会有空缺，那外物又怎么能侵入并影响你呢？喝醉酒的人从车上跌落下来，虽然有伤却不会死亡。骨骼与别人相同，而损伤却比别人轻，就是因为他的精神完整。坐车没有知觉，跌落也没有知觉，死亡、生存、惊恐、惧怕等观念都侵入不到他的心中，因而遇到任何事情都不害怕。他因为醉酒而使精神完整尚且如此，又何况积聚了完整的天赋纯真之气呢？圣人把自己隐藏在天赋的纯真之气中，所以没有任何外物能伤害他。”

## 【原文】

列御寇为伯昏无人射[①]，引之盈贯[②]，措杯水其肘上，发之，镝矢复沓[③]，方矢复寓[④]。当是时也，犹象人也[⑤]。伯昏无人曰：“是射之射，非不射之射也[⑥]。当与汝登高山[⑦]，履危石，临百仞之渊[⑧]，若能射乎？”于是无人遂登高山，履危石，临百仞之渊，背逡巡[⑨]，足二分垂在外[⑩]，揖御寇而进之[⑪]。御寇伏地，汗流至踵[⑫]。伯昏无人曰：“夫至人者，上闚青天[⑬]，下潜黄泉[⑭]，挥斥八极[⑮]，神气不变。今汝怵然有恂目之志[⑯]，尔于中也殆矣夫[⑰]！”

## 【注释】

①伯昏无人——《庄子·德充符》成玄英疏：“伯昏无人，师者之嘉号也。伯，长也。昏，暗也。德居物长，韬光若暗，洞忘物我，故曰伯昏无人。”

②引之满贯——引之，指引弦。贯，《庄子·田子方》释文引司马云：“镝也。”即箭头。

③镝矢复沓——沓，音tà（踏），重合。《楚辞·天问》：“天何所沓？”王逸注：“沓，合也。”镝矢复沓，后一支箭的箭头与前一支箭的箭尾几乎重合，形容动作之敏捷。

④方矢复寓——寓，寄寓。方矢复寓，前一支箭刚射出，后一支箭又已放上弓弦，形容动作之敏捷。

⑤象人——木偶、泥俑之类，因其像人而非人，故称象人。

⑥是射之射，非不射之射——《庄子·田子方》成玄英疏：“言汝虽巧，仍是有心之射，非忘怀无心，不射之射也。”

⑦当——杨伯峻：“当即傥，若也，如也。《韩非子·人主篇》‘当使虎豹失其爪牙，则人必制之矣’，当即傥也，可证。”

⑧百仞——《庄子·田子方》成玄英疏：“七尺曰仞，深七百尺也。”

⑨背逡巡——逡，音qūn。逡巡，退却。《庄子·田子方》成玄英疏：“逡巡，犹却行也。”背逡巡，背着深渊往后退。

⑩足二分垂在外——李钟豫《语体庄子》云：“脚下有十分之二悬空。”林希逸《南华真经口义》云：“三分其足，一分在岸，二分垂于虚处。”今译文取后说。

⑪揖——拱手为礼。

⑫踵——脚后跟。

⑬闚——即窥，从小孔或隐僻处偷看。

⑭黄泉——地下的泉水，亦指阴间。

⑮挥斥八极——挥斥，《庄子·田子方》郭象注：“犹纵放也。”八极，八方，是四方（东、南、西、北）四隅（东南、东北、西南、西北）的总称。

⑯怵然——怵，音chù（触）。怵然，恐惧的样子。恂，音xún（旬），通眴（xuàn炫），眴通眩，眼花。恂目之志，指恐惧之心。

⑰尔于中也殆矣夫——卢重玄解：“夫至道之人自得于天地之间，神气独主，忧乐不能入也。今汝尚恐惧之若此，岂近乎道者耶？汝于是终始初习耳，未能得其妙也。”中，奚侗：“中读如字，谓民中也。”

【译文】

列御寇为伯昏无人表演射箭。他拉满了弓弦，把装满水的杯子放在拿弓的手的肘上，然后射出箭去，一箭连着一箭，前一箭刚射出，后一箭已拉满弦。在这个时候，他全神贯注，像木偶一样一动也不动。伯昏无人说："你这是有心的射箭，而不是无心的射箭。如果我和你登上高山，走在摇晃的岩石上，面临着万丈深渊，你还能射吗？"于是伯昏无人便领他登上高山，走在摇晃的岩石上。当临近万丈深渊时，他背对着深渊往后退，双脚已有三分之二悬空了，才拱手作揖，请列御寇上来。列御寇早已吓得趴倒在地，汗水流到了脚后跟。伯昏无人说："道术最高的人，朝上能看到青天，往下能潜入黄泉，他遨游八方，精神和真气都不会改变。现在你全身发抖，心中十分恐惧，你的这种心理也太糟糕了！"

【原文】

范氏有子曰子华，善养私名[①]，举国服之。有宠于晋君，不仕而居三卿之右[②]。目所偏视，晋国爵之；口所偏肥[③]，晋国黜之。游其庭者侔于朝[④]。子华使其侠客以智鄙相攻，强弱相凌[⑤]，虽伤破于前，不用介意。终日夜以此为戏乐，国殆成俗。禾生、子伯，范氏之上客，出行，经坰外，宿于田更商丘开之舍[⑥]。中夜，禾生、子伯二人相与言子华之名势，能使存者亡，亡者存；富者贫，贫者富。商丘开先窘于饥寒[⑦]，潜于牖北听之[⑧]。因假粮荷畚之子华之门[⑨]。子华之门徒皆世族也，缟衣乘轩[⑩]，缓步阔视[⑪]。顾见商丘开年老力弱，面色黎黑，衣冠不检，莫不眲之[⑫]。既而狎侮欺诒[⑬]，挡拯挨抌[⑭]，亡所不为。商丘开常无愠容，而诸客之技单[⑮]，惫于戏笑。遂与商丘开俱乘高台[⑯]，于众中漫言曰："有能自投下者，赏百金。"众皆竞应。商丘开以为信然，遂先投下，形若飞鸟，扬于地[⑰]，骪骨无砌[⑱]。

范氏之党以为偶然，未讵怪也[19]。因复指河曲之淫隈曰[20]：“彼中有宝珠，泳可得也。”商丘开复从而泳之。既出，果得珠焉。众昉同疑[21]。子华昉令豫肉食衣帛之次[22]。俄而范氏之藏大火。子华曰：“若能入火取锦者，从所得多少赏若。”商丘开往无难色，入火往还，埃不漫[23]，身子焦。范氏之党以为有道，乃共谢之曰：“吾不知子之有道而诞子[24]，吾不知子之神人而辱子。子其愚我也，子其聋我也，子其盲我也。敢问其道。”商丘开曰：“吾亡道。虽吾之心，亦不知所以。虽然，有一于此，试与子言之。曩子二客之宿吾舍也，闻誉范氏之势，能使存者亡，亡者存；富者贫，贫者富。吾诚之无二心，故不远而来。及来，以子党之言皆实也，惟恐诚之之不至，行之之不及，不知形体之所措[25]，利害之所存也，心一而已。物亡迕者[26]，如斯而已。今昉知子党之诞我，我内藏猜虑，外矜观听[27]，追幸昔日之不焦溺也，怛然内热[28]，惕然震悸矣[29]。水火岂复可近哉?”自此之后，范氏门徒路遇乞儿马医，弗敢辱也，必下车而揖之。宰我闻之[30]，以告仲尼。仲尼曰：“汝弗知乎？夫至信之人，可以感物也。动天地，感鬼神，横六合[31]，而无逆者，岂但履危险、入水火而已哉！商丘开信伪物犹不逆，况彼我皆诚哉？小子识之[32]！”

## 【注释】

①私名——张湛注：“游侠之徒也。”许维遹：“‘名’疑为‘客’之坏字。注‘游侠之徒也’，则原文本作‘客’明矣。又下文‘子华使其侠客’，正承此而言。”

②三卿之右——三卿，又称三公。周代有两说：一说为司马、司徒、司空；一说为太师、太傅、太保。右，古代崇尚右边，故以右指较高的地位。

③肥——张湛注：“音鄙。肥，薄也。”

④侔——《释文》:“侔音谋，齐也。”。

⑤相凌——《释文》:“相凌，一本作相击。”

⑥坰，音jiōng，遥远的郊外。田更——张湛注:“更当作叟。”

⑦窘——被困迫。

⑧牖北——牖，音yǒu（有），窗。俞樾:“牖北，疑当作北牖。”

⑨假粮荷畚——假，借。荷，担。畚，古代用草绳做的盛器，后编竹为之，即畚箕。”

⑩缟衣乘轩——缟衣，绢绸之衣。轩，古代大夫以上乘坐的轻便车，车箱前顶较高，用漆有画纹或加皮饰的席子作障蔽。

⑪阔——《释文》:“阔，远也，广也。”

⑫眲——音nè（讷），轻视。

⑬狎侮欺诒——狎侮，轻慢戏弄。诒，音dài（殆），欺骗。

⑭挡挘挨扰——挡，捶打。挘，推击。挨，音shèn（矮），推。扰，音shèn（甚），击背。

⑮单——《释文》:“单音丹，尽也。”周克昌:“‘单’通‘殚’，故为‘尽’义。《汉书·韩信传》:‘粮食单竭。’其于《杜钦传》则作‘殚天下之财以奉淫侈。’‘单’即‘殚’也。”

⑯乘——登。任大椿:“《汉书·张汤传》:‘乃遣山乘鄣。’师古曰:‘乘，登也。’《陈汤传》:‘乘城呼?’师古曰:‘乘，登也。’”

⑰扬——飞起，飘起。

⑱肌骨无矪——肌，同肌。矪音huǐ（毁）；同毁。

⑲讵——《释文》“讵”作“巨”，云:“巨，大也。”

⑳淫隈——淫，《释文》:“淫音深。”隈，弯曲处。

㉑昉——张湛注:“昉，始也。”

㉒豫——通“与”，参与。次——中间，行列。

㉓埃不漫——埃，尘埃，本文指烟尘。漫，沾污。

㉔诞——张湛注:“诞，欺也。”

㉕措——安放。

㉖迕——音wǔ（午），逆。

㉗矜——顾惜。

㉘怛——音dá（达），畏惧。

㉙惕然——恐惧貌。

㉚宰我——孔子弟子，名予，字子我。

㉛六合——天地四方，泛指天下。

㉜小子——古代长辈对晚辈、老师对学生的称呼。识——音zhì（志），通“志”，记住。

## 【译文】

范家有个叫子华的，喜欢私自蓄养侠客，全国人都佩服他。他很得晋国国君的宠爱，虽然没有官职，但地位却在三位公卿之上。谁被他看中，国君就会给谁爵位；他说谁的坏话，国君就会罢免谁。在他厅堂上议事的人同朝廷上的一样多。子华叫他的侠客中的智者与愚者互攻击，强者与弱者互相凌辱，虽然受伤流血的人躺在眼前，他也毫不放在心上。整天整夜以此游戏取乐，几乎成为全国的风俗。禾生和子伯两人是范家尊贵的侠客，一次出外游玩，经过荒远郊野，住在老农商丘开的家里。半夜，禾生与子伯两人谈论子华的名声与势力，能使活着的人死去，该死的人活下来；富有的人贫穷，贫穷的人富有。商丘开以前一直为饥寒所困迫，于是悄悄地躲到北边窗下偷听他们的谈话。然后借了粮食，挑上畚箕到了子华的家门口。子华的门徒都出身于世家大族，身穿绸缎，乘坐高车，迈着四方步，眼睛只朝天看。他们瞧见商丘开年老体弱，面色黎黑，衣冠不整，没有不小瞧他的。接着又戏弄、侮辱、欺骗他，推搡捶打，无所不为，商丘开却没有一点不高兴的样子。侠客们的手段用尽了，戏弄、嘲笑得也十分疲惫。于是同商丘开一起登上高台，人群中有人随意说：“有能从台上跳下去的，奖赏他一百金。”大家都争着响应。商丘开信以为真，于是首先从台上跳了下去，形状像一只飞鸟，飘扬到了地上，肌肤与骨骼都没有损伤。范家的门徒以为是偶然成功，因而没有觉得太奇怪。于是又指着河湾的深水处说："那水里有宝珠，游下去可以摸到。"商丘开又跳到了水里。游出水面后，果然得到了宝珠。大家这才开始觉得奇怪，子华才让他加入食肉穿绸的行列。没多久范家的仓库发生大火。子华说："你们有能钻进火中取出绸缎的，根据取出的多少赏赐你们。"商丘开毫无难色地钻进了大火中，来去几次，烟尘没有沾污脸面，身体也没有被烧焦。范家的门徒以为他有什么道术，于是一齐向他道歉说："我们不知道您有道术而欺哄了您，我们不知道您是神人而侮辱了您。您可以把我们看做是笨蛋，您可以把我们看做是聋子，您可以把我们看做是瞎子。我们大胆地向您请教道术。"商丘开说："我没有什么道术。就是我的心里，也不知道这是怎么回事。虽然这样，我心中还是有一个感觉，姑且向你们说一说。过去你们中有两位侠客住在我的家中，我听到他们赞誉范氏的势力，能够使活着的人死去，该死的人活下来；富有的人贫穷，贫穷的人富有。我真诚地相信，没有一点怀疑，所以不怕路途遥远而赶来。我来了后，又认为你们的话都是真实可靠的，因而只怕我的诚心不够，行动得不快，并不知道我的形体到了哪里，也不知道利害在什么地方，只是专心一意罢了。外物也不能改变我的诚心，如此而已。今天才知道你们在欺哄我，于是我心中便隐藏着猜测与疑虑，外面要注意所见所闻，回想过去侥幸没有被烧焦、淹死，现在还害怕得心中发烧，恐惧得全身发抖。哪能再靠近水火呢?"从此以后，范氏的门徒在路上遇到乞丐和马医这些穷人，再不敢侮辱，一定要下车致礼。宰我听说了这件事，告诉孔子。孔子说："你不知道吗？最诚心的人，是可以感动万物的。可以感动天地，感动鬼神，横行天下而没有违抗的人，何止身负危险、出入水火而已呢！商丘开相信假话尚且遭不到阻碍，又何况你我都诚心诚意呢！你们要牢牢记住！"

## 【原文】

周宣王之牧正有役人梁鸯者[①]，能养野禽兽，委食于园庭之内[②]，虽虎狼鹏鹗之类[③]，无不柔驯者，雄雌在前，孳尾成群[④]；异类杂居，不相搏噬也[⑤]。王虑其术终于其身，令毛丘园传之[⑥]。梁鸯曰："鸯，贱役也，何术以告尔？惧王之谓隐于尔也，且一言我养虎之法。凤顺之则喜，逆之则怒，此有血气者之性也。然喜怒岂妄发哉？皆逆之所犯也。夫食虎者，不敢以生物与之，为其杀之之怒也[⑦]；不敢以全物与之，为其碎之之怒也[⑧]。时其饥饱，达其怒心。虎之与人异类，而媚养己者，顺也；故其杀之[⑨]，逆也。然则吾岂敢逆之使怒哉？亦不顺之使喜也。夫喜之复也必怒，怒之复也常喜，皆不中也。今吾心无逆顺者也，则鸟兽之视吾，犹其侪也[⑩]。故游吾园者，不思高林旷泽；寝吾庭者，不愿深山幽谷，理使然也。

## 【注释】

①周宣王——（？—前782年）西周国王。厉王子。公元前828—前782年在位。牧正——负责饲养禽兽的官吏。

②食——音sì（寺），通"饲"。

③鹗——音è（厄），鸟名，亦称"鱼鹰"。

④孳尾——孳，繁殖。尾，交接。

⑤噬——咬。

⑥毛丘园——《释文》云："毛丘园，姓毛，名丘园也。"

⑦为其杀之之怒——张湛注："恐因杀以致怒。"

⑧为其碎之之怒——张湛注："恐因其用力致怒。"

⑨故其杀之——王重民："《庄子·人间世》'杀之'作'杀者'，当从之。'故'犹'则'也，说见《经传释词》。"王叔岷："疑此文本作'故其杀之者，逆也'。今本此文挩（脱）'者'字，《庄子》挩

‘之’字。”

⑩侪——音chái（柴），类。

【译文】

周宣王时负责饲养禽兽的官吏手下有个仆役梁鸯，能够饲养野禽野兽，在园庭中喂养它们，即使是猛虎饿狼、大雕鱼鹰之类，没有不被驯养得柔顺的。雌雄禽兽交配繁殖，生育的禽兽成群结队；不同类的禽兽混杂居住在一起，也不互相打架伤害。周宣王担心他的技术没有传人，便命令毛丘园向他学习。梁鸯对毛丘园说：“我不过是一个低贱的仆役，有什么技术告诉你？但怕大王说我对你隐瞒，姑且和你谈谈畜养老虎的方法。大概顺着它就高兴，逆着它就发怒，这是有血气的动物的本性。但高兴与愤怒难道是随便发泄的吗？都是违背它的习俗才触犯起来的。喂养老虎，不能用活的动物喂它，怕它因杀死活物时要发怒；不能用整个动物喂它，怕它因撕碎动物时要发怒。要知道它什么时候饿了，什么时候饱了，摸透它为什么会发怒。虎与人不是一类，虎讨好喂养它的人，是因为喂养的人顺着它的缘故；那么它伤害人，就是因为逆着它的缘故了。我哪里敢逆着它使它发怒呢？当然也不顺着它使它高兴。高兴以后必然是愤怒，愤怒以后常常是高兴，都不是适中的态度。现在我的心是既不违逆也不顺从，那么鸟兽对待我，就像对待它们的同类一样了。所以在我的园中游玩的禽兽，不思念高大的树林和空旷的水泽；在我的庭中睡觉的禽兽，不向往深山和幽谷，这是由事物的规律所决定的。

【原文】

颜回问乎仲尼曰[①]：“吾尝济乎觞深之渊矣[②]，津人操舟若神[③]。吾问焉，曰：‘操舟可学邪？’曰：‘可。能游者可教也，善游者数能[④]。乃若夫没人[⑤]，则未尝见舟而谡操之者也[⑥]。’吾问焉，而不告。敢问何谓也？”仲尼曰：“譆[⑦]！吾与若玩其文也久矣[⑧]，而未达其实，而固且道与[⑨]？能游者可教也[⑩]，轻水也；善游者之数能也，忘水也[⑪]。乃若夫没人之未尝见舟也而谡操之也，彼视渊若陵，视舟之覆犹其车却也[⑫]。覆却万物方陈乎前而不得入其舍[⑬]，恶往而不暇？以瓦抠者巧[⑭]，以钩抠者惮[⑮]，以黄金抠者惛[⑯]。巧一也，而有所矜，则重外也。凡重外者拙内[⑰]。”

## 【注释】

①颜回——字子渊，鲁国人，孔子弟子。

②觞——古代盛酒器。

③津人——摆渡的船夫。

④数能——不学自能，犹天生之能。数，命数，定数。

⑤没人——能在水下潜泳之人。

⑥谡操——谡，音sù（速），起立。谡操，拿起舵就能掌船。

⑦譆——《释文》云：“譆音衣，与譩同，叹声也。”

⑧玩——玩味，研讨。

⑨而固且道与——张湛注释为“今且为汝说之也。”陶鸿庆释为“固不足以知道也。”“下文‘壶子曰：吾与汝贯其文，未既其实，而固得道与’，注引向秀曰‘夫实由文显，道以事彰’云云，正得其旨。疑此文‘且’亦当作‘得’，古文‘㝵’字坏其下半，遂误为且矣。”陶说可以。

⑩能游者——陶鸿庆：“‘能游者’下当有‘之’字。”

⑪忘水也——张湛注：“忘水则无矜畏之心。”

⑫却——退。

⑬方——并。陈——陈列。舍——指心。张湛：“神明所居，故谓之舍。”

⑭抠——《释文》云：“抠，探也，以手藏物探而取之曰抠。”

⑮钩——《释文》云：“钩，银铜为之。”惮——怕，畏惧。

⑯惛——迷糊。

⑰重外者拙内——张湛注：“唯忘内外，遗轻重，则无巧拙矣。”

## 【译文】

颜回问孔子说：“我曾坐船渡过像酒壶一样陡的深渊，渡船的船夫掌船十分神妙。我问他：‘掌船可以学吗？’他说：‘可以。能游泳的人可以教会，善于游泳的人不需要学习自己就会。至于那些能在深水中潜泳的人，即使从未见过船，拿起舵也能掌船。’我问他原因，他不告诉我。请问这怎么讲呢？”孔子说：“唉！我和你在书本上讨论这件事已经很久了，却并没有明白它的实际内容，又何况要了解道术呢？能够游泳的人可以教会他，是因为他不怕水；善于游泳的人不需要学习自己就会，是因为他忘了那是水。至于那些能在深水中潜泳的人，即使从未见过船，拿起舵也能掌船，这是因为他把深渊看成是山陵，把翻船看成是车子从山坡上后退了。千万件翻船、退车一类的事摆在他面前，他也不放心上，于什么事不自由自在呢？用瓦片投掷的人很有技巧，用银钩投掷便有些害怕，用黄金投掷就昏昏沉沉了。技巧是一样的，而有所顾惜，是因为看重身外之物了。凡是看重身外之物的人，心里的素质一定很拙劣。”

## 【原文】

孔子观于吕梁[①]，悬水三十仞，流沫三十里，鼋鼍鱼鳖之所不能游也[②]，见一丈夫游之，以为有苦而欲死者也，使弟子并流而承之[③]。数百步而出，被发行歌，而游于棠行[④]。孔子从而问之，曰：“吕梁悬水三十仞，流沫三十里，鼋鼍鱼鳖所不能游，向吾见子道之[⑤]，以为有苦而欲死者，使弟子并流将承子。子出而被发行歌，吾以子为鬼也。察子，则人也。请问蹈水有道乎？”

曰："亡，吾无道。吾始于故，长乎性，成乎命[⑥]。与赍俱入[⑦]，与汩偕出[⑧]，从水之道而不为私焉，此吾所以道之也。"孔子曰："何谓始乎故，长乎性，成乎命也?"曰："吾生于陵而安于陵，故也；长于水而安于水，性也；不知吾所以然而然，命也。"

## 【注释】

①吕梁——一说在江苏彭城，误。司马彪："吕梁在离石县西是也。《水经注》云：河水左合一水，出善无县故城西南八十里。其水西流，历于吕梁之山。而为吕梁洪。昔吕梁未辟，河出孟门之上。盖大禹所辟以通河也。今离石县西历山寻河，并无过峘，至是乃为巨险，即吕梁矣。在离石北以东百有余里。"离石县在今山西省。

②鼍——音tuó（驼），即扬子鳄。

③并流而承之——《释文》："并音傍。《史记》、《汉书》傍海、傍河皆作并。承音拯。《方言》：出溺为承。"

④棠行——张湛注："棠当作塘，行当作下。"

⑤道——张湛注："道当为蹈。"

⑥始乎故，长乎性，成乎命——张湛注："故犹素也。任其真素，则所遇而安也。顺性之理，则物莫之逆也。自然之理不可以智知，知其不可知，谓之命也。"卢重玄解："习其故，安其性，忽然神会，以成其命，得之不自知也。""命者，契乎神道也。"

⑦赍——音qí（齐）。周克昌云："赍通齐，又假作'脐'，引申为中心、中央之义。本文特指漩涡之中心部分。"

⑧汩——音gǔ（骨），涌出的泉水。《庄子·达生》郭象注："回伏而涌出者，汩也。"

## 【译文】

孔子在吕梁山游览，看见瀑布有几十丈高，流水的泡沫溅出三十里，鼋鼍鱼鳖也不能游动，却看见一个男人在那里游泳，以为他是因痛苦而想自杀的人，便叫弟子顺着水流去救他。谁知这个人游了几百步又出来了，披着头发唱着歌，在塘埂下漫步。孔子赶上去问他说："吕梁瀑布有几十丈高，流水的泡沫溅出三十里，鼋鼍鱼鳖也不能游动，刚才我看见你在水里面游，以为是有痛苦而想自杀的人，便叫弟子顺着水流去救你。你出来后披着头发，一面走一面唱歌，我以为你是鬼怪。但仔细看你，仍然是人。请问游泳有道术吗？"那人说："没有，我没有什么道术。我从这里的水的流势起步，顺着水的本性起伏，不知不觉就成功了。与漩涡一起进入水流的中心，与涌出的流水一起浮出水面，顺从水的流动方向而不另出己见，这就是我游泳的方法。"孔子问："什么叫从这里的条件起步，顺着水的本性成长，不知不觉就成功了？"那人说："我生在山区就安心住在山上，这就是从这里的条件起步；长在水边就安心住在水边，这就是顺着水的本性成长；不知道我为什么会成功却成功了，这就是不知不觉的成功。"

## 【原文】

仲尼适楚，出于林中，见痀偻者承蜩①，犹掇之也②。仲尼曰："子巧乎！有道邪？"曰："我有道也。五六月，累垸二而不坠③，则失者锱铢④；累三而不坠，则失者十一；累五而不坠，犹掇之也。吾处也⑤，若橛株驹⑥；吾执臂若槁木之枝⑦。虽天地之大，万物之多，而唯蜩翼之知。吾不反不侧⑧，不以万物易蜩之翼，何为而不得？"孔子顾谓弟子曰："用志不分，乃疑于神⑨。其痀偻丈人之谓乎！"丈人曰："汝逢衣徒也⑩，亦何知问是乎？修汝所以，而后载言其上。"

## 【注释】

①痀偻——驼背。《庄子·达生》成玄英疏："痀偻，老人曲腰之

貌。”承蜩——成玄英疏：“承蜩，取蝉也。”蜩，音tiáo（条），蝉。

②掇——拾取。

③垸——音huán（环），通“丸”。

④锱铢——锱铢，古代重量单位。按《孙子算经》卷上，十黍为一累，十累为一铢，二十四铢为一两。古人常用来比喻微小的数量。

⑤吾处也——许维遹：“‘处’下挩（脱）‘身’字。‘吾处身’与下文‘吾执臂’对言。《释文》有‘身’字,《庄子·达生篇》亦有‘身’字，可据补。”

⑥若橛株驹——橛，短木。株，露出地面的树根。株驹,《庄子·达生》作“株拘”，有盘根错节之意。张湛注：“崔譔曰：橛株驹，断树也。”

⑦吾执臂——王叔岷：“‘执臂’下当有‘也’字，乃与上文句法一律。《庄子·达生篇》正有‘也’字。”

⑧不反不侧——陈鼓应：“不反不侧，形容内心宁静，心无二念。”

⑨疑于神——疑，王叔岷：“疑犹拟也。《庄子·天地篇》‘子非夫博学以拟圣’,《淮南·俶真篇》作‘疑’，即其比。”

⑩逢衣——儒服。《释文》：“《礼记·儒行篇》曰：丘少居鲁，衣逢掖之衣。长居宋，冠章甫之冠。郑玄注云：逢犹大也，谓大掖之衣。向秀曰：儒服宽而长大者。”

## 【译文】

孔子到楚国去，经过一片树林，看见一位驼背老人在粘蝉，就像捡东西一样容易。孔子问：“您真巧啊！有道术吗？那人答道：“我有道术。经过五六个月的训练，我把二个泥丸摞在竹竿头上而不会掉下来，粘蝉失手的次数就很少了；摞三个而不会掉下来，粘蝉失手的次数只有十分之一；摞五个而不会掉下来，粘蝉就像捡东西一样了。我站在地上，像残断的树桩；我伸出手臂，像枯槁的树枝。虽然天地很大，万物很多，而我只知道蝉的翅膀。我心无二念，不用任何事物分散我对蝉的翅膀的注意力，为什么会粘不到呢?”孔子回头对弟子说：“心志专一而不分散，就会达到神妙境界。说的就是这位驼背老人吧！”老人说：“你这个穿长袍大褂的儒者，怎么想起来问这件事呢？好好研究你的仁义之道，然后把这些事记载下来吧。”

## 【原文】

海上之人有好沤鸟者[①]，每旦之海上，从沤鸟游，沤鸟之至者百住而不止[②]。其父曰：“吾闻沤鸟皆从汝游，汝取来，吾玩之。”明日之海上，沤鸟舞而不下也。故曰：至言去言，至为无为。齐智之所知，则浅矣。

## 【注释】

①沤——音ōu（欧），通“鸥”。《释文》：“沤音鸥，沤鸟，水鸮也，今江湖畔形色似白鸽而群飞者是也。”

②住——张湛注：“住当作数。”王叔岷：“《艺文类聚》九二、《御览》九二五、《尔雅翼》十七、《容斋四笔》十四、《记纂渊海》五六、《事文类聚·复集》四六、《合璧事类·别集》六九、《韵府群玉》八、《天中记》五九引皆作数。”

## 【译文】

海边有个喜欢鸥鸟的人，每天早上到海上去，跟鸥鸟玩耍，鸥鸟来玩的有成百只以上。他父亲说：“我听说鸥鸟都爱跟你游玩，你抓一只来，我玩玩。”第二天他来到海上，鸥鸟都在空中飞翔而不下来。所以说：“最好的语言是没有语言，最高的作为是没有作为。同别人比试智慧的想法，那是很浅陋的。

## 【原文】

赵襄子率徒十万狩于中山[①]，藉芿燔林[②]，扇赫百里。有一人从石壁中出，随烟烬上下，众谓鬼物。火过，徐行而出，若无所经涉者。襄子怪而留之。徐而察之：形色七窍，人也；气息音声，人也。问："奚道而处石？奚道而入火？"其人曰："奚物而谓石？奚物而谓火？"襄子曰："而向之所出者，石也；而向之所涉者，火也。"其人曰："不知也。"魏文侯闻之[③]，问子夏曰[④]："彼何人哉？"子夏曰："以商所闻夫子之言，和者大同于物，物无得伤阂者[⑤]，游金石，蹈水火，皆可也。"文侯曰："吾子奚不为之？"子夏曰："刳心去智[⑥]，商未之能。虽然，试语之有暇矣。"文侯曰："夫子奚不为之？"子夏曰："夫子能之而能不为者也。"文侯大说[⑦]。

## 【注释】

①赵襄子——名毋邺，一作无恤，战国初赵国的国君，公元前475年至前425年在位。狩——张湛："火畋曰狩。"中山——王重民："《御览》五十一、《类聚》八十并引'中山'作'山中'。"杨伯峻："中山，春秋时为鲜虞，战国时为中山国，在今河北保定地区定县一带。"

②藉芿燔林——藉，践踏。芿，音rěng（仍），乱草。燔，音fán（凡），焚烧。

③魏文侯——名斯，战国初魏国的国君，公元前445年至前396年在位。

④子夏——姓卜，名商，字子夏，孔子的弟子。

⑤阂——阻碍。

⑥刳——音kù（枯），剖开并挖空。

⑦说——音yuè（悦），通"悦"。

## 【译文】

赵襄子率领仆从十万人在中山打猎，践踏杂草，烧毁树林，烈炎烧及百里之远。有个人从石壁中走出来，跟随着烟火忽上忽下，大家以为是鬼。火势过去以后，他慢慢地走出来，像什么也没有经历过一样。赵襄子感到奇怪，便留住他。慢慢地观察他，看他的形貌、肤色与七窍是人，气息声音也是人。于是问他："什么道术使你能住在石壁中？什么道术使你能进入火焰中？"那人说："什么东西叫做石壁？什么东西叫做火焰？"赵襄子说："你刚才出来的地方就是石壁，你刚才所踩过的东西就是火焰。"那人说："我不知道。"魏文侯听说后，问子夏说："那是个什么样的人？"子夏说："以我从孔子那里听来的话说，中和之人与万物完金混同，因而万物不能伤害与阻碍他，在金石中游玩，在水火中行走，都是可以的。"魏文侯又问："你为什么不这样做呢？"子夏说："挖掉心肺，抛弃思虑，我不能办到。即使这样，姑且说一说还是有可能的。"文侯说："孔子为什么不这样做呢？"子夏说："他老人家能办得到，但是不愿意这样做。"文侯十分高兴。

## 【原文】

有神巫自齐来处于郑，命曰季咸[①]，知人死生、存亡、祸福、寿夭，期以岁、月、旬、日，如神。郑人见之，皆避而走[②]。列子见之而心醉[③]，而归以告壶丘子[④]，曰："始吾以夫子之道为至矣，则又有至焉者矣。"壶子曰："吾与汝无其文，未既其实[⑤]，而固得道与？众雌而无雄，而又奚卵焉[⑥]？而以道与世抗，必信矣。夫故使人得而相汝。尝试与来，以予示之。"明日，列子与之见壶子。出而谓列子曰："嘻！子之先生死矣，弗活矣，不可以旬数矣。吾见怪焉，见湿灰焉[⑦]。"列子入，涕泣沾衿[⑧]，以告壶子。壶子曰："向吾示之以地文[⑨]，罪乎不诹不止[10]，是殆见吾杜德几也[11]。尝又与来!”明日，又与之见壶子。出而谓列子曰：“幸矣，子之先生遇我也，有瘳矣[12]。灰然有生矣[13]，吾见杜权矣[14]。”列子入告壶子。壶子曰：“向吾示之以天壤[15]，名实不入[16]，而机发于踵[17]，此为杜权。是殆见吾善者几也[18]。尝又与来!”明日，又与之见壶子。出而谓列子曰：“子之先生坐不斋[19]，吾无得而相焉。试斋，将且复相之。”列子入告壶子。壶子曰：“向吾示之以太冲莫眹[20]，是殆见吾衡气几也[21]。鲵旋之潘为渊[22]，止水之潘为渊，流水之潘为渊，滥水之潘为渊[23]，沃水之潘为渊[24]，沈水之潘为渊[25]，雍水之潘为渊[26]，汧水之潘为渊[27]，肥水之潘为渊[28]，是为九渊焉[29]。尝又与来!”明日，又与之见壶子。立未定，自失而走[30]。壶子曰：“追之!”列子追之而不及，反以报壶子，曰：“已灭矣，已失矣，吾不及也。”壶子曰：“向吾示之以未始出吾宗[31]。吾与之虚而猗移[32]，不知其谁何[33]。因以为茅靡[34]，因以为波流，故逃也。”然后列子自以为未始学而归，三年不出，为其妻爨，食豨如食人[35]，于事无亲，雕瑑复朴[36]，块然独以其形立，份然而封戎[37]，壹以是终[38]。

## 【注释】

①命曰季咸——命，通“名”。《释文》：“季咸，姓季名咸，郑人也。”

②皆避而走——张湛注：“向秀曰：不喜自闻死日也。”

③列子见之而心醉——张湛注：“迷惑其道也。”

④壶子——壶丘子林，列子之师，郑人。

⑤无其文——王叔岷：“上文颜回问津人操舟章作‘吾与若玩其文也久矣，而未达其实’，‘玩’字义长。疑‘既’即‘玩’之误，下‘既’字亦当作‘玩’。其作‘无’者，‘玩’坏为‘元’，传写因易为无耳。”

⑥而又奚卵焉——陈鼓应《庄子今注今译》引陈寿昌说：“有雌无雄，无以生卵，以喻有文无实，不得谓之道。”

⑦湿灰——陈鼓应：“喻其毫无生气。”又引林云铭：“死灰尚有或燃之时，湿灰则不能。”

⑧衿——古代衣服的交领，引申为胸襟。

⑨地文——张湛注：“向秀曰：块然若土也。”

⑩罪乎不诋不止——张湛注：“罪，或作萌。”王叔岷；“此当以作‘萌’为是。萌有生义，‘萌乎不诋不止’，犹云‘生于不动不止’，正对上文‘子之先生死矣’而言，意甚明白。”《释文》：“罪本作萌。诋音振。崔谍曰：不诋不止，如动不动也。”

⑪杜德几——几，《庄子·应帝王》作“机”。陈鼓应：“杜德机，杜塞生机。杜，闭塞。德几，犹生机。”

⑫瘳——音chōu（抽），恢复元气，病情好转。

⑬灰然——张湛注：“灰，或作全。”《庄子·应帝王》作“全”。

⑭杜权——陈鼓应：“权，变，动。谓闭塞中有变动。”引林云铭：“闭藏之中，稍露动变端倪。”

⑮天壤——指天地之际。天地交则生气生。壤，土，地。

⑯名实不入——张湛注：“向秀曰：任自然而覆载，则名利之饰皆为弃物。”指任其自然。

⑰机发于踵——机，指生机。踵，脚后跟。

⑱善者几——善者，指病情好转，元气开始恢复。几，《庄子·应帝王》作“机”，指生机。

⑲坐不斋——张湛注：“或无坐字。”《庄子·应帝王》无“坐”字。斋，《释文》作“齐”，《庄子》亦作“齐”。不斋，指气色变化不定，精神恍惚，无法看相。

⑳太冲莫眹——太冲，即太虚。眹，音zhèn（阵），通“朕”，征兆，迹象。太冲莫眹，指太虚之时，元气混沌，无明显迹象可征。

㉑衡气机——衡，平。衡气机，指太虚之时，阴阳未分，元气的生机比较平衡时的状态。

㉒鲵旋之潘为渊——鲵，音ní（倪），雌鲸。潘，奚侗云：“‘潘’当为‘瀋’，沈之叚字。”“引申之则有深意。”“沈为渊者，尤言深为渊耳。”陈鼓应注引李勉云：“所以云深者，以喻壶子之道深沈如渊。”

㉓滥水——《释文》引《尔雅》：“水涌出也。”

㉔沃水——《释文》：“水泉从上溜下也。”指瀑布。

㉕氿水——氿，音guǐ（轨）。氿水，《释文》：“水泉从旁出也。”指决口之处。

㉖雍水——《释文》：“河水决出复还入也。”

㉗汧水——汧，音qiān（牵）。《尔雅》：“水决之泽为汧。”

㉘肥水——《释文》：“水所出异为肥也。”水出于异地而合流会归为一，称肥水。

㉙是为九渊焉——张湛注：“此九水名义见《尔雅》。”卢重玄解：“心运于太冲之气，漠然无迹，荡然有形，而转运不常，若水之变动殊名，未尝离乎渊澄也，故不得其状而辩之矣。”

㉚自失而走——《释文》：“丧失精神而走。”

㉛未始出吾宗——指不曾开我的道者面目，杨伯峻：“‘未始出吾宗’即《庄子》‘不离其宗’，《淮南子·览冥训》‘未始出其宗’之意。”

㉜虚而猗移——虚，指无所执者。张湛注：“向秀曰：无心以随变也。”猗移，《释文》：“猗移，委移，至顺之貌。”

㉝不知其谁何——陈鼓应：“不知道我是怎么回事。”

㉞茅靡——杨伯峻《集释》引光聪谐：“茅靡正谓如茅之从风靡，波流正谓如波之逐水流，皆言无逆于物。”

㉟食狶如食人——食，饲。狶，音xī（希），猪。《释文》：“楚人呼猪作狶。”

㊱雕瑑复朴——碌，音zhuàn（篆），雕刻。张湛注：“向秀曰：雕琢之文，复其真朴，则外事去矣。”陈鼓应则云：“指去雕琢而复归于朴。”郭象注：“去华取实。”成玄英疏：“雕琢华饰之务，悉皆异除，直置任真，复于朴素之道者也。”宣颖“雕去巧琢，归于真也。”李勉：

"'雕'字误，应作'去'。言雕琢之事，悉皆废去，复归于朴。"

㊲忿然而封戎——忿，音fēn（分），通"纷"。纷然，纷繁复杂的样子，指一切琐碎事务。戎,《释文》作"哉"，云："哉，一本作戎，音哉。"《庄子·应常王》作"纷而封哉"。成玄英疏："封，守也。虽复涉世纷扰，和光接物，而守于真本，确尔不移。"

㊳壹以是终——自始至终都是这样。壹，一概，都，完全。

## 【译文】

有一个神奇的巫师从齐国来到郑国居住，名字叫季咸，知道人的生死存亡、祸福夭寿，所预言的年、月、旬、日，准确如神。郑国人见了他，都避开他走得远远的。列子见到他，佩服得如痴如醉，并回来把这事告诉了壶丘子，说："原来我以为您的道术是最高的了，现在又有了比您更高的人。"壶子说："我和你在书本上讨论过这些事，却并没有明白它的实际内容，又何况要了解道术呢？只有许多雌性动物而没有雄性动物，又怎么能生出卵来呢？你却要以你这点小道术与世上的人周旋，必然要露出真实面目，所以便容易让人看透而为你相面。你试试把他请来，让他看看我的相。"第二天，列子带着季咸来见壶子。季咸出去后对列子说："唉！您的老师快要死了，不能活了，过不了十天了。我看他形色怪异，面如湿灰。"列子进来后，哭得衣服都湿了，把此话告诉了壶子。壶子说："刚才我显示给他看的是大地的表象，在不动不静中生存，所以他看见我杜塞了生机。再请他来一趟吧！"第二天，季咸又同列子来见壶子。出去后对列子说："您的老师遇到我真是太幸运了！有救了。全身都有生气了，我看见他闭塞的生机在萌动了。"列子进来把这话告诉了壶子。壶子说："刚才我显示给他看的是天地交接，虚名实利都不入于心，而生机却已在脚后跟发动起来，这就是闭塞生机的萌动。所以他看到我好转的生机。再请他来一趟吧！"

第二天，季咸又同列子来见壶子。出去后对列子说："您的老师坐在那里心神恍惚，我无从给他看相，等他心神安定下来，我再给他看相。"列子进来告诉了壶子。壶子说："刚才我显示给他看的是太虚无迹象可征，所以他看到了我混沌平衡的生机。鲸鱼盘旋之处成为深渊，水流停积之处成为深渊，水流运动之处成为深渊，水流涌出之处成为深渊，水流陡落之处成为深渊，水流决口之处成为深渊，水流回笼之处成为深渊，水流入泽之处成为深渊，水流会合之处成为深渊，这是九种深渊。再请他来一趟吧！"第二天，列子又带季咸来见壶子。还没有站定，季咸就惊慌失色地逃走了。壶子说："追上他！"列子追赶不上，回来报告壶子，说："已经不见了，已经消失了，我追不上他了。"壶子说："刚才我显示给他看的并没有离开我的本来面目。我无所执而随着他变化，他便搞不清我是怎么回事。于是我又像草一样跟着他颠倒，像水一样跟着他流动，所以他就逃走了。"列子这时才明白自己还没有学到什么，便返回到家中，三年不出门，替他妻子烧火做饭，喂猪像伺候人一样周到，对任何事物都没有偏爱，不事雕琢而复归真朴，像土块一样独立而不受干扰，在纷繁的琐事中却心神一致，如此直到终身。

## 【原文】

子列子之齐，中道而反，遇伯昏瞀人[①]。伯昏瞀人曰："奚方而反[②]？"曰："吾惊焉。""恶乎惊？""吾食于十浆[③]，而五浆先馈。"伯昏瞀人曰："若是，则汝何为惊已？"曰："夫内诚不解[④]，形谍成光[⑤]，以外镇人心，使人轻乎贵老，而整其所患[⑥]。夫浆人特为食羹之货，多余之赢[⑦]，其为利也薄，其为权也轻，而犹若是。而况万乘之主[⑧]，身劳于国，而智尽于事，彼将任我以事，而效我以功。吾是以惊。"伯昏瞀人曰："善哉观乎！汝处已，人将保汝矣[⑨]。"无几何而往，则户外之屦满矣[⑩]。伯昏瞀人北面而立，敦杖蹙之乎颐[11]。立有间[12]，不言而出。宾者以告列子。列子提履徒跣而走[13]，暨乎门[14]，问曰："先生既来，曾不废药乎[15]？"曰："已矣。吾固告汝曰，人将保汝，果保汝矣。非汝能使人保汝，而汝不能使人无汝保也。而焉用之感也？感豫出异[16]。且必有感也，摇而本身，又无谓也[17]。与汝游者，莫汝告也。彼所小言，尽人毒也。莫觉莫悟，何相孰也[18]？"

## 【注释】

①伯昏瞀人——本篇"列御寇为伯昏无人射"节作"伯昏无人"。

②奚方而反——方，事。陈鼓应《庄子今注今译》引金其源："《易·复卦》'后不省方'，注：'方，事也。'"

③十浆——《庄子·列御寇》释文引司马彪："十家并卖浆。"

④内诚不解——陈鼓应引丁展成《庄子音义释》："'诚'为'情'之假借字。"

⑤形谍成光——陈鼓应："谍，动。形谍，形容举动。成光，有光仪。"

⑥整——音jī（跻），成玄英疏："乱也。"

⑦多余之赢——一本"多"字上有"无"字。俞樾："若云'无多余之赢'，则下不必更言'其为利也薄'矣。卢重玄本无'无'字，《庄子·列御寇篇》亦无'无'字，当据删。"

⑧万乘之主——指国君。一车四马为一乘。万乘之主，指拥有万辆兵车的君主。春秋以前只有周天子才能拥有万乘兵车，战国时七国诸侯先后称乏，才可称万乘之主。

⑨保——归附。《庄子·列御寇》释文引司马："保，附也。"

⑩屦——音jù（据），用麻、葛制成的单底鞋。

⑪敦杖蹙之乎颐——张湛注："敦，竖也。"蹙，支撑。颐，下巴。《庄子·列御寇》成玄英疏："以杖柱颐，听其言说，倚立间久，忘言而归也。"

⑫间——《释文》："间，少时也。"

⑬提履徒跣——履，鞋。跣，音xiǎn（显），赤脚。徒跣，赤脚步行。

⑭暨——《释文》："暨，至也。"

⑮废药——张湛注："废，置也。"卢重玄解："废当多发。先生既来，何不发药石之言少垂训耳。"王叔岷："《庄子·列御寇篇》'废'正作'发'。废、发古通。"

⑯感豫出异——用言行来感动别人，事先应当知道所出现的结果，是使自己与众不同。此句与上句《庄子》作"而焉用之感豫出异也。"

⑰且必有感也，摇而本身，又无谓也——许维遹："'且必有感也'，'必'当作'心'，形近致讹。"王重民："'身'有'性'义，盖'身''性'古通用。'本身'犹'本性'也。"此句《庄子》作"必且有感摇而本才。"

⑱何相孰也——陈鼓应："'孰'为'熟'之本字。相习熟，相亲爱的意思。"

## 【译文】

列子到齐国去，半路上又返了回来，遇到了伯昏瞀人。伯昏瞀人问："怎么又回来了?"列子说："我感到震惊。""为什么震惊?""我在有十家酒店的小镇吃饭，刚到那里就有五家酒店赠送给我酒菜。"伯昏瞀人问："这样，你为什么要感到震惊呢?"列子说："心中的情欲没有消融，形态举动便有光彩，以这外貌镇服人心，使人轻易把自己视为老人而尊重，这可能带来祸患。那酒店老板特地准备些酒菜饭食，为的是得到多余的利润，他们的盈利很少，他们的权势也很小，尚且这样对待我。又何况拥有万乘兵车的君主，身体劳瘁于国家，而智能耗尽于政事，他一定会任用我去办事，并希望我取得功效的。所以我感到震惊。"伯昏瞀人说："你的看法真是太好了！你这样严格要求自己，人们一定会归附你的。"伯昏瞀人没过多久去列子家，门外的鞋子都已经摆满了。伯昏瞀人面向北站着，竖着拐杖支撑着下巴。站了一会儿，没有说话就走了。接待宾客的人告诉了列子。列子提着鞋子光着脚赶了出来，追到大门口，问道："先生既然来了，还不说几句启发训导我的话吗？"瞀人说："算了吧！我原来就告诉你说，人们将归附于你，果然归附你了吧。这不是你有能力使别人归附于你，而是你没有能力使别人不归附于你。你哪里用得着以言行去感动别人呢？你事先就应当知道以言行感动别人的结果会使自己与众不同。而且心有所动，必然会动摇你的本性，这就更没有意义了。同你交往的人，没有人会告诉你。他们所说的闲言碎语，都是毒害人的话。不帮助别人觉悟，又怎么能称为好朋友呢？"

## 【原文】

杨朱南之沛①，老聃西游于秦②。邀于郊③，至梁而遇老子④。老子中道仰天而叹曰⑤："始以汝为可教，今不可教也⑥。"杨朱不答。至舍，进涫漱巾栉⑦，脱履户外，膝行而前，曰："向者夫子仰天而叹曰：'始以汝为可教，今不可教。'弟子欲请夫子辞，行不间⑧，是以不敢。今夫子间矣，请问其过。"老子曰："而睢睢而盱盱⑨，而谁与居？大白若辱⑩，盛德若不足。"杨朱蹴然变容曰："敬闻命矣。"其往也，舍迎将家⑪，公执席，妻执巾栉，舍者避席，炀者避灶⑫。其反也，舍者与之争席矣。

## 【注释】

①杨朱——战国初哲学家。先秦古籍中又称他为阳子居。魏国人。反对墨家的"兼爱"和儒家的"仁义"思想，主张"贵生"、"贵己"、"全性葆真，不以物累形"。沛——今江苏沛县。

②老聃——春秋时哲学家，道家学派的创始人。据说姓李名耳，

字伯阳，楚国苦县（今河南鹿邑东）厉乡曲仁里人，做过周王室的守藏室之史，孔子曾向他问礼，后退隐，著《老子》一书。老子与杨朱不同时，本文述两人相遇事，当是寓言。《庄子》载此事，即在《寓言篇》中。秦——今陕西省一带。

③邀——《释文》："邀，抄也，遮也。"

④梁——今河南开封市。

⑤中道——《释文》："中道，道中。"

⑥今不可教也——张湛注："与至人游而未能去其矜夸，故曰不可教者也。"

⑦盥漱巾栉——盥，音guàn（贯），通"盥"，盥洗，本文指洗手的水。漱，漱口，本文指漱口水。巾，毛巾。栉，音zhì（质），梳篦的总称。

⑧间——《释文》："间，音闲，下同。"

⑨睢睢而盱盱——睢，音suī（虽）。睢睢，仰视貌。盱，音xū（虚）。盱盱，直视貌。《释文》引高诱注："睢盱，视听貌。"陈鼓应："睢，仰目。盱，张目。皆傲视貌。"陈说可从。

⑩辱——杨伯峻《集释》引马其昶："辱借为黩。"黩，音dú（渎），黑。

⑪舍迎将家——杨伯峻："《道藏》各本'舍'下有'者'字，惟《四解》本无'者'字，汪本亦无'者'字，是也。"俞樾："舍与舍者不同。下云'舍昔避席'，又云'舍者与之争席矣'，皆谓同居逆旅者。此云'舍'，则谓逆旅主人也。主逆旅者即谓之舍，犹典市者即谓之市，主农者即谓之田。"迎将，迎接。

⑫炀——音yáng（阳），烤火。

## 【译文】

杨朱向南到沛地，老聃西游到秦地。杨朱抄郊野的小路。至梁地遇到了老子。老子在半路上仰天长叹道："起初我以为你是可以教导的，现在看来不可教导了。"杨朱没吭声。到了旅舍，杨朱给老子送上洗脸水、漱口水、毛巾和梳子，把鞋子脱在门外，跪着走到老子面前，说："刚才您老人家仰天长叹道：'起初我以为你是可以教导的，现在看来不可教导了。'学生想请教您原因，但路上您没有空，所以不敢问。现在您有空了，请问我哪里做错了。"老子说："你神态傲慢，谁还愿意和你相处呢？最洁白的东西好像十分黑暗，最道德的人好像有所不足。"杨朱立刻变得十分恭敬地说："敬听教诲了。"杨朱往沛地去，走到旅舍的时候，主人十分客气地迎接他进房间，老板安排坐席，老板娘拿来毛巾和梳子。旅舍的客人让出了坐席，在灶前烤火的人让出了灶门。当他从沛地回来的时候，旅舍的客人们已不再拘束，同他争抢坐席了。

**【原文】**

杨朱过宋[①]，东之于逆旅[②]。逆旅人有妾二人，其一人美，其一人恶[③]，恶者贵而美者贱。杨子问其故。逆旅小子对曰："其美者自美，吾不知其美也；其恶者自恶，吾不知其恶也。"杨子曰："弟子记之！行贤而去自贤之行[④]，安往而不爱哉？"

**【注释】**

①宋——在今河南东部和山东、江苏、安徽之间。

②东之于逆旅——《庄子·山木》作："阳子之宋，宿于逆旅。"《韩非子·说林上》作："杨子过于宋东之逆旅。"逆旅，旅舍。

③恶——丑陋，与"美"相对。

④自贤之行——王叔岷："《韩非子·说林上篇》'之行'作'之心'，审文意，当从之。"

**【译文】**

杨朱经过宋国，向东到了旅舍。旅舍主人有两个小老婆，其中一人美丽，一人丑陋，丑陋的受尊宠而美丽的受冷落。杨子问这是什么缘故。旅舍的伙计回答说："那美丽的自以为美丽，我并不觉得她美丽；那丑陋的自以为丑陋，我并不觉得她丑陋。"杨子说："弟子们记住！行为善良而能去掉自我炫耀的心念，到哪里会不受人喜欢呢？"

## 【原文】

天下有常胜之道，有不常胜之道[①]。常胜之道曰柔，常不胜之道曰强。二者亦知[②]，而人未之知。故上古之言：强，先不己若者[③]；柔，先出于己者[④]。先不己若者，至于若己，则殆矣。先出于己者，亡所殆矣。以此胜一身若徒[⑤]，以此任天下若徒。谓不胜而自胜，不任而自任也。粥子曰[⑥]："欲刚，必以柔守之；欲强，必以弱保之。积于柔必刚，积于弱必强。观其所积，以知祸福之乡。强胜不若己[⑦]，至于若己者刚[⑧]；柔胜出于已者，其力不可量。"老聃曰："兵强则灭，木强则折。柔弱者生之徒，坚强者死之徒。"

## 【注释】

①不常胜之道——陶鸿庆："'不常胜'当作'常不胜'。下文云'常胜之道柔，常不胜之道强'，承此言。"

②亦知——张湛注："'亦'当作'易'。"《释文》："'亦'本作'易'。"

③先不己若者——先，胜于，胜过。不己若者，力量不如自己的人。

④出于己者——力量大于自己的人。

⑤胜一身若徒——一身，一个人。若徒，好像什么也没有干。张湛注："徒，空默之谓也。"

⑥粥子——亦作鬻子，名熊，周文王师，楚国君主的祖先。

⑦强者不若己——王叔岷："《淮南·原道篇》'不若己'下有'者'字（《文子·道原篇》同），与下文句法一律，当从之。"

⑧至于若己者刚——张湛注："必有折也。"吴闿生："刚，当作戕，故注云'必有折也'。"戕，音qiāng（枪），残害。本文指被残害。

## 【译文】

天下有经常取胜的方法，有经常不能取胜的方法。经常取胜的方法叫做柔弱，经常不能取胜的方法叫做刚强。二者容易明白，但人们却不懂得。所以上古时的话说：刚强可以战胜力量不如自己的人，柔弱可以战胜力量超过自己的人。可以战胜力量不如自己的，一旦碰到力量与自己相当的人，那就危险了。可以战胜力量超过自己的，就没有危险了。以柔弱战胜一个人，会像什么也没有干一样；以柔弱统治天下人，也会像什么也没有干一样。这叫做不想取胜而自然取胜，不想统治而自然统治。鬻子说过："要想刚硬，必须要坚守柔软；要想强大，必须要保持虚弱。柔软积聚多了一定刚硬，虚弱积聚多了一定坚强。看他所积聚的是什么，就可以知道他祸与福的发展方向。刚强能战胜力量不如自己的人，一旦碰到力量与自己相当的人就会受挫折；柔弱能战胜力量超过自己的人，他的力量是不可估量的。"老聃说："刚强的军队会被消灭，刚强的树木会被折断。柔弱的东西属于生存的一类，坚强的东西属于死亡的一类。"

## 【原文】

状不必童而智童[①]，智不必童而状童。圣人取童智而遗童状。众人近童状而疏童智，状与我童者，近而爱之；状与我异者，疏而畏之。有七尺之骸[②]，手足之异，戴发含齿，倚而趣者[③]，谓之人，而人未必无兽心。虽有兽心，以状而见亲矣。傅翼戴角[④]，分牙布爪，仰飞伏走，谓之禽兽，而禽兽未必无人心。虽有人心，以状而见疏矣。庖牺氏[⑤]、女娲氏[⑥]、神农氏[7]、夏后氏[8]，蛇身人面，牛首虎鼻，此有非人之状，而有大圣之德。夏桀[9]、殷纣[10]、鲁桓[11]、楚穆[12]，状貌七窍皆同于人，而有禽兽之心，而众人守一状以求至智，未可几也[13]。黄帝与炎帝战于阪泉之野[14]，帅熊、罴[15]、狼、豹、貙[16]、虎为前驱，鹏[17]、鹖[18]、鹰、鸢[19]为旗帜，此以力使禽兽者也。尧使夔典乐[20]，击石拊石[21]，百兽率舞[22]；箫韶九成[23]，凤皇来仪[24]，此以声致禽兽者也。然则禽兽之心，奚为异人？形音与人异，而不知接之之道焉[25]。圣人无所不知，无所不通，故得引而使之焉。禽兽之智有自然与人童者，其齐欲摄生[26]，亦不假智于人也[27]。牝牡相偶，母子相亲；避平依险，违寒就温；居则有群，行则有列；小者居内，壮者居外；饮则相携，食则鸣群。太古之时，则与人同处，与人并行。帝王之时，始惊骇散乱矣。逮于末世[28]，隐伏逃窜，以避患害。今东方介氏之国，其国人数数解六畜之语者[29]，盖偏知之所得[30]。太古神圣之人，备知万物情态，悉解异类音声。会而聚之，训而受之，同于人民。故先会鬼神魑魅[31]，次达八方人民，末聚禽兽虫蛾[32]，言血气之类心智不殊远也。神圣知其如此，故其所教训者无所遗逸焉。

## 【注释】

①童——张湛注："童当作同。"

②骸——指形骸，形体。

③倚——站立。《广雅·释诂四》："倚，立也。"《易·说卦》；"参天两地而倚数。"虞注："倚，立也。"趣——音qū（趋），通"趋"，快步行走。

④傅——通"附"，附着。

⑤庖牺氏——亦作伏羲、宓羲、包牺、伏戏。传说为中国人的始祖，与女娲氏兄妹相婚而生人类。又传他教民结网，从事渔猎畜牧。据

说八卦也始于他的创作。

⑥女娲氏——娲，音wā（蛙）。女娲氏，传说为中国人的始祖，与伏羲相婚而生人类。其后，他们禁止兄妹通婚。又传她曾用黄土造人，并炼五色石补天，治平洪水，杀死猛兽，使人民得以安居。

⑦神农氏——传说为上古帝王，农业与医药的发明者，用木制农具，教民农业生产，又曾尝百草，教人治病。

⑧夏后氏——传说为上古帝王，夏朝的建立者。原为部落首领，奉舜命治水有功，成为部落联盟领袖。

⑨夏桀——夏朝最后一个帝王，名履癸，荒淫暴虐，被商汤所灭，出奔南方而死。

⑩殷纣——即商纣，商朝的最后一个帝王，名受，又称帝辛，荒淫暴虐，被周武王所灭，自焚而死。因商都在盘庚时迁至殷，故商朝又称殷朝，商纣王又称殷纣王。

⑪鲁桓——春秋时鲁国国君，公元前711年—前694年在位。听信谮言，杀兄自立，又接受宋贿赂的鼎入于周公庙，均为非礼行为。后被齐襄公所杀。

⑫楚穆——春秋时楚国国君，公元前625年—前614年在位。杀父自立，亦属禽兽之行。

⑬几——音（机），希望。

⑭黄帝与炎帝战于阪泉之野——黄帝，传说为古代帝王，姓姬，号轩辕氏、有熊氏。炎帝、传说为上古姜姓部落首领，号烈山氏。炎帝扰乱各部落，黄帝得各部落的拥戴，在阪泉（今河北涿鹿东南）打败炎帝。

⑮罴——音pí（皮），熊的一种。

⑯貙——音chù（初）。《尔雅·释兽》："貙，貍，似狸。"但比狸大。

⑰鹏——王叔岷："《艺文类聚》九十、九一、《初学记》二二、《御览》九一九、《玉海》八三引'鹏'上并有'以'字，当从之。今本挩（脱）'以'字，文意不完。"

⑱鹖——似野鸡。《释文》："一本作鹗。"胡怀琛："作鹗者是也。原文所言皆猛兽、鸷鸟，鹖非鸷鸟，非其伦也。以作鹗为是。"鹗，亦称鱼鹰。

⑲鸢——音yuān（冤），亦称"老鹰"。

⑳夔——音kuí（葵），传为尧、舜时的乐官，一足。

㉑击石拊石——石，指石制的磬。拊，音fǔ（府），击。

㉒率——跟随。

㉓箫韶九成——箫，竹制的管乐器。韶，舜乐名。九成，乐曲一终为一成。九成，犹九章、九阕。箫韶九成，言箫韵之乐，奏九度为一终。

㉔凤皇来仪——谓凤凰飞来跳舞且有容仪，古人以为是祥瑞。

㉕而不知接之之道——《释文》作"而人不知接之之道"，云："一本无人字。"此处指一般人不知接近鸟兽的方法，紧接下来说"圣人无所不知，无所不通，故得引而使之焉"，"人"与"圣人"相对为言，故有"人"字为是。

㉖摄生——保养身体。

㉗假——杨伯峻："'假'或作'暇'，暇、假皆读为下。"

㉘逮于末世——逮，及，等到。末世，衰乱之世。

㉙数数——音shuò shuò，常常。

㉚偏知——异常的智慧。

㉛魑魅——音chī（痴）mèi（妹）：古代传说中山泽的鬼怪。

㉜末聚禽兽虫蛾——张湛注："百兽率舞是也。"

## 【译文】

形状不一定相同而智慧相同，智慧不一定相同而形状相同。圣人选取相同的智慧，而不选取相同的形状。一般人选取相同的形状而不选取相同的智慧。形状与自己相同的，便亲近而喜爱它；形状与自己不同的，便疏远而害怕它。有七尺长的身躯，手与脚不一样，头上长头发，口中生牙齿，能站立并快步行走的，叫做人，而人未必没有禽兽之心。即使有禽兽之心，也以人的形状而得到他人的亲近。身上长翅，头上生角，龇着牙齿，张着脚爪，抬着头飞，低着头跑，叫做禽兽，而禽兽未必没有人心。即使有人心，也以禽兽的形状而被人疏远。庖牺氏、女娲氏、神农氏、夏后氏，或者是蛇身人面，或者是牛头虎鼻，他们有不是人的形状，而有大圣人的道德。夏桀王、殷纣王、鲁桓公、楚穆王，他们的形状面貌与七窍都和人一样，但却有禽兽之心，而人们却坚持以他们有和人一样的形状而希望他们有很高的智慧，这是办不到的。黄帝在阪泉的郊野与炎帝作战时，曾统帅熊、罴、狼、豹、貙、虎为前驱，鹏、鹖、鹰、鸢为旗帜，这是用力量役使禽兽的例子。尧使用夔主管音乐，敲击着磬钟，各种野兽跟着跳舞；箫韶乐曲成了套，凤凰也来朝拜，这是用乐声吸引禽兽的例子。那么禽兽之心，与人有什么不同呢？形状声音与人不同，一般人便不知道与它们交往的方法。圣人没有什么不知道，没有什么不通晓，所以能吸引并能役使它们。禽兽的智慧有生来就与人相同的，它们都想保养身体，智慧也不比人低。雌雄互相匹配，母子互相亲爱；避开平地，依托险峻；逃离寒冷，寻求温暖；居住时结伙成群，出行时依次成列；幼生的住在里面，强壮的住在外面；喝水时互相提携，吃食时一起叫鸣。上古的时候，它们同人类在一起居住，和人类一同出行。到了有帝王的时候，才开始被惊吓而散乱了。等到衰败的乱世，它们更是隐藏逃窜，以避免祸患。现在东方有个介氏之国，这个国家的人常常懂六畜的语言，大概是有异常智慧的缘故。上古的神圣之人，对万物的性质形态全都明白，对异类的语言声音全都了解。把它们会合聚集起来，对它们进行训练教授，和对待人民一样。所以先会合鬼神妖怪，然后通达八方人民，最后聚集禽兽昆虫，说凡是有血有气的动物，它们的头脑智慧相差得并不太远。神圣之人明白这个道理，所以他们教授训练所有的动物没有什么遗漏。

## 【原文】

宋有狙公者[1]，爱狙。养之成群，能解狙之意，狙亦得公之心。损其家口，充狙之欲。俄而匮焉[2]，将限其食。恐众狙之不驯于己也，先诳之曰："与若芧[3]，朝三而暮四，足乎？"众狙皆起而怒。俄而曰："与若芧，朝四而暮三，足乎？"众狙皆伏而喜。物之以能鄙相笼[4]，皆犹此也。圣人以智笼群愚，亦犹狙公之以智笼众狙也。名实不亏，使其喜怒哉！

## 【注释】

①狙公——狙，音jū（居），猕猴。狙公，张湛注："好养猿猴者，因谓之狙公也。"

②匮——缺乏，贫困。

③芧——音xù（序），栎树，本文指栎实，即橡子。

④以能鄙相笼——笼，音lǒng（垅），笼络，欺骗。《释文》云："'能鄙相笼'，一本作'智鄙相笼'。"杨伯峻云："疑作'智'者是，下文'以智笼群愚、众狙'正承此而言。"鄙，吴闿生云："鄙读为否。"

## 【译文】

宋国有个饲养猴子的人，很喜欢猴子。他养了一群猴子，能理解猴子的想法，猴子也懂得他的心意。他还减少家里人的生活费用，以满足猴子的需要。不久家里贫困起来，他打算限制猴子的食物，又怕猴子不听自己的话，便先欺骗它们说："喂你们橡子，早上三个，晚上四个，够吗？"众猴子都跳起来发了怒。过了一会儿，他又说："喂你们橡子，早上四个，晚上三个，够吗？"猴子们听了，都趴在地上十分高兴。动物之间以智慧与否互相笼络欺骗，都像这个样子。圣人用智慧来笼络欺骗那些愚笨的人，也就像养猴人用智慧笼络欺骗那些猴子一样。名义与实际都没有亏损，却能使它们时而高兴，时而发怒啊！

## 【原文】

纪渻子为周宣王养斗鸡①。十日而问："鸡可斗已乎？"曰："未也。方虚骄而恃气②。"十日又问。曰："未也。犹应影向③。"十日又问。曰："未也。犹疾视而盛气④。"十日又问。曰："几矣。鸡虽有鸣者，已无变矣⑤。望之似木鸡矣。其德全矣⑥。异鸡无敢应者，反走耳。"

## 【注释】

①纪渻子——渻，音shěng（省）。一本作"消"。

②虚骄而恃气——张湛注："无实而自矜者。"

③犹应影向——向，《释文》："向音响。"林希逸："闻响而应，见影而动，则是此心犹为外物所动也。"

④疾视而盛气——疾视，怒目而视。盛气，气势旺盛。

⑤已无变矣——张湛注："彼命敌而我不应，忘胜负矣。"

⑥其德全矣——全德，指气专志一的精神状态。《天瑞篇》："其在婴孩，气专志一，和之至也，物不伤焉，德莫加焉。"这里讲的"莫加"的至德，即全德，由下文有"其在老耄"，"虽未及婴孩之全"云云，可知。气志专一，不为外物所动，如婴孩，如木鸡，如槁木死灰，即为全德。

## 【译文】

纪渻子为周宣王饲养斗鸡。周宣王过了十天就问："鸡可以斗了吗？"回答说："不行。还没有真本领，只知依仗骄傲之气。"过了十天又问。回答说："不行。它看到别的鸡的影子、听到别的鸡的声音就想应战。"过了十天又问。回答说："不行。还瞪着眼睛，气势旺盛。”过了十天又问。回答说，“差不多了。即使别的鸡大声鸣叫，它的情绪也不会变动了。看上去像个木头鸡了。它的德已经完整了。别的鸡没有敢应战的，只有转身逃跑罢了。”

## 【原文】

惠盎见宋康王①。康王蹀足謦欬②，疾言曰，“寡人之所说者，勇有力也，不说为仁义者也。客将何以教寡人?”惠盎对曰：“臣有道于此，使人虽勇，刺之不入；虽有力，击之弗中。大王独无意邪?”宋王曰：“善。此寡人之所欲闻也。”惠盎曰：“夫刺之不入，击之不中，此犹辱也。臣有道于此，使人虽有勇，弗敢刺；虽有力，弗敢击。夫弗敢，非无其志也。臣有道于此，使人本无其志也。夫无其志也，未有爱利之心也。臣有道于此，使天下丈夫女子莫不欢然皆欲爱利之。此其贤于勇有力也，四累之上也③。大王独无意邪?”宋王曰：“此寡人之所欲得也。”惠盎对曰：“孔墨是已④。孔丘、墨翟无地而为君，无官而为长，天下丈夫女子莫不延颈举踵而愿安利之⑤。今大王，万乘之主也，诚有其志，则四竟之内⑥，皆得其利矣。其贤于孔墨也远矣。”宋王无以应。惠盎趋而出。宋王谓左右曰：“辩矣，客之以说服寡人也⑦。”

## 【注释】

①惠盎——张湛注：“惠盎，惠施之族。”惠施，战国时宋国人，曾为魏国宰相，善辩，与庄子善。宋康王——《吕氏春秋·顺说篇》高诱注：“康王，宋昭公曾孙，辟公之子，名偃，立十一年，僭号称王。四十五年，大为不道，故曰宋子不足仁义者也。齐湣王伐灭之。”

②蹀足謦欬——蹀，音dié（蝶），顿足。謦欬，音qǐng（请）kài（忾），咳嗽。

③四累——陶鸿庆:“累,层累也,犹言四层之上也。”

④墨——指墨子(约前468—前376年)春秋末思想家,墨家学派的创始人。宋国人,后长期住鲁国。主张“兼爱”、“尚贤”、“尚同”、“明鬼”。

⑤延颈举踵——伸长颈项,踮起脚跟,形容殷切盼望。

⑥竟——通“境”。

⑦说——辩说。

## 【译文】

惠盎拜见宋康王。康王正顿着脚咳嗽着,急急地说:“我所喜欢的是勇敢且有力量的人,不喜欢谈论仁义道德的人。您打算用什么来教导我呢?”惠盎回答说:“我这里有一种道术,能使别人即使勇敢,也刺不进我的身体;即使有力量,也打不中我。难道大王对此没有兴趣吗?”宋康王说:“好!这正是我所想要听到的。”惠盎说:“刺我不进,打我不中,这还是在受侮辱。我这里还有一种道术,能使人虽然勇敢却不敢刺我,虽有力量却不敢打我。不过不敢并不等于不想。我这里还有一种道术,能使人根本就不想打人。不过不想打还没有爱护帮助你的思想。我这里还有一种道术,能使天下的男人女子没有不高高兴兴要爱护帮助你的。这比勇敢、有力量要好得多,是比上述四种道术都好的道术。难道大王对此没有兴趣吗?”宋康王说:“这正是我所想要得到的。”惠盎说:“孔子、墨子就是这样。孔丘、墨翟没有土地却成为君主,没有官职却成为官长,天下的男人女子没有不伸着脖子、踮着脚盼望他们,希望得到安定和帮助的。现在大王是一个拥有万乘兵车的君主,如果真有这样的志向,那么国境之内的百姓,就都会得到好处。那恩惠就会比孔丘、墨翟多得多了。”宋康王无话可说。惠盎快步走了出去。宋康王对身边的人说:“会说话啊,客人竟然这样辩说把我说服了。”

# 周穆王第三

## 【原文】

周穆王时[①]，西极之国有化人来[②]，入水火，贯金石[③]，反山川，移城邑，乘虚不坠，触实不硋[④]，千变万化，不可穷极，既已变物之形，又且易人之虑[⑤]。穆王敬之若神，事之若君，推路寝以居之[⑥]，引三牲以进之[⑦]，选女乐以娱之[⑧]。化人以为王之宫室卑陋而不可处，王之厨馔腥蝼而不可飨[⑨]，王之嫔御膻恶而不可亲[⑩]。穆王乃为之改筑，土木之功，赭垩之色[⑪]，无遗巧焉。五府为虚[⑫]，而台始成。其高千仞，临终南之上[⑬]，号曰中天之台。简郑卫之处子娥媌靡曼者[⑭]，施芳泽，正娥眉[⑮]，设笄珥[⑯]，衣阿锡[⑰]，曳齐纨[⑱]，粉白黛黑[⑲]，佩玉环，杂芷若以满之[⑳]，奏《承云》、《六莹》、《九韶》、《晨露》以乐之[㉑]，月月献玉衣，旦旦荐玉食。化人犹不舍然[㉒]，不得已而临之。居亡几何，谒王同游[㉓]。王执化人之祛[㉔]，腾而上者，中天乃止。暨及化人之宫。化人之宫构以金银，络以珠玉，出云雨之上，而不知下之据[㉕]，望之若屯云焉。耳目所观听，鼻口所纳尝，皆非人间之有。王实以为清都、紫微、钧天、广乐[㉖]，帝之所居。王俯而视之，其宫榭若累块积苏焉[㉗]。王自以居数十年不思其国也。化人复谒王同游。所及之处，仰不见日月，俯不见河海。光影所照，王目眩不能得视；音响所来，王耳乱不能得听。百骸六藏，悸而不凝。意迷精丧，请化人求还。化人移之[㉘]，王若殒虚焉[㉙]。既寤，所坐犹向者之处，侍御犹向者之人。视其前，则酒未清，肴未昲[30]。王问所从来。左右曰："王默存耳[31]。"由此穆王自失者三月而复。更问化人。化人曰："吾与王神游也，形奚动哉？且曩之所居，奚异王之宫？曩之所游，奚异王之圃？王闲恒有[32]，疑蹔亡。变化之极，徐疾之间，可尽模哉[33]？"王大悦。不恤国事[34]，不乐臣妾，肆意远游。命驾八骏之乘，右服骊骝而左绿耳[35]，右骖赤骥而左白䠂[36]。主车则造父为御[37]，离𦿔为右[38]。次车之乘，右服渠黄而左踰轮，左骖盗骊而右山子[39]，柏夭主车，参百为御，奔戎为右[40]。驰驱千里，至于巨蒐氏之国[41]。巨蒐氏乃献白鹄之血以饮王，具牛马之湩以洗王之足[42]，及二乘之人。已饮而行，遂宿于崑崘之阿[43]，赤水之阳[44]。别日升于崑崘之丘，以观黄帝之宫[45]，而封之以诒后世。遂宾于西王母[47]，觞于瑶池之上。西王母为王谣，王和之[48]，其辞哀焉。迺观日之所入[49]，一日行万里。王乃叹曰："於乎[50]！予一人不盈于德而谐于乐[51]，后世其追数吾过乎[52]！"穆王几神人哉[53]？能穷当身之乐，犹百年乃徂[54]，世似为登假焉[55]。

## 【注释】

①周穆王——西周天子。《释文》："周穆王名满，昭王子也。"

②西极之国——最西方之国。化人——张湛注："化幻人也。"

③贯——《释文》："贯音官，穿也。"

④硋——音ài（碍），同"碍"。

⑤易人之虑——张湛注："能使人暂忘其宿所知识。"

⑥路寝——古代君主处理政事的宫室。

⑦三牲——指用于祭祀的牛、羊、猪。

⑧女乐——古代女子乐队，犹歌妓。

⑨厨馔腥蝼——馔，音zhuàn（撰），食物。蝼，指像蝼蛄一样的臭味。蝼蛄，俗称土狗子。朱骏声《说文通训定声》："蝼，《列子·周

穆王》‘王之厨馔腥蝼而不可飨’，谓蝼蛄臭也。”飨——通“享”，享受。

⑩膻——俞樾：“膻当作羶，言臭恶而不可亲也。《广雅·释器》：‘羶，臭也。’”

⑪垩——音è（饿），白色土。

⑫五府——指太府、玉府、内府、外府、膳府。《释文》引《周礼》：“太府掌九贡九职之货贿，玉府掌金玉玩好，内府主良货贿，外府主泉藏，膳府主四时食物者也。”

⑬终南——指终南山，在今陕西省西安市南。

⑭简郑卫之处子娥媌靡曼者——简，通“柬”，选择。处子，处女。媌，音miáo（苗）。张湛注：“娥媌，妖好也。靡曼，柔弱也。”娥媌，美好貌。《方言》第一：“秦晋之间凡好而轻者谓之娥，自关至东、河济之间谓之媌。”

⑮娥眉——娥，吉府本作“娥”，他本作“蛾”。王重民：“娥，正字。蛾，俗字也。《方言》：‘娥，好也。秦晋之间好而轻者谓之娥。’此蛾眉本字。形若蚕娥之说始于颜师古《汉书注》，盖以《诗·卫风·硕人》‘螓首蛾眉’螓蛾相对，既误以螓为蜻蜻，因以蛾为蚕娥；而不知螓当为顉，蛾当为娥也。”娥眉，指长而好的眉毛。

⑯笄珥——音jī（鸡）ěr（耳）。笄，簪子，古代用来插住挽起的头发。珥，女子的珠玉耳饰。

⑰阿锡——锡，通“緆”，细布。阿，胡怀琛：“阿谓齐东阿县，见《李斯传》徐广注。阿锡与齐纨对文，阿确谓东阿。”

⑱曳齐纨——曳，拖。纨，细绢。齐，指齐国。张湛注：“齐，名纨所出也。”

⑲黛黑——黛，青黑色的颜料，古代女子用以画眉。

⑳芷若——香草名。芷，即白芷，也叫辟芷。若，即杜若。

㉑承云、六莹、九韶、晨露——张湛注：“《承云》，黄帝乐。《六莹》，帝喾乐。《九韶》，舜乐。《晨露》，汤乐。”

㉒舍然——舍，通“释”。舍然，即释然，怡悦貌。

㉓谒——请。

㉔祛——音qū（区），衣服的袖口。

㉕而不知下之据——王叔岷："《北山录》一《圣人生篇》引'据'上有'所'字，文意较完，当从之。"

㉖清都、紫微、钧天、广乐——中国古代神话中天帝所居住的地方。

㉗宫榭若累块积苏——宫榭，宫殿。累块，累积起来的土块。积苏，堆积起来的茅草。

㉘移——张湛注："移犹推也。"

㉙殒虚——殒，坠落。虚，虚空。

㉚肴未畘——肴，荤菜。畘，音fèi（费），晒干。

㉛默存——默默地待着。

㉜闲——通"娴"，熟习。

㉝模——指模写，模画，描绘。

㉞恤——忧虑。

㉟服——服马。古代四马驾一车，居中的两匹叫服。騚——古"骅"字。骅骝、绿耳都为骏马名。

㊱骖——音cān（参），一车四马中两旁的两匹马叫骖。㶁——占"義"字。"義"，世德堂本作牺。赤骥、白牺骏马名。

㊲主车——穆王乘坐之车。造父——人名，穆王时的善御者。

㊳髙𧶮右——髙𧶮，即"泰丙"二字，人名。《汉书·文帝纪》颜师古注："乘车之法，尊者居左，御者居中，又有一人处车之右，以备倾侧。"

㊴次车——跟随的车子。渠黄、腧轮、盗骊、山子——均为骏马名。

㊵柏夭主车——柏夭，人名。主车，居车左之人。参百、奔戎——均为人名。

㊶巨蒐氏之国——《释文》："巨蒐，音渠搜，西戎国名。"汪中：

"巨蒐即《禹贡》之渠搜也。"

㊷湩——音dòng（冻），乳汁。

㊸阿——曲隅。

㊹阳——山的南面、水的北面均称阳。

㊺黄帝之宫——《释文》引陆贾《新语》："黄帝巡游四海，登崑崙山，起宫，望于其上。"

㊻封——与"丰"通，扩大、修缮。《说文通训定声》："封，假借为丰。"《广雅·释诂一》："封，大也。"

㊼宾于西王母——成为西王母的宾客。《释文》引《河图玉版》："西王母居崑崙山。"又引《纪年》："穆王十七年西征，见西王母，宾于昭宫。"张湛注："西王母，人类也。虎齿蓬发，戴胜善啸也。出《山海经》。"

㊽谣——张湛注："徒歌曰谣。诗名《白云》。"王和之——张湛注："和，答也。诗名《东归》。"

㊾迺——"乃"的异体字。王重民："'迺'本作'西'，字之误也。'焉'字仍当属上为句。张注引《穆天子传》云'西登弇山'，按郭璞《穆天子传注》曰：弇兹山，日所入也。弇山在瑶池之西，为日所入处，张氏引之正以释西观之义，《御览》三引作'西观日所入处'，文虽小异，'西'字尚不误。吉府本正作'西'。"

㊿於乎——《释文》"於"作"于"，云：於乎音呜呼，又作乎。

(51)谐——张湛注："谐，辨。"

(52)数——音shǔ（暑），列举罪状。

(53)穆王几神人哉——张湛注："言非神也。"吴闿生："几当读为岂，观下文'几虚语哉'可证。"《释文》："几音岂。"

(54)徂——音cú，通"殂"，死亡。

(55)登假——登，上。假，音xiá（霞），当作"遐"，远去。《礼记·曲礼下》："告丧，曰天子登假。"孔颖达疏："登，上也；假，已也。言天子上升已矣，若仙去然也。"登假，犹言升天。后来成为帝王去世的讳称。

## 【译文】

周穆王时，最西方的国家有个能幻化的人来到中国，他能进入水火之中，穿过金属岩石，能翻倒山河，移动城市，悬在空中不会坠落，碰到实物不被阻碍，千变万化，无穷无尽，既能改变事物的形状，又能改变人的思虑。穆王对他像天神一样的尊敬，像国君一样的侍奉，把自己的寝宫让出来让他居住，用祭祀神灵的膳食给他吃喝，选择美丽的女子乐队供他娱乐。可是这个幻化人却认为穆王的宫殿太低太差不可以居住，穆王的膳食又腥又臭不可以享用，穆王的嫔妃又羶又丑不可以亲近。于是穆王便为他另筑宫殿，土木建筑、雕梁画栋，以至于到了不能再巧妙的程度。穆王把府库的钱财全部耗尽，才把楼台建成。楼台高达八千尺，比终南山还要高，称作中天之台，挑选郑国和卫国美丽而苗条的女子，体洒香水，修饰娥眉，戴上首饰耳环，穿上东阿的细布，拖上齐国的绢绸，涂脂抹粉，描眉画唇，佩珠玉，戴手镯，再带上各种香草去充满这座楼台，演奏《承云》、《六莹》、《九韶》、《晨露》等动听的音乐使他快乐，每月送去最美的衣服，每天送上最美的膳食。可是那位幻化人还不高兴，不得已才进去。没住多久，他邀请穆王一同出去游玩。穆王拉着他的衣袖，便腾云而上，到天的中央才停下来。接着便到了幻化人的宫殿。幻化人的宫殿用金银建筑，以珠玉装饰，在白云与雷雨之上，不知道它下面以什么为依托，看上去好像是屯留在白云之中。耳朵听到的，眼睛看到的，鼻子闻到的，口舌尝到的，都是人间所没有的东西。穆王真以为到了清都、紫微、钧天、广乐这些天帝所居住的地方。穆王低下头往地面上看去，见自己的宫殿楼台简直像累起来的土块和堆起来的茅草。穆王自己觉得即使在这里住上几十年也不会想念自己的国家的。幻化人又请穆王一同游玩。所到之处，抬头看不见太阳月亮，低头看不见江河海洋。光影照来，穆王眼花缭乱看不清楚；音响传来，穆王耳鸣声乱听不明白。百骸六脏，全都颤抖而不能平静。意志昏迷，精神丧失，于是请求幻化人带他回去。幻化人推了一把，穆王好像跌落到了虚空之中。醒来以后，还是坐在原来的地方，左右还是原来侍候他的人。看看眼前的东西，那水酒是刚倒出来的，菜肴是刚烧好的。穆王问左右："我刚才是从哪里来的？"左右的人说："大王不过是默默地待了一会儿。"从此穆王精神恍惚了三个月才恢复正常。再问幻化人。幻化人说："我与大王的精神出去游玩罢了，形体何尝移动过呢？而且您在天上居住的宫殿，与大王的宫殿有什么不同呢？您在天上游玩的花园，与大王的花园有什么不同呢？大王习惯了经常看到的东西，对暂时的变化感到怀疑。其实即使是最大的变化，无论是慢一点的变化还是快一点的变化，哪能都如实地描绘出来呢？"穆王十分高兴，从此不过问国家大事，不亲近大臣与嫔妃，毫无顾忌地到遥远的地方去游玩。他下令用天下最好的八种骏马来驾车，右边的服马叫骅骝，左边的服马叫绿耳，右边的骖马叫赤骥，左边的骖马叫白牺。穆王的马车由造父驾驭，泰丙为车右。随从的马车，右边的服马叫渠黄，左边的服马叫踰轮，左边的骖马叫盗骊，右边的骖马叫山子，由柏夭主车，参百驾驭，奔戎为车右。驰驱了一千里，到了巨蒐氏的国家。巨蒐氏于是献上白鹄的血液供穆王饮用，准备牛马的乳汁给穆王洗脚，并供奉所有乘车与驾车的人。吃喝以后继续前进，又歇宿在崑岺山的弯曲处，赤水的北面。第二天便登上了崑岺山巅，观览了黄帝的宫殿，并修缮整新，以传于后世。随后又成西王母的贵宾，在瑶池上宴饮。西王母为穆王朗诵歌谣，穆王也跟着唱和，歌辞都很悲哀。后来又观赏了太阳入山的情景，一天走了一万里。穆王于是叹道："哎呀！我不修养道德而只知道享乐，后世的人恐怕要谴责我的罪过了吧！"穆王难道是神人吗？在一生中享尽了快乐，仍然活了一百岁才死，当时的人们还以为他升天了呢。

**【原文】**

老成子学幻于尹文先生，三年不告。老成子请其过而求退。尹文先生揖而进之于室，屏左右而与之言曰："昔老聃之徂西也[1]，顾而告予日：有生之气，有形之状，尽幻也。造化之所始，阴阳之所变者，谓之生，谓之死。穷数达变，因形移易者，谓之化，谓之幻。造物者其巧妙，其功深，固难穷难终。因形者其巧显，其功浅，故随起随灭。知幻化之不异生死也，始可与学幻矣[2]。吾与汝亦幻也，奚须学哉？"老成子归，用尹文先生之言深思三月，遂能存亡自在，憣校四时[3]，冬起雷，夏造冰，飞者走，走者飞。终身不箸其术，故世莫传焉。子列子曰："善为化者，其道密庸[4]，其功同人[5]。五帝之德[6]，三王之功[7]，未必尽智勇之力，或由化而成，孰测之哉？"

**【注释】**

①徂——音cú，往，到。

②与——以。

③憣校——憣，音fān（翻），变乱。校，音jiǎo（绞），通"绞"。《释文》："顾野王读作翻交四时。"

④密庸——隐秘而平常。

⑤同人——与一般人相同。张湛注："取济世安物而已，故其功潜著而人莫知。"

⑥五帝——传说中的上古帝王。其说不一。（1）黄帝、颛顼、帝喾、唐尧、虞舜。（2）太皞（伏羲）、炎帝（神农）、黄帝、少皞、颛顼。（3）少昊（皞）、颛顼、高辛（帝喾）、唐尧、虞舜。

⑦三王——指夏禹、商汤、周文王。一说指夏禹、商汤、周代的文王和武王。

## 【译文】

老成子向尹文先生学习幻化之术，尹文先生三年都没有告诉他。老成子请问自己错在哪里，并要求退学。尹文先生向他作揖，引他进入室内，叫左右的人离开房间后对他说："过去老聃往西边去，回头告诉我说：一切有生命的气，一切有形状的物，都是虚幻的。创造万物的开始，阴阳之气的变化，叫做生，叫做死。懂得这个规律而顺应这种变化，根据具体情形而推移变易的，叫做化，叫做幻。创造万物的技巧微妙，功夫高深，本来就难以全部了解，难以完全把握。根据具体情形变易的技巧明显，功夫低浅，所以随时发生，又随时消灭。懂得了幻化与生死没有什么不同，才可以学习幻化之术。我和你也在幻化着，为什么一定要再学呢?"老成子回去后，根据尹先生的话深思了三个月，于是能自由自在地时隐时现，又能翻交四季，使冬天打雷，夏天结冰，使飞鸟在地上走，走兽在天上飞。但终生没有把这些法术写成书，因而后世没有传下来。列子先生说："善于幻化的人，他的道术隐秘而平常，他的功绩与一般人相同。五帝的德行，三王的功绩，不一定都是由智慧和勇力而来，也许是由幻化来完成的，谁能推测到呢?"

## 【原文】

觉有八征①，梦有六候②。奚谓八征?一曰故③，二曰为④，三曰得，四曰丧⑤，五曰哀，六曰乐，七曰生，八曰死。此者八征，形所接也⑥。奚谓六候?一曰正梦⑦，二曰蘁梦⑧，三曰思梦⑨，四曰寤梦⑩，五曰喜梦，六曰惧梦，此六者，神所交也⑪。不识感变之所起者，事至则惑其所由然；识感变之所起者，事至则知其所由然。知其所由然，则无所怛⑫。一体之盈虚消息，皆通于天地，应于物类。故阴气壮，则梦涉大水而恐惧⑬；阳气壮，则梦涉大火而燔焫⑭；阴阳俱壮，则梦生杀⑮。

甚饱则梦与，甚饥则梦取。是以以浮虚为疾者，则梦扬；以沈实为疾者，则梦溺。藉带而寝则梦蛇[16]，飞鸟衔发则梦飞。将阴梦火，将疾梦食。饮酒者忧，歌儛者哭。子列子曰："神遇为梦，形接为事。故昼想夜梦，神形所遇。故神凝者想梦自消。信觉不语，信梦不达，物化之往来者也。古之真人，其觉自忘，其寝不梦，几虚语哉[17]？"

## 【注释】

①征——征兆，某种迹象所显示的原因与未来。

②候——占验，依据某种迹象预测其原因与未来。

③故——指过去的事情。

④为——指现在的事情。

⑤丧——失，丧失，损失。

⑥此者八征，形所接也——俞樾："当作'此八者，形所接也'，与下文'此六者，神所交也'相对。"王叔岷："疑本作'此八征者，形所接也'，与下文'此六候者，神所交也'相对。今本下文'六'下既挩'候'字，此文，亦错乱不可读矣。"

⑦正梦——张湛注："平居自梦。"

⑧蘁梦——张湛注："《周官》注云："蘁当为惊愕之愕，谓惊愕而梦。"

⑨思梦——张湛注："因思念而梦。"

⑩寤梦——张湛注："觉时道之而梦。"

⑪此六者，神所交也——王叔岷："宋徽宗《义解》：'故曰，此六候者，神所交也。'是所见本'六'下有'候'字，与上文'此八征者，形所接也'相对。当据补。"

⑫怛——音dá（达），畏惧。

⑬阴气壮，梦涉大水而恐惧——古代阴阳理论认为水为阴，火为阳，故对梦的原因有此种解释。

⑭燔焫——燔，焚烧。焫，音ruò，烧。

⑮阴阳俱壮，则梦生杀——张湛注："阴阳，以和为用者也。抗则自相利害，故或生或杀也。"

⑯藉——以物衬垫。

⑰几——读为岂。《释文》："几音岂。"

## 【译文】

醒有八种征兆，梦有六种原因。什么是八种征兆？一是在重复过去的事情，二是在做新的事情，三是有所收获，四是有所丧失，五是有所悲哀，六是有所喜悦，七是即将新生，八是即将死亡。这八种征兆，都是形体所接触的事情。什么是六种原因？一是平时自然而然的梦，二是因惊愕而致梦，三是因思虑而致梦，四是因醒悟而致梦，五是因高兴而致梦，六是因畏惧而致梦。这六种原因，都是精神所交接的事情。不懂得神感事变所引起的原因的人，事情发生了还不知道是什么回事；懂得神感事变所引起的原因的人，事情一发生便明白是怎么回事。明白是怎么回事，便无所畏惧。一个人体魄的充实、空虚、亏损、增强，都与天地相通，与外物相应。所以阴气过于旺盛，就会梦见过大河而恐惧；阳气过于旺盛，就会梦见过大火而被烧灼；阴阳二气都过于旺盛，就会梦见生死残杀。吃得太饱会梦见给别人财物，没有吃饱会梦见夺取别人财物。所以以元气浮虚为病症的，就会梦见身体飞扬；以元气沉实为病症的就会梦见身体被淹埋。枕着带子睡觉会梦见蛇，飞鸟衔住头发会梦见飞升。天气将阴会梦见大火，身体将病会梦见吃饭。喝了酒以后会在梦中忧愁，唱歌跳舞以后会在梦中哭泣。列子说："精神与事物相遇便成为梦，形体与事物接触便成为事。所以白天思虑与夜间做梦，都是精神与形体遇到某些事物的缘故。因此精神凝结在一点上的人，白天不会思虑，夜间也不会做梦。真正清醒的人不用语言，真在做梦的人并不通达，只是随着事物的变化而变化往来。古代的真人，醒着的时候连自己也忘记了，睡眠的时候不会做梦，难道是虚假的话吗？”

## 【原文】

西极之南隅有国焉，不知境界之所接，名古莽之国。阴阳之气所不交，故寒暑亡辨[①]；日月之光所不照，故昼夜亡辨。其民不食不衣而多眠。五旬一觉，以梦中所为者实，觉之所见者妄。四海之齐谓中央之国[②]，跨河南北[③]，越岱东西[④]，万有余里。其阴阳之审度[⑤]，故一寒一暑；昏明之分察[⑥]，故一昼一夜。其民有智有愚。万物滋殖，才艺多方。有君臣相临，礼法相持，其所云为不可称计。一觉一寐，以为觉之所为者实，梦之所见者妄。东极之北隅有国曰阜落之国。其土气常燠[⑦]，日月余光之照。其土不生嘉苗，其民食草根木实，不知火食，性刚悍，强弱相藉[⑧]，贵胜而不尚义，多驰步，少休息，常觉而不眠。

## 【注释】

①亡辨——亡，无。辨，分别。

②齐——按周克昌说，齐通脐，引申为中央、中心之义。

③河——黄河。

④岱——泰山的别名。

⑤审度——俞樾：“‘审度’二字传写误倒，本作‘阴阳之度审’。下句云‘其昏明之分察，故一昼一夜’，度与分对，审与察对，以是明之。”度，程度，本文指阴阳二气的比例。审，明悉。

⑥分察——分，音fèn（份），职分。察，明显。

⑦燠——音yù（郁），暖。观下文“日月余光之照”，当指太阳光

线很弱的寒冷地区，故“燠”字恐有误，当为“寒”字之误。

⑧藉——践踏。欺凌。

## 【译文】

最西方的南角有个国家，不知道与哪些国家接壤，名叫古莽之国。阴气和阳气不相交接，因而冬天与夏天没有分别；太阳与月亮的光芒照耀不到，因而白天与黑夜没有分别。那里的百姓不吃饭、不穿衣，睡眠很多。五十天一醒，以梦中的所作所为为真实，以醒时的所见所闻为虚妄。四海的中央叫中国，横跨大河南北，超越岱岳东西，有一万余里见方。这里的阴阳二气的比例分明，因而一个时期寒冷，一个时期炎热；昏暗与明亮的职分明确，因而一段时间是白天，一段时间是黑夜。这里的百姓有的聪明，有的愚昧。万物滋养繁殖，才艺多种多样。有君主与臣民的互相扶助，用礼仪与法律来共同维持，他们的言论与作为不可以数字统计。一段时间醒着，一段时间睡着，认为醒时的所作所为为真实，以梦中的所见所闻为虚妄。最东方的北角有个国家叫阜落之国。那里的土地之气非常寒冷，只能照到一点太阳与月亮的余光。那里的土地不长庄稼，老百姓只能吃草根与树木的果实，并且不知道用火烧了以后再吃，性情刚强凶悍，强大的欺凌弱小的，崇尚胜利而不崇尚礼仪，跑步与走路的时间多，休息的时间少，经常醒着而不睡眠。

## 【原文】

周之尹氏大治产，其下趣役者侵晨昏而弗息[①]。有老役夫筋力竭矣，而使之弥勤，昼则呻呼而即事，夜则昏惫而熟寐。精神荒散，昔昔梦为国君[②]，居人民之上，总一国之事，游燕宫观[③]，恣意所欲，其乐无比。觉则复役。人有慰喻其勤者，役夫曰：“人生百年，昼夜各分[④]。吾昼为仆虏，苦则苦矣，夜为人君，其乐无比，何所怨哉?”尹氏心营世事，虑钟家业[⑤]，心形俱疲，夜亦昏惫而寐，昔昔梦为人仆，趋走作役，无不为也，数骂杖挞，无不至也。眠中啽呓呻呼[⑥]，彻旦息焉。尹氏病之，以访其友。友曰：“若位足荣身，资财有余，胜人远矣。夜梦为仆，苦逸之复，数之常也。若欲觉梦兼之，岂可得邪?”尹氏闻其友言，宽其役夫之程，减已思虑之事，疾并少间[⑦]。

## 【注释】

①趣——行动。趣役，服役。

②昔昔——昔，通“夕”。昔昔，夜夜。

③燕——通“宴”，宴饮。

④分——张湛注：“分，半也。”

⑤钟——专注。

⑥啽呓——音 án yì，说梦话。

⑦少间——《释文》：“少间，病差也。”

## 【译文】

周朝有个姓尹的人大力添置家产，在他手下服役的人从清晨到黄昏都不得休息。有个老役夫的筋力已经消耗干净了，仍然不停地被使唤，白天呻吟呼喊着干活，黑夜昏沉疲惫地熟睡。由于精神恍惚散漫，每天夜里都梦见自己当了国君，地位在百姓之上，总揽一国大事，在宫殿花园中游玩饮宴，想干什么就干什么，快乐无比。醒来后继续服役。有人安慰他过于勤苦，老役夫说：“人一生活一百年，白天与黑夜各有一半。我白天做奴仆，苦是苦了，但黑夜做国君，则快乐无比。有什么可怨恨的呢?”姓尹的一心经营世间俗事，思虑集中在家业上，心灵与形体都很疲劳，黑夜也昏沉疲惫而睡，每天夜里梦见自己当了奴仆，奔走服役，什么活都干，挨骂挨打，什么罪都受。睡眠中呻吟呼喊，一直到天亮才停止。姓尹的以此为苦，便去询问他的朋友。朋友说："你的地位足以使你荣耀，你的财产用也用不完，超过别人很多很多了。黑夜梦见做了奴仆，这一苦一乐的循环往复，是一般的自然规律。你想在醒时与梦中都很快乐，怎么能得到呢？"姓尹的听了他朋友的话，便放宽了役夫所做的工程的期限，减少了自己苦心思虑的事情，他和役夫的苦也就都减轻了。

## 【原文】

郑人有薪于野者①，遇骇鹿，御而击之②，毙之。恐人见之也，遽而藏诸隍中③，覆之以蕉④，不胜其喜。俄而遗其所藏之处，遂以为梦焉，顺涂而咏其事。傍人有闻者，用其言而取之。既归，告其室人曰："向薪者梦得鹿而不知其处，吾今得之，彼直真梦矣。"室人曰："若将是梦见薪者之得鹿邪？讵有薪者邪⑤？今真得鹿，是若之梦真邪？"夫曰："吾据得鹿，何用知彼梦我梦邪？"薪者之归，不厌失鹿⑥。其夜真梦藏之之处，又梦得之之主。爽旦⑦，案所梦而寻得之。遂讼而争之，归之士师⑧。士师曰："若初真得鹿，妄谓之梦；真梦得鹿，妄谓之实。彼真取若鹿，而若与争鹿⑨。室人又谓梦仞人鹿⑩，无人得鹿。今据有此鹿，请二分之。"以闻郑君。郑君曰："嘻！士师将复梦分人鹿乎？"访之国相。国相曰："梦与不梦，臣所不能辨也。欲辨觉梦，唯黄帝、孔丘⑪。今亡黄帝、孔丘，孰辨之哉？且恂士师之言可也⑫。"

## 【注释】

①薪——砍柴。

②御——张湛注："御，迎。"

③遽——急促。隍——《释文》:“隍音黄,无水池也。”

④蕉——《集释》引黄生:“蕉、樵,古字通用。取薪曰樵,谓覆之以薪也。《庄子·人世间》‘死者以国量乎泽若蕉’,字与此同,谓死人骨如积薪也。”

⑤讵——音jù(巨),岂,难道。

⑥厌——音yān(烟),通恹,安貌。

⑦爽旦——爽,明。爽旦,天亮。

⑧士师——官名,掌管禁令、狱讼、刑罚。古代为法官之通称。

⑨而与若争鹿——陶鸿庆:“‘而与若争鹿’,当作‘而若与争鹿’。此云争鹿,指失鹿者言;下云今据有此鹿,指取鹿者言,故请二分之也。”此说可供参考。

⑩仞——通“认”。

⑪欲辨觉梦,唯黄帝孔丘——俞正燮:“《史记正义》引《帝王世纪》云:‘黄帝梦大风吹天下尘垢皆去,又梦人执千钧之弩驱羊万群。帝寤而叹曰:风为号令,执政者也;垢去土,后在也。天下岂有姓风名后者哉?夫千钧之弩,异力者也;驱羊万群,能牧民为善者也。天下岂有姓力名牧者哉?于是依二占而求之,得风后于海隅,登以为相;得力牧于大泽,进以为将。黄帝因著《占梦经》十一卷。’其圆梦之法径情直遂而竟得之,可谓象罔得珠矣。《灵枢》有《淫邪发梦篇》。《占梦经》,《艺文志》有之,曰:《黄帝长柳占梦》。孔子两楹之梦见《檀弓》。辨梦言黄帝、孔丘,此其义也。”

⑫恂——相信。《释文》:“恂音荀,信也。”

## 【译文】

郑国有个人在野外砍柴,碰到一只受了惊的鹿,便迎上去把它打死了。他怕别人看见,便急急忙忙把鹿藏在没有水的池塘里,并用砍下的柴覆盖好,高兴得不得了。过了一会儿,他忘了藏鹿的地方,便以为刚才是做了个梦,一路上念叨这件事。路旁有个人听说此事，便按照他的话把鹿取走了。回去以后，告诉妻子说："刚才有个砍柴人梦见得到了鹿而不知道在什么地方，我现在得到了，他做的梦简直和真的一样。"妻子说："是不是你梦见砍柴人得到了鹿呢？难道真有那个砍柴人吗？现在你真的得到了鹿，是你的梦成了真吗？"丈夫说，"我真的得到了鹿，哪里用得着搞清楚是他做梦还是我做梦呢？"砍柴人回去后，不甘心丢失了鹿。夜里真的梦到了藏鹿的地方，并且梦见了得到鹿的人。天一亮，他就按照梦中的线索找到了取鹿的人的家里。于是两人为争这只鹿而吵起来，告到了法官那里。法官说："你最初真的得到了鹿，却胡说是梦；明明是在梦中得到了鹿，又胡说是真实的。他是真的取走了你的鹿，你要和他争这只鹿。他妻子又说他是在梦中认为鹿是别人的并没有什么人得到过这只鹿。现在只有这只鹿，请你们平分了吧！"这事被郑国的国君知道了。国君说："唉！这法官也是在梦中让他们分鹿的吧？"为此他询问宰相。宰相说："是梦不是梦，这是我无法分辨的事情。如果要分辨是醒还是梦，只有黄帝和孔丘才行。现在没有黄帝与孔丘，谁还能分辨呢？姑且听信法官的裁决算了。"

## 【原文】

宋阳里华子中年病忘，朝取而夕忘，夕与而朝忘；在涂则忘行，在室则忘坐；今不识先，后不识今[①]。阖室毒之[②]。谒史而卜之，弗占[③]；谒巫而祷之，弗禁；谒医而攻之，弗已。鲁有儒生自媒能治之，华子之妻子以居产之半请其方[④]。儒生曰："此固非卦兆之所占，非祈请之所祷，非药石之所攻。吾试化其心，变其虑，庶几其瘳乎！"于是试露之，而求衣；饥之，而求食；幽之，而求明。儒生欣然告其子曰："疾可已也。然吾之方密，传世不以告人。试屏左右[⑤]，独与居室七日。"从之。莫知其所施为也，而积年之疾一朝都除。华子既悟，乃大怒，黜妻罚子，操戈逐儒生[6]。宋人执而问其以。华子曰："曩吾忘也，荡荡然不觉天地之有无。今顿识既往，数十年来存亡、得失、哀乐、好恶，扰扰万绪起矣。吾恐将来之存忘、得失、哀乐、好恶之乱吾心如此也，须臾之忘，可复得乎？"子贡闻而怪之，以告孔子。孔子曰："此非汝所及乎！"顾谓颜回纪[7]之。

## 【注释】

①今不识先，后不识今——王重民："'今不识先，后不识今'二句有误。《御览》七三八引作'不识先后，不识今古'，近是。"

②阖室毒之——阖，全。毒，《释文》："毒，苦也。"

③占——验。杨伯峻："《荀子·赋篇》'请占以五泰'，杨倞注：'占，验也。'"

④居——陶鸿庆："居犹蓄也，谓其素所蓄积也。《天瑞篇》'没其先居之财'，义与此同。"

⑤屏——音bǐng（饼），退避。

⑥戈——古代主要兵器。横刃，装有木柄长柄。

⑦纪——通"记"，记载。

## 【译文】

宋国阳里的华子中年时得了健忘症，早晨拿的东西到晚上就忘了，晚上放下的东西到早晨就忘了；在路上忘记走路，在家里忘记坐下；不知道先后，不知道今古。全家都为他苦恼。请史官来占卜，不能灵验；请巫师来祈祷，没有效果；请医生来诊治，也不见好转。鲁国有个儒生自我推荐说能治好他的病，华子的妻子和儿女以家产的一半作为报酬，请他开药方。儒生说："这种病本来就不是算卦龟卜所能占验，不是祈祷请求所能生效，不是药物针灸所能诊治的。我试试变化他的心灵，改换他的思虑，也许能够治好。"于是试着脱掉他的衣服，他便去寻找衣服；不给他吃饭，他便去寻找食物；把他关在黑暗处，他便去寻找光明。儒生高兴地告诉他的儿子说："病可以治好了。但我的方法秘密，只传子孙不告诉旁人。请其他人回避一下，让我单独和他在室内待七天。"大家按他的要求办了。没有人知道儒生干了些什么，而华子多年积累起来的病突然全都除去了。华子清醒以后，便大发雷霆，废黜妻子，惩罚儿子，并拿起戈矛驱逐儒生。宋国人把他捉住并问他为什么这样做。华子说："过去我健忘，脑子里空空荡荡不知道天地是有还是无。现在突然明白了过去的一切，数十年来的存亡、得失、哀乐、好恶，千头万绪纷纷扰扰全都出现了。我害怕将来的存亡、得失、哀乐、好恶还像这样扰乱我的心，再求片刻的淡忘，还能得到吗？"子贡听说后感到奇怪，把这事告诉了孔子。孔子说："这不是你所能懂得的啊！"回头叫颜回把此事记录下来。

## 【原文】

秦人逢氏有子①，少而惠②，及壮而有迷惘之疾。闻歌以为哭，视白以为黑，飨香以为朽③，尝甘以为苦，行非以为是。意之所之，天地、四方、水火、寒暑，无不倒错者焉。杨氏告其父曰："鲁之君子多术艺，将能已乎！汝奚不访焉？"其父之鲁，过陈，遇老聃，因告其子之证④。老聃曰："汝庸知汝子之迷乎？今天下之人皆惑于是非，昏于利害，同疾者多，固莫有觉者。且一身之迷不足倾一家，一家之迷不足倾一乡，一乡之迷不足倾一国，一国之迷不足倾天下。天下尽迷，孰倾之哉⑤？向使天下之人其心尽如汝子，汝则反迷矣，哀乐、声色、臭味⑥、是非，孰能正之？且吾之此言未必非迷，而况鲁之君子迷之邮者⑦，焉能解人之迷哉？荣汝之粮⑧，不若遄归也⑨。"

## 【注释】

①逄——音páng（旁），“逄”的本字，姓。

②惠——通“慧”，聪明。

③飨——食用。朽——犹臭。

④证——通“症”，病。

⑤倾——王重民：‘倾’字与上文不相应，盖‘正’字之误。此老聃与逄氏之言，谓汝子迷惘之病非病也，今天下之人皆惑于是非，昏于利害，乃真病耳。特以同病者多，反觉不病。若天下尽如汝子之迷，尚孰求而正之哉？”《御览》四百九十引正作‘正’，可证。”

⑥臭味——臭，音xiù（秀）。臭味，气味。

⑦邮——通“尤”，最。

⑧荣——通“羸”，负担。

⑨遄——音chuán（传），迅速。

## 【译文】

秦国的逄氏有个小孩，小时候很聪明，长大以后却得了迷糊的病症。听到唱歌以为是哭泣，看到白色以为是黑色，闻到香气以为是臭气，尝到甜味以为是苦味，做错了事却以为是正确。意识所到的地方，无论是天地、四方、水火、寒暑，没有不颠倒错乱的。一个姓杨的告诉这个孩子的父亲说：“鲁国的君子多才多艺，可能能治好吧！你为么不去拜访呢？”孩子的父亲去了鲁国，当路过陈国时，碰到了老聃，便告诉他儿子的病症。老聃说，“你的愚昧哪里能知道你儿子的迷糊？现在天下的人对什么为是、什么为非搞不清楚，对什么是利、什么是害糊里糊涂，害这种病的人很多，本来就没有清醒的人。而且一个人迷糊并不能使一家倾覆，一家人迷糊并不能使一乡倾覆，一乡人迷糊并不能使一国倾覆，一国人迷糊并不能使天下倾覆。天下人都迷糊，谁能纠正呢？如果使天下人的心都像你儿子的话，那么你就反而是迷糊的人了，那哀乐、声色、气味、是非，又有谁能纠正呢？我这些话未必不是迷糊的表现，更何况鲁国的君子们都是迷糊得最厉害的人，又怎么能解开别人的迷糊呢？不如担着你的粮食，赶快回去吧！”

## 【原文】

燕人生于燕，长于楚，及老而还本国。过晋国，同行者诳之，指城曰：“此燕国之城。”其人愀然变容[①]。指社曰：“此若里之社[②]。”乃喟然而叹。指舍曰：“此若先人之庐。”乃涓然而泣[③]。指垅曰[④]：“此若先人之冢。”其人哭不自禁。同行者哑然大笑，曰：“予昔绐若[⑤]，此晋国耳。”其人大惭。及至燕，真见燕国之城社，真见先人之庐冢，悲心更微。

## 【注释】

①愀然——凄惨貌。

②社——土地庙。

③涓然——细水慢流貌。

④垅——同“垄”，坟墓。

⑤绐——音dài（怠），欺骗。

## 【译文】

燕国有个人出生在燕国，生长在楚国，到老年才回本国去。路过晋国时，同行的人欺骗他，指着城墙说：“这是燕国的城墙。”那人凄怆地改变了面容。同行的人指着土地庙说：“这是你那个地方的土地庙。”那人长叹了一声。同行的人指着房屋说：“这是你的先人的房屋。”那人流着眼泪哭了起来。同行的人指着坟墓说：“这是你先人的墓地。”那人禁不住大哭起来。同行的人失声大笑说："我刚才是在欺骗你，这是晋国啊！"那人大为惭愧。等到了燕国，真的见到了燕国的城墙和土地庙，真的见到先人的房屋和墓地时，悲伤的心情便少了。

# 仲尼第四

## 【原文】

仲尼闲居，子贡入侍，而有忧色。子贡不敢问，出告颜回。颜回援琴而歌。孔子闻之，果召回入，问曰："若奚独乐?"回曰："夫子奚独忧?"孔子曰："先言尔志。"曰："吾昔闻之夫子曰：'乐天知命故不忧。'回所以乐也。"孔子愀然有间，曰："有是言哉？汝之意失矣。此吾昔日之言尔，请以今言为正也。汝徒知乐天知命之无忧，未知乐天知命有忧之大也。今告若其实：修一身，任穷达，知去来之非我，亡变乱于心虑[①]，尔之所谓乐天知命之无忧也。曩吾修《诗》、《书》，正《礼》、《乐》，将以治天下，遗来世，非但修一身、治鲁国而已。而鲁之君臣日失其序，仁义益衰，情性益薄。此道不行一国与当年，其如天下与来世矣[②]？吾始知《诗》、《书》、《礼》、《乐》无救于治乱，而未知所以革之之方。此乐天知命者之所忧[③]。虽然，吾得之矣。夫乐而知者，非古人之所谓乐知也[④]。无乐无知，是真乐真知，故无所不乐，无所不知，无所不忧，无所不为。《诗》、《书》、《礼》、《乐》，何弃之有？革之何为?"颜回北面拜手曰[⑤]："回亦得之矣。"出告子贡。子贡茫然自失，归家淫思七日[⑥]，不寝不食，以至骨立[⑦]。颜回重往喻之，乃反丘门，弦歌诵书，终身不辍。

## 【注释】

①亡——《集释》：'亡'本作'止'，今从《藏》本、世德堂本、

秦本正。”

②矣——杨伯峻：“于省吾《易经新证》以为‘矣’即《诗·召南·采蘩》‘于以采蘩’之‘以’，何也。”

③此乐天知命者之所忧——杨伯峻：“《御览》四六八引‘此乐天知命者之所忧’下有‘也’字。”

④所谓——《集释》：“‘所谓’二字，各本皆倒作‘谓所’，今从吉府本正。”

⑤拜——王念孙：“拜乃秆之伪。”拜，今“拱”字。杨伯峻：“秆拜形相近而误也。”

⑥淫——深。

⑦骨立——形容人消瘦到了极点。

## 【译文】

孔子在家中闲坐着，子贡进来侍候，见他面带愁容。子贡不敢询问，出来告诉颜回。颜回便一面弹琴一面唱歌。孔子听到了琴声，果然把颜回叫了进去，问道：“你为什么独自快乐？”颜回说：“老师为什么独自忧愁？”孔子说：“先说说你的想法。”颜回说：“我过去听老师说：‘乐于顺应自然、懂得命运规律，所以就没有忧愁。’这就是我快乐的原因。”孔子的脸色变得凄然，然后说：“有这话吗？你把意思领会错了。这是我过去的话，请以今天的话为准。你只知道乐于顺应自然、懂得命运而没有忧愁的一面，却不知道乐于顺应自然、懂得命运有很多忧愁的另一面。现在告诉你关于这个问题的正确看法：修养自身，听任命运的穷困与富贵，懂得生死都不由我自己，因而心虑不会被外界改变和扰乱，这就是你所说的乐于顺应自然、懂得命运而没有忧愁的一面。过去我整理《诗经》、《尚书》，订正礼制与乐律，准备以此治理天下，流传后世，并不是只修养自身、治理鲁国就满足了。而鲁国的国君和大臣一天比一天丧失秩序，仁义道德一天天衰败，人情善性一天天刻薄。

这个学说在一个国家的今天还行不通，又能对整个天下与后世怎样呢？我这才知道《诗经》、《尚书》、礼制乐律对于治理乱世没有什么作用，但却不知道改革它的方法。这就是乐于顺应自然、懂得命运的人所忧愁的事情。虽然如此，但我还是明白了一些。我们所说的乐于顺应自然、懂得命运，并不是古人所说的乐于顺应自然、懂得命运。没有乐，没有知，才是真正的乐，真正的知，所以没有不快乐的事，没有不知道的事，没有不忧愁的事，没有不能做的事。《诗经》、《尚书》、礼制乐律，又丧失了什么呢？又为什么要改革它呢？”颜回面向北拱手作揖说：“我也明白了。”他出来告诉了子贡。子贡莫名其妙，回家深思了七天，不睡不吃，以至骨瘦如柴。颜回又去开导他，然后才回到孔子门下，弹琴唱歌，诵读诗书，一生也没停止过。

**【原文】**

陈大夫聘鲁[①]，私见叔孙氏[②]。叔孙氏曰：“吾国有圣人。”曰：“非孔丘邪？”曰：“是也。”何以知其圣乎？”叔孙氏曰：“吾常闻之颜回曰：‘孔丘能废心而用形。’”陈大夫曰：“吾国亦有圣人，子弗知乎？”曰：“圣人孰谓？”曰：“老聃之弟子有亢仓子者[③]，得聃之道，能以耳视而目听。”鲁侯闻之大惊，使上卿厚礼而致之。亢仓子应聘而至。鲁侯卑辞请问之。亢仓子曰：“传子者妄。我能视听不用耳目，不能易耳目之用。”鲁侯曰：“此增异矣。其道奈何？寡人终愿闻之。”亢仓子曰：“我体合于心，心合于气，气合于神，神合于无。其有介然之有，唯然之音，虽远在八荒之外，近在眉睫之内，来干我者，我必知之。乃不知是我七孔四支之所觉，心腹六藏之所知，其自知而已矣。”鲁侯大悦。他日以告仲尼，仲尼笑而不答。

## 【注释】

①大夫——周代的等级，国君以下有卿、大夫、士三级，大夫食一县的贡赋，在设置县令之前，也为一县的行政长官。聘——古代国与国之间派使者访问，称为聘。

②叔孙氏——当时掌握鲁国政权的三家贵族之一。另两家是孟孙氏、季孙氏。他们都是鲁桓公之子仲庆父的后代，故称“三桓”。

③亢仓子——《释文》：“亢仓音庚桑，名楚，《史记》作亢仓子。”贾逵《姓氏英览》：“吴郡有庚桑姓，称为士族。”

## 【译文】

陈国的一名大夫被派到鲁国去访问，以私人身份会见了叔孙氏。”叔孙氏：“我国有一位圣人。”陈国大夫问：“不就是孔丘吗？”叔孙氏说：“是的。”陈国大夫问：“怎么知道他是圣人呢？”叔孙氏说：“我经常听颜回说：‘孔丘能放弃心灵而只用形体。”陈国大夫说：“我国也有一位圣人，您不知道吗？”叔孙氏问：“圣人是谁？”陈国大夫说：“老聃的弟子中有个叫亢仓子的人，学到了老聃的道术，能用耳朵看东西，用眼睛听声音。”鲁侯听到此事大为惊异，派大官用丰厚的礼物去请他。亢仓子应邀来到鲁国。鲁侯谦虚地向他请教。亢仓子说：“传说的话不真实。我能不用耳朵听，不用眼睛看，但并不能改变耳目的作用。”鲁侯说：“这就更奇怪了。那么你的道术是什么样的呢？我很想听听。”亢仓子说：“我的形体与心相合，心与气相合，气与神相合，神与无相合，如果有极隐微的东西，极弱小的声音，即使远在八方荒远之地以外，或近在眉睫以内，来干扰我的，我一定都能知道。我也不晓得是我的七窍四肢所感觉到的，还是心腹六脏所知道的，它自然而然就知道罢了。”鲁侯十分高兴。过了些天把这事告诉了仲尼，仲尼笑了笑，没有回答。

## 【原文】

商太宰见孔子曰[①]："丘圣者欤[②]？"孔子曰："圣则丘何敢，然则丘博学多识者也。"商太宰曰："三王圣者欤？"孔子曰："三王善任智勇者，圣则丘弗知[③]。曰："五帝圣者欤？"孔子曰："五帝善任仁义者，圣则丘弗知。"曰："三皇圣者欤？"孔子曰："三皇善任因时者[④]，圣则丘弗知。"商太宰大骇，曰："然则孰者为圣？"孔子动容有间，曰："西方之人有圣者焉，不治而不乱，不言而自信，不化而自行，荡荡乎民无能名焉[⑤]。丘疑其为圣，弗知真为圣欤？真不圣欤？"商太宰嘿然心计曰[⑥]："孔丘欺我哉！"

## 【注释】

①商太宰——商，即周代的宋国。周公平定武庚叛乱后，把商的旧都周围地区分封给微子，建都商丘，是为宋国。因是商后，故又称商。前 286 年为齐所灭。太宰，官名，掌天子或诸侯内外事务，或在君主左右赞画君命者。

②欤——音 yú（于），此处表疑问语气。

③弗——《集释》："'弗'各本作'不'，今从《道藏》白文本、林希逸本。"

④三皇——传说中的远古帝王。有多种说法，《史记·补三皇本纪》引《河图》、《三王历》说，为天皇、地皇、人皇。任——王重民："'善任因时'义不可通。盖本作'三皇善因时者'，'任'字因上文'三王善任智勇''五帝善任仁义'诸'任'字而衍。智勇、仁义可言任，因时则不必言任矣。《类聚》三十、《御览》四百零一引并无'任'字。"

⑤名——此处用作动词，称誉的意思。

⑥嘿——音 mò（墨），同"默"。

## 【译文】

宋国的太宰去见孔子，问："你是圣人吗？"孔子说："我哪敢当圣人，我不过是学问广博知识丰富就是了。"宋国太宰问："三王是圣人吗？"孔子说："三王是善于使用智力和勇力的人，是不是圣人，那我不知道。"又问："五帝是圣人吗？"孔子说："五帝是善于推行仁义道德的人，是不是圣人，那我也不知道。"又问："三皇是圣人吗？"孔子说："三皇是善于顺应时势的人，是不是圣人，那我不知道。"宋国太宰大为惊骇，说："那么谁是圣人呢？"孔子的脸色一时有些变化，然后说："西方的人中有一位圣人，不治理国家而国家不乱，不说话而使人自然信服，不教化而政令自然实行，伟大而宽广啊，百姓不知怎么称赞他才好。我怀疑他是圣人，不知道真的是圣人呢？真的不是圣人呢？"宋国太宰默默地在心中计议说："孔子在欺哄我啊！"

## 【原文】

子夏问孔子曰[①]："颜回之为人奚若[②]？"子曰："回之仁贤于丘也。"曰："子贡之为人奚若[③]？"子曰："赐之辩贤于丘也。"曰："子路之为人奚若[④]？"子曰："由之勇贤于丘也。"曰："子张之为人奚若[⑤]？"子曰："师之庄贤于丘也。"子夏避席而问曰："然则四子者何为事夫子？"曰："居！吾语汝。夫回能仁而不能反[⑥]，赐能辩而不能讷[⑦]，由能勇而不能怯，师能庄而不能同。兼四子之有以易吾，吾弗许也。此其所以事吾而不贰也。"

## 【注释】

①子夏——姓卜名商，字子夏，孔子弟子。

②奚若——何如，怎么样。

③产贡——姓端木，名赐，字子贡，卫人，孔子弟子。

④子路——名仲由，字子路，孔子弟子。

⑤子张——姓颛孙，名师，字子张，陈人，孔子弟子。

⑥反——张湛注："反，变也。夫守一而不变，无权智以应物，则所适必阂矣。"俞樾："'反'字无义，疑'刃'字之误。""刃与忍通。"忍，忍心，《新书·道术》："恻隐怜人谓之慈，反慈为忍。"

⑦讷——说话迟钝。

## 【译文】

子夏问孔子说："颜回的为人怎样？"孔子说："颜回的仁慈之心比我强。"又问："子贡的为人怎样？"孔子说："端木赐的辩说能力比我强。"又问："子路的为人怎样？"孔子说："仲由的勇敢程度比我强。"又问："子张的为人怎么样？"孔子说："颛孙师的庄重严肃比我强。"子夏离开座位问道："那么这四个人为什么要来做您的学生呢？"孔子说："坐下！我告诉你。颜回能仁慈却不能狠心，端木赐能辩论却不能沉默，仲由能勇敢却不能怯弱，颛孙师能庄重却不能随和。把四人的长处合起来交换我的长处，我也是不干的。这就是他们拜我为师而不三心二意的原因。"

## 【原文】

子列子既师壶丘子林，友伯昏瞀人，乃居南郭[①]。从之处者，日数而不及[②]。虽然，子列子亦微焉[③]。朝朝相与辩，无不闻。而与南郭子连墙二十年，不相谒请。相遇于道，目若不相见者。门之徒役以为子列子与南郭子有敌不疑[④]。有自楚来者，问子列子曰："先生与南郭子奚敌？"子列子曰："南郭子貌充心虚，耳无闻，目无见，口无言，心无知，形元惕[⑤]，往将奚为？虽然，试与汝偕往。"阅弟子四十人同行[⑥]。见南郭子，果若欺魄焉[⑦]，而不可与接。顾视子列子，形神不相遇，而不可与群。

南郭子俄而指子列子之弟子末行者与言，衎衎然若专直而在雄者[⑧]。子列子之徒骇之[⑨]。反舍，咸有疑色。子列子曰："得意者无言，进知者亦无言[⑩]。用无言为言亦言，无知为知亦知。无言与不言[⑪]，无知与不知，亦言亦知，亦无所不言，亦无所不知，亦无所言，亦无所知。如斯而已，汝奚妄骇哉?"

## 【注释】

①乃——《释文》："'乃居'，一本作'反居'。"杨伯峻："《御览》四零六引正作'反'。"郭——外城。

②日——胡怀琛："'日'为'百'字之误。"王叔岷："《初学记》十八引'处'作'游'，'日'作'百'，《御览》四百四引'日'亦作'百'，疑作'百'者是也。"

③微——幽昧，不明。《诗·小雅·十月之交》："彼月而微，此日而微。"郑玄笺："微谓不明也。"

④敌——仇。

⑤惕——陶鸿庆云："'惕'当为'傷'。《说文》：'傷，交傷也。'即'易'之本字。'形无傷'者，谓其形无变易也。"

⑥阅——汇集。

⑦欺魄——张湛注："欺魄，土人也。"土人即泥人。王重民："欺魄用以请雨。""此谓南郭子若欺魄者，以见其得道之深，即所谓形若槁木、心若死灰也。"

⑧衎衎然——衎，音kàn（看）。卢重玄解："衎衎然，求胜之气耳。"

⑨子列子之徒然骇之——张湛注："见其尸居，则自同土木；见其接物，则若有是非，所以惊。"

⑩进——通"尽"。

⑪与——俞樾："与犹为也。"

## 【译文】

列子拜壶丘子林为师，以伯昏瞀人为友，然后居住在城南边上。跟列子相交往的，以百计数也不够。即使这样，列子也不夸耀自大。他们天天地一起讨论问题，远近没有不知道的。而与南郭子隔墙而邻二十年，却从不相拜访来往。在路上相遇时，睛睛像不认识一样。门下的弟子和仆役都以为列子与南郭子有仇，一点不怀疑。有一个从楚国来的人，问列子说："先生与南郭子为什么互相敌视?"列子说："南郭子形貌充实而心灵空虚，耳朵不听，眼睛不看，口不说话，心灵没有知觉，形体没有变动，去拜访他干什么呢？即使这样，我姑且和你一起去一趟看看吧。"于是列子选了四十个弟子同行。见到南郭子，果然和土偶一样，不能同他交谈。回头看看列子，精神与形体已不在一起，也不能同他谈论了。没有一会儿，南郭子指着列子弟子末行一人，和他谈话，一副好胜的神气，好像抓住了真理，是一位胜利者。列子的弟子大为惊骇。回到住处，都带着疑问的面色。列子说："懂得真意的人不再说话，什么都懂的人也不再说话。以无言为言也是一种言，以无知为知也是一种知。应当以无言为不言，以无知为不知。这样，也说了，也知了，也是无所不说，也是无所不知，也是什么都没有说，也是什么都不知道。像这样就行了，你们为什么要胡乱惊讶呢?"

## 【原文】

子列子学也[①]，三年之后，心不敢念是非，口不敢言利害，始得老商一眄而已。五年之后，心更念是非，口更言利害，老商始一解颜而笑。七年之后，从心之处念，更无是非；从口之所言，更无利害；夫子始一引吾并席而坐。九年之后，横心之所念，横口之所言，亦不知我之是非利害欤，亦不知彼之是非利害欤，外内进矣。而后眼如耳，耳如鼻，鼻如口，口无不同[②]。心凝形释，骨内都融；不觉形之所倚，足之所履，心之所念，言之所藏。如斯而已，则理无所隐矣。

## 【注释】

①子列子学也——指列子向老商氏学乘风之道。此节已见《黄帝篇》“列子师老商氏，友伯高子”一节。张湛注：“《黄帝篇》已有此章，释之详矣。所以重出者，先明得性之极，则乘变化而无穷；后明顺心之理，则无幽而不照。二章双出，各有攸趣，可不察哉?”

②口无不同——“口”字衍。“同”下应有“也”字。《黄帝篇》作“无不同也”。

## 【译文】

列子在学习道术的时候，三年之内，心上不敢计较是与非，嘴中不敢谈论利与害，然后才得到老商斜着眼睛看一下罢了。又在两年之内，心中比学道前更多地计较是与非，嘴上更多地谈论利与害，然后老商才开始放松脸面笑了笑。又在两年之内，顺从心灵去计较，反而觉得没有什么是与非；顺从口舌去谈论，反而觉得没有什么利与害；老师这才叫我和他坐在一块席子上。又在两年之内，放纵心灵去计较，放纵口舌去谈论，但所计较与谈论的也不知道是我的是非利害呢，也不知道是别人的是非利害呢，身外身内都忘得一干二净了。从此以后，眼睛就像耳朵一样，耳朵就像鼻子一样，鼻子就像嘴一样，没有什么区别了。心灵凝聚，形体消失，骨肉全都融化了；感觉不到身体倚靠着什么，两脚踩着什么，心灵想着什么，言论包藏着什么。如此而已，那一切道理也就没有什么可隐藏的了。

## 【原文】

初，子列子好游。壶丘子曰：“御寇好游，游何所好?”列子曰："游之乐所玩无故[①]。人之游也，观其所见；我之游也，观其所变。游乎游乎！未有能辨其游者。"壶丘子曰："御寇之游固与人同欤，而曰固与人异欤！见所见，亦恒见其变。玩彼物之无故，不知我亦无故。务外游，不知务内观。外游者，求备于物，内观者，取足于身。取足于身，游之至也；求备于物，游之不至也。"于是列子终身不出，自以为不知游。壶丘子曰："游其至乎！至游者，不知所适；至观者，不知所眡[②]"。物物皆游矣，物物皆观矣，是我之所谓游，是我之所谓观也。故曰："游其至矣乎！游其至矣乎！"

## 【注释】

①所玩无故——张湛注："言所适常新也。"

②眡——音shì（示），同"视"。

## 【译文】

列子原来喜欢游览。壶丘子说："御寇喜欢游览，游览有什么可喜欢的呢?"列子说："游览的快乐，是因为所欣赏的东西没有陈旧的。别人游览，欣赏的是所见到的东西；我游览，欣赏的是事物的变化。游览啊游览啊！没有人能分辨不同的游览方法。"壶丘子说："御寇的游览本来与别人相同嘛，他还要说本来与别人不同呢！凡是见到的东西，必然会同时见到这些东西的变化。欣赏外物的变化，却不知道自身也在不停地变化之中。只知道欣赏外物，却不知道欣赏自己。欣赏外物的，希望把外物都看遍；欣赏自己的，也应把自身都看遍。把自身都看遍，这是最高的游览；把外物都看遍，并不是最高的游览。"从此列子终身不再外出，自己认为不懂得游览。壶丘子说："这是最高的游览啊！最高的游览不知道到了哪里，最高的欣赏不知道看到了什么。任何地方都游览了，任何事物都欣赏了，这是我所说的游览，是我所说的欣赏。所以我说：这是最高的游览啊！这是最高的游览啊！”

## 【原文】

龙叔谓文挚曰[①]：“子之术微矣。吾有疾，子能已乎？”文挚曰：“唯命所听，然先言子所病之证[②]。”龙叔曰：“吾乡誉不以为荣，国毁不以为辱；得而不喜，失而弗忧；视生如死，视富如贫；视人如豕，视吾如人。处吾之家，如逆旅之舍；观吾之乡，如戎蛮之国。凡此众疾[③]，爵赏不能劝，刑罚不能威，盛衰利害不能易，哀乐不能移，固不可事国君，交亲友，御妻子，制仆隶，此奚疾哉？奚方能已之乎？”文挚乃命龙叔背明而立，文挚自后向明而望之。既而曰：“嘻！吾见子之心矣，方寸之地虚矣，几圣人也！子心六孔流通，一孔不达[④]。今以圣智为疾者，或由此乎！非吾浅术所能已也。”

## 【注释】

①文挚——《释文》：“文挚，六国时人，尝医齐威王。或云：春秋时宋国良医也，曾治齐文王，使文王怒而病愈。”

②证——通“症”。

③疾——《集释》：“‘疾’，北宋本作‘庶’，汪本从之，今依《藏》本、世德堂本、秦本订正。”

④六孔流通，一孔不达——张湛注：“旧说圣人心有七孔也。”

## 【译文】

龙叔对文挚说：“您的医术十分精湛了。我有病，您能治好吗？”文挚说：“一切听从您的命令。但应先说出您的病症。”龙叔说：“全乡人赞誉我，我不以为荣，全国人毁谤我，我不以为耻辱；得到了并不喜欢，丧失了并不忧愁；看活着像是死亡，看富贵像是贫穷；看人像是猪，看自己像是别人。住在自己家中，像是住在旅馆；看自己的家乡，像是西戎南蛮之国。所有这些病，爵位赏赐不能劝慰，严刑惩罚不能威胁，盛衰利害不能改变，悲哀快乐不能动摇，我这样做自然不能辅佐国君，交结亲友，管教妻子儿女，控制奴仆臣隶，这是什么病呢？什么药方能治好它呢？”文挚于是叫龙叔背着光线站着，文挚从暗处向明处看他。过了一会儿说：“唉！我看到你的心了，你的心里已经空虚了，几乎是圣人了！你的心已有六个孔流通了，只有一个孔还没有通达。现在人把圣明智慧当作疾病的，可能这样的吧！这不是我浅陋的医术所能治好的。”

## 【原文】

无所由而常生者①，道也。由生而生，故虽终而不亡②，常也。由生而亡，不幸也。有所由而常死者，亦道也。由死而死，故虽未终而自亡者，亦常也③。由死而生，幸也。故无用而生谓之道，用道得终谓之常④；有所用而死者亦谓之道，用道而得死者亦谓之常。季梁之死，杨朱望其门而歌。随梧之死，杨朱抚其尸而哭。隶人之生，隶人⑤之死，众人且歌，众人且⑥哭。

## 【注释】

①由——用。《左传·襄公三十年》：“以晋国之多虞，不能由吾子。”杜预注：“由，用也。”本文“无所由”即下文“无用”，“有所由”即下文“有用”。

②虽终而不亡——按下文“虽未终而自亡者”例，此处“亡”字下脱“者”字。

③亦常也——《集释》：“各本‘亦常’下无‘也’字，今依吉府本补。”

④用道得终谓之常——按下文“用道而得死者亦谓之常”例，此句

应为“用道而得终者谓之常。”

⑤隶人——古代称触犯法律而没入官为奴隶、从事劳役的人，也用来称职位低微的官吏。按照庄子的看法，一般人整天辛辛苦苦忙个不停，都是“役人之役”。故此“隶人”当指不懂得自然之道的一般人。

⑥且——语中助词。

## 【译文】

无所作为而一直活着的，是自然之道。顺应常生之道而活着，因而虽然年老却不死亡的，是正常现象。顺应常生之道而死亡的，是一种不幸。有所作为而经常死亡的，也是自然之道。顺着常死之道而死亡，因而虽然年未老却自行死亡的，也是正常现象。顺着常死之道而活下来的，是一种侥幸。所以无所作为而活着叫做自然之道，顺应常生之道而寿终叫做正常现象；有所作为而死亡也叫做自然之道，顺着常死之道而得夭亡也叫做正常现象。季梁死了，杨朱望其门而歌。随梧死了，杨朱抚摩着他的尸体哭泣。普通人出生了，大家便唱歌，普通人死亡了，大家便哭泣。

## 【原文】

目将眇者[①]，先睹秋毫[②]；耳将聋者，先闻蚋飞[③]；口将爽者[④]，先辨淄渑[⑤]；鼻将窒者，先觉焦朽；体将僵者，先亟奔佚[⑥]；心将迷者，先识是非：故物不至者则不反。

## 【注释】

①眇——眼瞎。

②睹——见。秋毫——秋天的毫毛，喻极细微的东西。

③蚋——音ruì（锐）。卢重玄解：“秦时蚊为蚋。”

④爽——张湛注：“爽，差也。”

⑤淄渑——淄，水名，即今山东省内的淄河。渑，水名，源出山东

淄博市东北。张湛注："淄渑水异味，既合则难别也。"《释文》引《说符篇》："淄渑之合，易牙尝之。"

⑥先亟奔佚——亟，音qì（气），爱。《方言》："亟，爱也。东齐海岱之间曰亟，自关而西，秦晋之间，凡相敬爱，谓之亟。"佚，同"逸"。奔佚，疾驰。

## 【译文】

眼睛将要瞎的人，先看到秋天的毫毛；耳朵将要聋的人，先听到蚊子乱飞的声音；口舌将要失去味觉的人，先辨出淄渑两水滋味的差别；鼻子将要失去嗅觉的人，先闻到烧焦的气味；身体将要僵硬的人，先喜欢奔跑；心灵将要糊涂的人，先识别是非：所以事物不发展到极点，是不会走向反面的。

## 【原文】

郑之圃泽多贤[①]，东里多才[②]。圃泽之役有伯丰子者[③]，行过东里，遇邓析[④]。邓析顾其徒而笑曰："为若舞[⑤]，彼来者奚若？"其徒曰："所愿知也。"邓析谓伯丰子曰："汝知养养之义乎[⑥]？受人养而不能自养者，犬豕之类也；养物而物为我用者，人之力也。使汝之徒食而饱，衣而息，执政之功也[⑦]。长幼群聚而为牢藉庖厨之物[⑧]，奚异犬豕之类乎？"伯丰子不应。伯丰子之从者越次而进曰："大夫不闻齐鲁之多机乎[⑨]？有善治土木者，有善治金革者，有善治声乐者，有善治书数者，有善治军旅者，有善治宗庙者，群才备也。而无相位者，无能相使者。而位之者无知，使之者无能，而知之与能为之使焉。执政者，乃吾之所使，子奚矜焉[⑩]？"邓析无以应。目其徒而退。

## 【注释】

①圃泽——又称"圃田泽"，在今河南中牟县西。

②东里——在今河南新郑县故城内，郑国的宰相子产曾住在这里。

③役——张湛注："役犹弟子。"

④邓析——（前545—前501年）张湛注："邓析，郑国辩智之士，执两可之说而时无抗者，作竹书，子产用之也。"竹书即竹刑，写于竹简上的刑书。

⑤舞——张湛注："世或谓相嘲调为舞弄也。"朱骏声："舞借为侮。"

⑥养养——张湛注："上音余亮，下音余赏。"即上"养"字音yàng（样），被养育；下"养"字，音yǎng（痒），养育。

⑦执政之功也——张湛注："喻彼为犬豕，自以为执政者也。"

⑧牢藉——《释文》："牢，牲牢也，圈也。藉，谓以竹木围绕，又刺也。"

⑨机——张湛注："机，巧也。"

⑩矜——自以为贤能。

## 【译文】

郑国的圃泽有很多贤能之人，东里有很多才智之士。圃泽有个学者叫伯丰子的，路过东里，碰到了邓析。邓析回头对自己的弟子笑了笑说："我为你们戏弄他一下，看那个过来的人怎么办？"邓析的弟子们说："我们希望能看到。"邓析对伯丰子说："你知道被养育与养育的区别吗？被别人养活而不能自己养活自己的，是狗与猪一类的动物；养育万物而使万物为自己所用的，是人的能力。让你们这些人吃得饱，穿上衣服并得到休息的，都是我们这些掌握政权的人的功劳。而你们只会男女老少群居聚集在一起，为的是吃到牛牢猪圈和厨房里的食物，这与狗猪一类动物有什么区别？"伯丰子不加理会。伯丰子的随从从后面上来插话说："大夫没有听说过齐国和鲁国有许多很有才能的人吗？有的擅长于盖房子，有的擅长于五金皮革制品，有的擅长于弹奏乐曲，有的擅长于读书计数，有的擅长于带兵作战，有的擅长于宗庙祭祀活动，各种各样的人才都具备了。但却没有宰相，没有能管理和使用他们的人。管理他们的不需要专门的知识，使用他们的人不需要专门的技能，而有专门知识和技能的只能被管理和使用。你们这些掌握政权的人，都是我们所管理和使用的，你有什么值得傲慢的呢?”邓析没有话可说，示意他的弟子离开。

## 【原文】

公仪伯以力闻诸侯，堂谿公言之于周宣王[①]。王备礼以聘之。公仪伯至，观形，懦夫也。宣王心惑而疑曰:“女之力何如?”公仪伯曰:“臣之力能折春螽之股[②]，堪秋蝉之翼[③]。”王作色曰:“吾之力能裂犀兕之革[④]，曳九牛之尾[⑤]，犹憾其弱[⑥]。女折春螽之股，堪秋蝉之翼，而力闻天下，何也?”公仪伯长息退席，曰:“善哉王之问也！臣敢以实对。臣之师有商丘子者，力无敌于天下，而六亲不知，以未尝用其力故也。臣以死事之，乃告臣曰:‘人欲见其所不见，视人所不窥，欲得其所不得，修人所不为。故学视者先见舆薪[⑦]，学听者先闻撞钟。夫有易于内者无难于外。于外无难，故名不出其一家。[⑧]’今臣之名闻于诸侯，是臣违师之教，显臣之能者也。然则臣之名不以负其力者也，以能用其力者也，不犹愈于负其力者乎?”

## 【注释】

①周宣王——西周天子，名靖，厉王子。公元前828年—前782年在位。《释文》:“公仪，堂谿，氏也。皆周贤士。”

②螽——音zhōng（终），蝗虫。

③堪——俞樾:“堪当读为戡。《说文》戈部:‘戡，刺也。’春螽之股细，故言折，见能折而断也。秋蝉之翼薄，故言戡，见能刺而破之也。作堪者假字耳。《尚书》‘西伯既戡黎’，《尔雅·释诂》注引作

‘堪’，此古字通用之证。”

④兕——音sì（寺），古代犀牛一类的兽名，皮厚，可以制甲。

⑤曳——拖。

⑥憾——张湛注：“憾，恨。”

⑦舆薪——舆，本谓车箱，因指车子。薪，柴火。舆薪，指一车柴火。

⑧家——《集释》：“‘家’，北宋本、《藏》本、秦刻卢重玄本、汪本作‘道’，吉府木、世德堂本作‘家’。今从吉府、世德堂本。”

## 【译文】

公仪伯以力气大而闻名于各诸侯国，堂谿公把这事报告了周宣王。周宣王准备了聘礼去请他。公仪伯来了后，宣王看他的样子，像个懦夫。宣王心中疑惑，问道：“你的力气怎样？”公仪伯说：“我的力气能折断春天蝗虫的大腿，刺穿秋天知了的翅膀。”宣王变了脸色，说：“我的力气能撕开犀兕牛的皮革，拖住九头牛的尾巴，我还嫌力气太小。你只能折断春天蝗虫的大腿，刺穿秋天知了的翅膀，却以力气大而闻名于天下，这是为什么呢？”公仪伯长长地叹了一口气，离开了坐席，说：“大王问得好啊！我大胆地把实际情况告诉您。我的老师中有个叫商丘子的，力气大得天下没有对手，而他的至亲密友却不知道，这是他从来没有用过他的力气的缘故。我死心塌地去侍候他，他才告诉我说：‘人们都想见自己所见不到的，看别人所看不见的，想得到自己所得不到的，干别人所不干的。所以练习眼神的总是先看装满车子的木柴，练习听声音的总是先听撞钟的声音。在心里觉得容易，做起来便不会困难。做起来没有困难，因而名声也就出不了家庭。’现在我的名声传遍了各诸侯国，是我违背了老师的教导，显示了自己能力的缘故。那就是说，我的名声不是由我倚仗自己的力气得到的，而是由我运用自己的力气得到的，这不是比倚仗自己力气的人更好一些吗？”

## 【原文】

中山公子牟者[①]，魏之贤公子也。好与贤人游，不恤国事，而悦赵人公孙龙[②]。乐正子舆之徒笑之。公子牟曰："子何笑牟之悦公孙龙也？"子舆曰："公孙龙之为人也，行无师，学无友，佞给而不中[③]，漫衍而无家[④]，好怪而妄言，欲惑人之心，屈人之口，与韩檀等肄之[⑤]。"公子牟变容曰："何子状公孙龙之过欤？请闻其实。"子舆曰："吾笑龙之诒孔穿[⑥]，言：'善射者能令后镞中前括[⑦]，发发相及，矢矢相属[⑧]。前矢造准而无绝落，后矢之括犹衔弦，视之若一焉[⑨]。'孔穿骇之。龙曰：'此未其妙者。逢蒙之弟子曰鸿超，怒其妻而怖之，引乌号之弓[⑩]，綦卫之箭[⑪]，射其目。矢来注眸子而眶不睫[⑫]，矢隧地而尘不扬[⑬]。'是岂智者之言与？"公子牟曰："智者之言固非愚者之所晓。后镞中前括，钧后于前[⑭]。矢注眸子而眶不睫，尽矢之势也。子何疑焉？"乐正子舆曰："龙之徒，焉得不饰其阙？吾又言其尤者[⑮]。龙诳魏王曰：'有意不心[⑯]，有指不至[⑰]。有物不尽[⑱]。有影不移[⑲]。发引千钧[⑳]。白马非马[㉑]。孤犊未尝有母[㉒]'其负类反伦，不可胜言也。"公子牟曰："子不谕至言而以为尤也[㉓]，尤其在子矣。夫无意则心同[㉔]。无指则皆至[㉕]。尽物者常有[㉖]。影不移者，说在改也[㉗]。发引千钧，势至等也[㉘]。白马非马，形名离也[㉙]。孤犊未尝有母，非孤犊也[㉚]。"乐正子舆曰："子以公孙龙之鸣皆条也[㉛]。设令发于余窍[㉜]，子亦将承之。"公子牟默然良久，告退，曰："请待余日，更谒子论。"

## 【注释】

①中山公子牟——魏侯之子，封于中山，名牟，故称。

②公孙龙——战国时哲学家，赵国人。

③佞给——佞，音nìng（宁），巧言谄媚。给，音jǐ（己），口齿伶

俐。佞给，指善于花言巧辩。

④漫衍而无家——漫衍，散漫，不受拘束。无家，张湛注："儒墨刑名乱行而无定家。"

⑤肄——研习。

⑥诒——音dài（殆），欺骗。

⑦后镞中前括——镞，音zú（族），箭头。括，箭的末端。

⑧属——音zhǔ（主），接连。

⑨视之若一焉——张湛注："箭相连属无绝落处，前箭著堋，后箭复中前箭，而后所凑者犹衔弦，视之如一物之相连也。"

⑩乌号之弓——张湛注："乌号，黄帝弓。"

⑪綦卫之箭——张湛注："綦，地名，出美箭。卫，羽也。"

⑫矢来注眸子而眶不睫——来，《释文》作"末"。杨伯峻："'来'字当从《释文》作'末'，眸，音móu（谋）。眸子，瞳人。眶，音kuàng（匡），眼圈。睫，音jié（捷），眨眼。"

⑬隧——音zhuì（坠），通"坠"。

⑭钧——通"均"，同。钧后于前，指后箭与前箭的用力、方向等完全相同。

⑮尤——突出的。

⑯有意不心——有意念产生，但不是心本体的活动，只是心的作用，心本体是寂然不动的。

⑰有指不至——指，手指，引申为事物的概念。至，到。有指不至，有了具体概念，便不能包括所有的事物。如说"拿苹果来"，则桔子、香蕉便拿不来。说"叫张三来"，则李四、王五便"不至"。

⑱有物不尽——与"有指不至"相近。只要有具体事物的名称，便不能把所有的事物都包括进去。只有不称某物，只说"有"，才能包括全部事物。

⑲有影不移——一般人认为人的影子随人而动，但公孙龙认为影子是不动的。影子的变化是因为人动以后产生了新的影子，原来的影子消失了。影子只有产生与消失，而不能移动。

⑳发引千钧——发，指头发。引，牵引。钧，古代重量单位之一，一般以三十斤为一钧。千钧，即三千斤。

㉑白马非马——白马，白色的马。马，指一般概念的马。白马与一般概念的马是不能等同的。这就如同玫瑰花与花、张三与人不能等同一样。

㉒孤犊未尝有母——张湛注："不详此义。"卢重玄解："谓之孤犊，安得有母也?"

㉓尤——过失，错误。

㉔无意则心同——张湛注："同于无也。"无是指心的本体。没有意念，则心的作用归于无，即同于心的本体。

㉕无指则皆至——万物没有概念便无法区分。

㉖尽物者常有——能够包括一切事物的，只能是永恒的"有"，即存在。

㉗影不移者，说在改也——说影子不移动的理由，是因为人体移动后，原来的影子消失了，又产生了新的影子，而不是影子在移动。

㉘发引千钧，势至等也——一根头发能牵引三千斤物体，是因为"势"到了能牵引三千斤的程度。

㉙白马非马，形名离也——形，指马的形状。若说马的形状，则白马也是马。名，概念。但说马的概念，则"白马"与"马"的概念是不能等同的。形与名分离，只说"白马"与"马"，这两个概念，那么白马当然就不是马了。

㉚孤犊未尝有母，非孤犊也——俞樾："'有母'下当更叠'有母'二字。本云：'孤犊未尝有母。有母，非孤犊也。'《庄子·天下篇》释文引李云：'驹生有母，言孤则无母。孤称立，则母名去也。'此可证'有母非孤犊'之义。"意为：既称"孤犊"，便不能有母；当它有母之时，尚未成为"孤犊"。

㉛有条——有条有理。

㉜余窍——《释文》："穸穴也。"

【译文】

中山公子牟这个人，是魏国贤能的公子。喜欢与贤人交游，不过问国家事务，而欣赏赵国人公孙龙。乐正子舆这班人为此而笑话他。公子牟说："你为什么要笑话我欣赏公孙龙呢？"子舆说："公孙龙的为人，言行没有师承，为学没有朋友，奸猾善辩却没有道理，知识杂乱而不成一家之言，喜欢奇谈怪论而胡说八道，企图迷惑别人的心，折服别人的口，与韩檀研习的那一套一样。"公子牟变了脸色，说："你凭什么这样指责公孙龙的过错呢？请说出具体事实。"子舆说："我笑公孙龙欺哄孔穿，他说：'很会射箭的人能使后一根箭的箭头射中前一根箭的箭尾，一箭挨着一箭，一箭连着一箭，前面一箭对准目标尚未射到，后面一箭的箭尾已经放上了弓弦，看上去好像连成了一根箭。'孔穿大为惊骇。公孙龙说：'这还不是最妙的。逢蒙的弟子叫鸿超，因对妻子大发脾气，要吓唬她，便用乌号的弓，綦卫的箭，射她的眼睛。箭头碰到了眼珠子，她却没有眨一下眼睛，箭掉到地上，却没有一点尘土飞扬。'这难道是聪明人所说的话吗？"公子牟说："聪明人说的话本来就不是愚蠢的人所能明白的。后一根箭的箭头射中前一根箭的箭尾，是因为后一根箭的用力与方向和前一根箭完全相同。箭碰到眼珠子而没有眨一下眼睛，是因为箭的力量到了眼睛那里时已经用尽了。你又怀疑什么呢？"乐正子舆说："你和公孙龙是同一类人，哪能不掩饰他的错误呢？我再说说他更荒谬的言论。公孙龙欺哄魏王说：'有意念产生，但心的本体却没有活动。有了具体概念，便不能包括所有的事物。有具体事物，便不能把所有的事物都包括进去。影子是不会移动的。头发可以牵引三千斤重的物体。白马不是马。孤牛犊不曾有过母亲。他那些与人们的看法相违背、与常理相反的言论，说也说不完。"公子牟说："你不懂得这些至理名言，反而认为是谬论，其实错误的是你。没有意念，心的作用与本体才能同一。没有具体概念，才能包括所有的事物。能包括所有事物的，只能是永恒的‘存在’。说影子不会移动，是因为人移动后，原来的影子消失了，又产生了新的影子，新影子并不是旧影子的移动。头发能牵引三千斤重的物体，是因为‘势’到了能牵引三千斤的程度。白马不是马，是把马的形状与马的概念分离开来而言的。孤牛犊不曾有过母亲，是因为母亲健在的时候，它还不能称作孤牛犊。”乐正子舆说：“你认为公孙龙的言论都是有道理的。假如他放个屁，你也会把他吃掉。”公子牟沉默了好久，告辞说：“请过些时候，再邀你来辩论。”

## 【原文】

尧治天下五十年，不知天下治欤，不治欤？不知亿兆之愿戴己欤，不愿戴己欤？顾问左右，左右不知。问外朝，外朝不知。问在野，在野不知。尧乃微服游于康衢[①]，闻儿童谣曰：“立我蒸民[②]，莫匪尔极[③]，不识不知[④]。顺帝之则[⑤]。”尧喜问曰：“谁教尔为此言？”童儿曰：“我闻之大夫。”问大夫。大夫曰：“古诗也[⑥]。”尧还宫，召舜，因禅以天下[⑦]。舜不辞而受之。

## 【注释】

①康衢——衢，音qú（渠）。康衢，四通八达的大路。

②立我蒸民——立，成。蒸，张湛注：“蒸，众也。”

③莫匪尔极——匪，通“非”。尔，你。极，准则。

④不识不知——犹言不知不觉。

⑤顺帝之则——则，法则。此句言顺应天帝的法则。以上四句诗，前二句今见于《诗·周颂·思文》，后二句今见于《诗·大雅·皇矣》。

⑥古诗也——张湛注：“当今而言古诗，则今同于古也。”古人把上古想像为最理想的社会，“今同于古”是对天下治理得好的赞扬。

⑦禅——音shàn（善），以帝位让人。张湛注："功成身退。"

## 【译文】

尧治理天下五十年，不知道天下治理好了呢，还是没有治理好？不知广大百姓愿意拥戴自己呢，还是不愿意拥戴自己？回头问左右的人，左右的人不知道。问宫外朝廷上的百官，他们也不知道。问不做官的长者，他们又不知道。尧于是穿上百姓的衣服在四通八达的大路上游览打听，听到有儿童唱的歌谣说："您养育我们百姓，没有不合您的准则。大家全都不知不觉，遵循着天帝的法则。"尧高兴地问道："谁教你唱这首歌的？"儿童答道："我们是从大夫那里听来的。"又问大夫。大夫说："这是一首古诗。"尧回到宫中，召见舜，便把帝位让给了他。舜没有推辞便接受了。

## 【原文】

关尹喜曰："在己无居[①]，形物其箸[②]。其动若水，其静若镜，其应若响，故其道若物者也[③]。物自违道，道不违物。善若道者，亦不用耳，亦不用目，亦不用力，亦不用心；欲若道而用视听形智以求之，弗当矣。瞻之在前，忽焉在后；用之弥满六虚[④]，废之莫知其所。亦非有心者所能得远，亦非无心者所能得近，唯默而得之而性成之者得之[⑤]。知而亡情[⑥]，能而不为，真知真能也。发无知，何能情？发不能，何能为？聚块也，积尘也。虽无为而非理也[⑦]。

## 【注释】

①居——固执，执著。张湛注："汎然无系，岂有执守之所？"

②形物其著——张湛注："形物犹事理也。事理自明，非我之功也。"杨伯峻："《庄子·天下篇》作'形物自著'。细味张注，似张湛所据本亦作'自箸'。作'其'者于义不长，或'为'字之讹误欤？"

③若——顺从。

④六虚——上下四方空虚之处。

⑤而性成之——俞樾："'而性成之'当作'性而成之'。《汤问篇》'默而得之，性而成之'是其证。"性，本性，自然之性，此处指顺应事物的本性。

⑥亡——《集释》："亡，北宋本、吉府本、世德堂本作'忘'。"

⑦虽无为而非理也——卢重玄解："夫无为者而无不为也。若兀然如聚块、积尘者，虽则去情无为，非至理者也。"

## 【译文】

关尹喜说："只要自己不执著，一切有形之物就会自然显著。这时事物的运动就会像水一样流畅，事物的静止就会像镜子一样平静，事物的反应就会像回声一样迅速，所以事物的道本来是顺应事物的变化的。只有事物违背道，道不会违背事物。善于顺应道的人，也不用耳朵，也不用眼睛，也不用体力，也不用心思；想去顺应道却又使用眼睛、耳朵、形体与心智去寻求，就不得当了。道看上去在前面，忽然又到了后面；使用它能充满上下四方，不用它又不知道它在哪里。也不是有心人能使它远离，也不是无心人能使它靠近，只有能以沉默去取得、顺应本性去成就的人才能得到它。懂得了而不去用情，有能力而不去作为，这才是真正的知、真正的能。发用无知，怎么会有情？发用无能，怎么会有为？不过是聚集起来的土块，积累起来的尘埃罢了。仅仅是无为，还不是自然的理。

# 汤问第五

## 【原文】

殷汤问于夏革曰[1]："古初有物乎？"夏革曰："古初无物，今恶得物？后之人将谓今之无物，可乎？"殷汤曰："然则物无先后乎？"夏革曰："物之终始，初无极已。始或为终，终或为始，恶知其纪[2]？然自物之外，自事之先，朕所不知也。"殷汤曰："然则上下八方有极尽乎？"革曰："不知也。"汤固问。革曰："无则无极，有则有尽[3]，朕何以知之？然无极之外复无无极，无尽之中复无无尽。无极复无无极，无尽复无无尽。朕以是知其无极无尽也，而不知其有极有尽也。"汤又问曰："四海之外奚有？"革曰："犹齐州也[4]。"汤曰："汝奚以实之[5]？"革曰："朕东行至营[6]，人民犹是也。问营之东，复犹营也。西行至豳[7]，人民犹是也。问豳之西，复犹豳也。朕以是知四海、四荒、四极之不异是也[8]。故大小相含，无穷极也。含万物者，亦如含天地。含万物也故不穷，含天地也故无极。朕亦焉知天地之表不有大天地者乎？亦吾所不知也。然则天地亦物也。物有不足，故昔者女娲氏练五色石以补其阙[9]，断鳌之足以立四极。其后共工氏与颛顼争为帝[10]，怒而触不周之山[11]，折天柱，绝地维[12]，故天倾西北，日月星辰就焉[13]；地不满东南，故百川水潦归焉。"汤又问："物有巨细乎？有修短乎？有同异乎？"革曰："渤海之东不知几亿万里，有大壑焉，实惟无底之谷[14]，其下无底，名曰归墟。八纮九野之水[15]，天汉之流[16]，莫不注之，而无增无减焉。其中有五山焉：一曰岱舆，二曰员峤，三曰方壶，四曰瀛洲，五曰蓬莱。其山高下周旋三万里，其顶平处九千里。山之中间相去七万里，以为邻居焉。其上台观皆金玉，其上禽兽皆纯缟[17]。珠玕之树皆丛生[18]，华实皆有滋味[19]，食之皆不老不死[20]。所居之人皆仙圣之种，一日一夕飞相往来者，不可数焉。而五山之根无所连箸，常随潮波上下往还，不得暂峙焉。仙圣毒之[21]，诉之于帝。帝恐流于西极，失群仙圣之居，乃命禺强使巨鳌十五举首而戴之[22]。迭为三番，六万岁一交焉。五山始峙而不动[23]。而龙伯之国有大人，举足不盈数步而暨五山之所[24]，一钓而连六鳌，合负而趣归其国[25]，灼其骨以数焉[26]。于是岱舆、员峤二山流于北极，沈于大海，仙圣之播迁者巨亿计[27]。帝凭怒[28]，侵减龙伯之国使阨[29]，侵小龙伯之民使短。至伏羲神农时，其国人犹数十丈。从中州以东四十万里得僬侥国[30]。人长一尺五寸。东北极有人名曰诤人，长九寸。荆之南有冥灵者[31]，以五百岁为春，五百岁为秋。上古有大椿者[32]，以八千岁为春，八千岁为秋。朽壤之上有菌芝者，生于朝，死于晦。春夏之月有蠓蚋者[33]，因雨而生，见阳而死。终北之北有溟海者[34]，天池也，有鱼焉，其广数千里，其长称焉[35]，其名曰鲲[36]。有鸟焉，其名为鹏，翼若垂天之云，其体称焉。世岂知有此物哉？大禹行而见之，伯益知而名之[37]，夷坚闻而志之[38]。江浦之间生麽虫[39]，其名曰焦螟，群飞而集于蚊睫，弗相触也。栖宿去来，蚊弗觉也。离朱、子羽方昼拭眥扬眉而望之[40]，弗见其形；觎俞、师旷方夜擿耳俛首而听之[41]，弗闻其声。唯黄帝与容成子居空峒之上[42]，同斋三月，心死形废[43]，徐以神视，块然见之，若嵩山之阿；徐以气听，砰然闻之[44]，若雷霆之声。吴楚之国有大木焉，其名为櫾[45]，碧树而冬生[46]，实丹而味酸。食其皮汁，已愤厥之疾[47]。齐州珍之，渡淮而北而化为枳焉[48]，鸜鹆不逾济[49]，貉逾汶则死矣[50]，地气然也。虽然，形气异也，性钧也[51]，无相易已，生皆全已，分皆足已。吾何以识其巨细，何以识其修短，何以识其同异哉？”

## 【注释】

①夏革——《释文》：“革音棘。夏棘字子棘，为汤大夫。”

②纪——头绪。

③有则有尽——陶鸿庆：“‘有则有尽’下‘有’字亦当作‘无’”。“下文‘无极之外，复无无极，无尽之中，复无无尽’，即承此言。今本误作‘有尽’，则非其旨矣。”

④齐州——张湛注：“齐，中也。”齐州，犹中国。

⑤实——验证。

⑥营——《释文》：“今之柳城，古之营州，东行至海是也。”

⑦豳——音bīn（宾），同“邠”，在今陕西旬邑西。

⑧四海、四荒、四极之不异是也——《释文》：“《尔雅》云：九夷、八狄、七戎、六蛮谓之四海。觚竹、北户、西王母、日下谓之四荒。东泰远、西邠国、南濮铅、北祝栗谓之四极。”王重民：“‘之’下疑本有‘外’字，今本脱之。上文《汤问》‘四海之外奚有’，此革所答语，故云‘四海四荒四极之外’，《御览》一引‘之’下正有‘外’字。”

⑨练五色石——练，古“炼”字。五色石，王叔岷：“《艺文类聚》六、《御览》二五一引‘石’上并有‘之’字，与下文句法一律，当从之。”

⑩共工氏——《楚辞》注：“共工氏，名康回。”相传为女娲氏末年的部落首领。颛顼——音zhuān（专）xū（须），传说中的古代部落首领。

⑪不周之山——张湛注：“共工氏兴霸于伏羲，神农之间，其后苗裔恃其强，与颛顼争为帝。颛顼，黄帝孙。不周山在西北之极。”

⑫绝地维——绝，断。地维，系住大地四角的绳子。

⑬故天倾西北，日月星辰就焉——王叔岷：“《淮南子·天文篇》、

《论衡·谈天篇》‘故’字并在‘日’子上，与下文句法一律。”就，趋，归。

⑭惟——为，是。

⑮八纮九野之水——张湛注：“八纮，八极也。九野，天之八方中央也。”纮,《释文》:“纮音宏。”则“纮”当作“纮”。

⑯天汉——即银河。张湛注：“世传天河与海通。”

⑰其上禽兽皆纯缟——陶鸿庆：“‘其上’字误复。”王重民：“陶说是也。《御览》三十八引正无下‘其上’二字。”缟，音gǎo（搞），白色。

⑱珠玕——玕，音gān（干）。珠玕，珠玉。

⑲华实——华，音huā（花），同“花”。实，果实。

⑳皆——王重民：“《御览》三十八引无下‘皆’字，盖是衍文。”

㉑毒——《释文》:“毒，病也。”

㉒禺强——张湛注：“《大荒经》曰：北极之神名禺强，灵龟为之使也。”《释文》:“《神仙传》：北方之神名禺强，号曰玄冥子。”

㉓而不动——《集释》:“《藏》本、秦本、世德堂本无‘而不动’三字。”

㉔数步——《集释》:“‘数步’北宋本作‘数千’，汪本从之，今从《藏》本订正。”暨——及，到。

㉕趣——音qū（趋），通“趋”。

㉖灼——烧。数——占卦。

㉗播迁——流离迁徙。

㉘凭——张湛注：“凭，大也。”

㉙侵——渐进。阨——音ài（爱），通“隘”，狭小。

㉚中州以东四十万里得僬侥国——僬侥，音jiāo（焦）yáo（摇）。王重民：“‘东’当作‘西’，字之误也。《淮南·地形篇》：‘西南方曰僬侥。’韦昭《鲁语注》：‘僬侥，西南蛮之别名。’是古者一谓僬侥在西南也。”

㉛冥灵——《释文》:“冥灵，木名也，生江南，以叶生为春，叶

落为秋。”

㉜椿——《释文》：“椿，木名也。一名櫄。”

㉝蠓蚋——音měng（猛）ruì（锐）。《释文》：“二者小飞虫也。”

㉞终北之北有溟海——俞樾：“终北，国名。下文曰‘禹之治水土也，迷而失涂，谬之一国，滨北海之北，其国名曰终北’是也。”《释文》：“《十洲记》云：水黑色谓溟海。”《集释》：“《藏本》、世德堂本作‘终发北之北’。”

㉟称——相副，相称。

㊱鲲——传说中的大鱼。

㊲伯益——古代嬴姓各族的祖先，助禹治水有功，被选为禹的继承人。禹去世后，禹子启夺取王位。

㊳夷坚——张湛注：“夷坚未闻，亦古博物者也。”

㊴麽虫——麽，音mó（馍），细小。

㊵离朱、子羽——张湛注：“离朱，黄帝时明目人，能百步望秋毫之末。子羽未闻。”眥——音zì（自），眼眶。

㊶鯱俞、师旷——鯱，音zhì（至）。张湛注：“鯱俞未闻也。师旷，晋平公时人，夏革无缘得称之，此后著书记事者润益其辞耳。”擿——音zhì（至），搔爬。俛——“俯”的异体字。

㊷空峒——又作“崆峒”，山名，在今河南临汝县西南六十里。

㊸心死形废——张湛注：“所谓心同死灰，形若槁木。”

㊹砰然——砰，音pēng（烹），象声词，声音很大。

㊺櫾——音yòu（又），同“柚”，似橘而大，皮厚，味酸。

㊻冬生——王重民：“‘生’当作‘青’，字之误也。”“《史记·司马相如传》：‘橘柚芬芳。’正义曰：‘小曰橘，大曰柚。树有刺，冬不凋，叶青。’是櫾树叶青，经冬不凋，故《列子》曰‘碧树而冬青’也。”王叔岷：“《记纂渊海》九二引亦作‘青’。”

㊼已愤厥之疾——已，使病愈。王叔岷：“‘厥’乃‘瘚’之借字。《说文》：瘚，屰（逆）气也。”

㊽渡淮而北而化为枳——枳，音zhǐ（只），亦称“臭橘”。橘柚均

生于江南，过去不能过江，更不能过淮河，在淮河以北栽种便变为枳，不能食用了。

㊾鸜鹆——音qú（渠）yù（欲），亦作“鸲鹆”，鸟名，即八哥。济——水名，源出河南王屋山，东北流入海，今下游为黄河所占。

㊿貉——音hé（和），又称“狗獾”。汶——水名，出山东莱县东北原山，入运河。

(51)性钧也——《释文》：“一本云：情性钧已。”王叔岷：“有情字是。‘情性钧也’与上‘形气异也’对文。”

## 【译文】

商汤问夏革说：“古代最初有万物吗?”夏革说：“如果古代最初没有万物，现在哪来的万物？将来的人要说现在没有万物，可以吗?”商汤又问：“那么万物的产生没有先后之别吗?”夏革说：“万物的死亡与产生，本来没有界限。这个事物的产生可能就是那个事物的死亡，这个事物的死亡可能就是那个事物的开始，又怎么能弄清它们的头绪呢？就是说，在我看到的万物以外，在我知道的万事以前，都是我所不知道的。”商汤问：“那么上下八方有最终的尽头吗?”夏革说：“不知道。”商汤再三问他。夏革说：“看不见的东西没有极限，看得见的东西没有止境，我怎么能知道呢？但是在没有极限之外又没有极限，在没有穷尽之中又没有无穷尽。既没有极限又没有无极限，既没有穷尽又没有无穷尽，我根据这一点知道万物没有极限、没有穷尽，而不知道它有极限有穷尽。”商汤又问道：“四海之外有什么?”夏革说：“同中国一样。”商汤问：“你用什么来证实这个看法?”夏革说：“我向东走到营州，人民同这里一样。问营州以东，又同营州一样。向西走到豳州，人民同这里一样。问豳州以西，又同豳州一样。我根据这些知道四海、四荒、四极这些地方同我们这里没有什么两样。所以大物与小物互相包含，没有穷尽。包含万物的，也像包含天地一样。因为包含着万物，所以没有穷尽；因为包含着天地，所以没有极限。我怎么能知道天地之外没有比天地更大的天体呢？这也是我所不知道的。但是天地也是物体。物体自有不足之处，所以过去女娲氏烧炼五种颜色的石头去弥补天地的空缺，砍断鳌鱼的四只脚去撑起天地的四角。后来共工氏与颛顼争夺帝位，因愤怒而碰到了不周山，折断了顶着天的柱子，扯断了拉着地的绳子，天往西北方向倾斜，所以日月星辰都向西北运动；地往东南方向下陷，所以江河湖水都向东南流淌汇集。”商汤又问：“万物有大小吗？有长短吗？有同异吗？”夏革说：“在渤海的东面不知几亿万里的地方，有一个很大的沟壑，实际上是一个没有底的山谷，那下面没有底，名字叫归墟。地面八极、天空八方中央的流水，以及银河的流水，没有不流到那里的，而那里的水既没有增加，也没有减少。那里有五座山：第一座叫岱舆山，第二座叫员峤山，第三座叫方壶山，第四座叫瀛洲山，第五座叫蓬莱山。每座山高低延伸周长达三万里，山顶上的平坦处也有九千里。山与山之间距离达七万里，却互相认为是邻居。山上的楼台宫殿都由金银珠玉建成，山上的飞禽走兽却是一样的纯白色。珠玉宝石之树长得密密麻麻，花朵与果实的味道都很鲜美，吃了它可以永远不老，永不死亡。住在那里的人都是神仙圣人一类，一天一夜就能飞过去又飞回来的人，数也数不清。但五座山的根部并不相连，经常跟随潮水的波浪上下移动，不能有一刻稳定。神仙和圣人们都讨厌此事，便报告了天帝。天帝担心这五座山流到最西边去，使众多的神仙与圣人失去居住的地方，于是命令禺强指挥十五只大鳌抬起脑袋把这五座山顶住。分为三班，六万年一换。这五座山才开始稳定下来不再流动，但是龙伯之国有个巨人，抬起脚没走几步就到了这五座山所在的地方，一钩就钓上了六只大鳌，合起来背上就回到了他们国家，然后烧灼大鳌的骨头来占卜吉凶。于是岱舆和员峤二山便流到了最北边，沉入了大海，神仙和圣人流离迁徙的多得要用亿数来计算。天帝大发脾气，于是逐渐缩小了龙伯国的国土使它越来越狭，逐渐缩小了龙伯国的人民使他们越来越矮。到伏羲、神农时，那个国家的人还有几十丈高。从中国往西四十万里有一个僬侥国，人高只有一尺五寸。最东北边有人名叫诤人，身高只有九寸。荆州南面有一种冥灵树，生一次叶的时间需五百年，落一次叶的时间也达五百年。上古时有一种大椿树，生一次叶需八千年，落一次叶也达八千年。腐烂的土壤上有一种叫菌芝的植物，早上长出来，到晚上就死去了。春天和夏天有一种叫蠓蚋的小飞虫，下雨时出生，一见太阳就死了。终北国以北有个溟海，又叫天池，其中有一种鱼，宽达数千里，它的长度和宽度相称，鱼的名字叫做鲲。又有一种鸟，它的名字叫做鹏，翅膀像垂在天上的云，它的身体和翅膀相称。世上的人哪里知道有这些东西呢？大禹治水出行时见到了，伯益知道后给它们起了名字，夷坚听说后把它们记录了下来。江浦之间生有一种极细小的虫子，它的名字叫焦螟，成群地飞起来聚集在蚊子的眼睫毛上，它们互相之间还碰不到。在睫毛上休息、住宿，飞来飞去，蚊子一点也不觉察。离朱、子羽在大白天擦了眼睛去观看，也看不到它们的形体；觥俞、师旷在夜深人静时掏空耳朵低着脑袋去倾听，也听不到它们的声音。只有黄帝和容成子居住在崆峒山上，一同斋戒三个月，心念死寂，形体废弃，然后慢慢地用神念去观察，才能看得土块一样的东西，像是嵩山的山丘；慢慢地用气去倾听，才能听得砰砰的声音，像是雷霆的声音。吴国和楚国有一种大树，它的名字叫做柚，绿色的树叶到冬天还是青青的，果实是红的，味道是酸的。吃它的皮和汁，可以治愈气逆的疾病。中原人珍爱它，但移植到淮河以北便成了枳。八哥不能渡过济水，狗獾渡过汶水就死了，这些都是地气造成的。纵然如此，形状和气质不同，但本性是一样的，不必互相交换，天性就很完备，天分也很充足。我怎么能辨别它们的大小，怎么能辨别它们的长短，怎么能辨别它们的同异呢？”

## 【原文】

太形、王屋二山[①]，方七百里，高万仞，本在冀州之南[②]，河阳之北[③]。北山愚公者，年且九十，面山而居。惩山北之塞[④]，出入之迂也[⑤]，聚室而谋，曰：“吾与汝毕力平险，指通豫南[⑥]，达于汉阴[⑦]，可乎？”杂然相许[⑧]。其妻献疑曰：“以君之力，曾不能损魁父之丘[⑨]，如太形、王屋何？且焉置土石？”杂曰：“投诸渤海之尾，隐土之北[⑩]。”遂率子孙荷担者三夫，叩石垦壤，箕畚运于渤海之尾。邻人京城氏之孀妻有遗男，始龀[⑪]，跳往助之[⑫]。寒暑易节，始一反焉。河曲智叟笑而止之，曰：“甚矣汝之不惠！以残年余力，曾不能毁山之一毛，其如土石何？”北山愚公长息曰：“汝心之固，固不可彻[⑬]，曾不若孀妻弱子。虽我之死，有子存焉。子又生孙，孙又生子，子又有子，子又有孙，子子孙孙，无穷匮也，而山不加增，何苦而不平[⑭]？”河曲智叟亡以应。操蛇之神闻之[⑮]，惧其不已也，告之于帝。帝感其诚，命夸娥氏二子负二山，一厝朔东[⑯]，一厝雍南[⑰]。自此，冀之南、汉之阴无陇断焉[⑱]。”

## 【注释】

①太形、王屋二山——张湛注：“‘形’，当作‘行’。太行在河内野王县，王屋在河东垣县。”

②冀州——古九州之一，在今河北、山西两省及河南的黄河以北地区。

③河阳——邑名，春秋属晋国，故城在今河南孟县西35里。

④惩——《释文》：“《韩诗外传》云：惩，苦也。”

⑤迂——迂曲，绕远路。

⑥豫——古九州之一，今河南省地区。

⑦汉阴——汉，水名，主干在湖北，流入长江。阴，水的南岸。

⑧杂然——杂，都，共同。杂然，同声貌。

⑨魁父之丘——张湛注："魁父，小山也，在陈留界。"

⑩隐土——《淮南子·地开训》："东北薄州曰隐土。"

⑪龀——音chèn（趁），同"龇"，儿童换齿，因指童年。旧说男八岁，女七岁换齿。

⑫跳——跳跃。《汉书·高帝纪》："汉王跳"晋灼曰："跳，独出意也。"本文作此解亦可通。

⑬彻——通。

⑭苦——《道藏》本、《释文》本、吉府本均作"若"，当据改。

⑮操蛇之神——张湛注："《大荒经》云：山海神皆执蛇。"

⑯一厝朔东——厝，音cuò（错），安置。朔，地名，当今山西北部。

⑰雍——古九州之一，在今陕西、甘肃二省及青海一部分地区。

⑱陇断——断面高的岗垄，本文指山岗。

## 【译文】

太行、王屋两座山，方圆七百里，高八千丈，原来在冀州之南、河阳之北。山北面有位愚公，年纪将近九十岁了，面对着大山居住。苦于大山堵塞了山北往山南的去路，出入都要绕着山走，于是召集全家商议，说："我和你们用毕生精力削平险峻，使道路直通豫州之南，到达汉水之阴，行吗？"全家异口同声地表示赞成。他的老伴提出了疑问，说："凭你的力气，连一个小小的土丘也动不了，又能对太行山、王屋山怎样呢？而且挖出来的土块石头又安放到哪里呢"大家纷纷说："倒到渤海的海边，隐上的北边。"愚公于是就带领儿孙中能挑担子的三个人，敲石挖土，用簸箕运到渤海的海边。邻居京城氏的寡妇有个男孩，刚到换牙齿的年龄，蹦蹦跳跳地也跑来帮忙。冬夏季节变换一次，才能往返一趟。河曲一位叫智叟的人笑着劝阻他们，说："你愚蠢得也太厉害了！以你快要死的年纪，剩下的一点力气，连山上的一根毫毛也毁不掉，又能对土块和石头怎样呢?"北山愚公长叹道："你的思想太顽固，顽固得无法说通，连寡妇和小孩都不如。即使我死了，有儿子在。儿子又生孙子，孙子又生儿子，儿子又有儿子，儿子又有孙子，子子孙孙，没有穷尽，而山却不会再增高，为什么要担心挖不平呢?"河曲智叟无话回答。操蛇的山神听说了，怕他们真的挖个不停，便报告了天帝。天帝被他们的诚心所感动，命令夸娥氏的两个儿子背起这两座山，一座放到了朔州的东面，一座放到了雍州的南面。从此，冀州之南、汉水之阴再没有山丘阻塞了。

## 【原文】

夸父不量力[①]，欲追日影。逐之于隅谷之际[②]，渴欲得饮，赴饮河渭。河渭不足，将走北饮大泽。未至，道渴而死。弃其杖，尸膏肉所浸[③]，生邓林。邓林弥广数千里焉[④]。

## 【注释】

①夸父——《淮南子·地形训》高诱注："夸父，神兽也。"《山海经·海外北经》郭璞注："夸父者，盖神人之名也。"

②隅谷——张湛注："隅谷，虞渊也，日所入。"

③浸——浸润。

④邓林——《淮南子·地形训》高诱注："邓犹木也。"王叔岷："《草堂诗笺补遗》十、《记纂渊海》九、《事文类聚·前集》二引并不叠'邓林'二字，疑衍。"弥——远。

## 【译文】

夸父自不量力，要追赶太阳的影子。追到太阳隐没的隅谷的边上，口渴了想喝水，便跑到黄河与渭水边喝水，黄河，渭水不够喝，准备到北方大泽去喝。还没有走到，就渴死在半道上了。他扔掉的手杖，由于尸体中血肉的浸润，生长成了一片树林，叫邓林。邓林宽广，方圆达数千里。

## 【原文】

大禹曰："六合之间[①]，四海之内，照之以日月，经之以星辰，纪之以四时，要之以太岁[②]。神灵所生，其物异形，或夭或寿，唯圣人能通其道。"夏革曰："然则亦有不待神灵而生，不待阴阳而形，不待日月而明，不待杀戮而夭，不待将迎而寿[③]，不待五谷而食，不待缯纩而衣[④]，不待舟车而行，其道自然，非圣人之所通也。"

## 【注释】

①六合——天地和四方。

②要之以太岁——杨伯峻："太岁即木星，木星公转周期为十一·八六年，古人误以为十二年，于是分黄道带为十二次，每年经过一次，故云要之以太岁。要，约也。"可供参考。代以太岁纪年，太岁则为一年的纳要，故也可释为纲要。

③将迎——犹言将养、保养。

④缯纩——音zēng（增）kuàng（矿），丝棉织品。

## 【译文】

大禹说："上下四方之间，四海之内，日月照耀着它，星辰围绕着它，四季使它有规则，太岁使它有纲要。由神灵所产生，形状各不相同，有的早夭，有的长寿，只有圣人才能明白其中的道理。"夏革说："但是也有不需要神灵就能产生，不需要阴阳二气就有形体，不需要日月就有光明，不需要杀戮就会死亡，不需要保养就会长寿，不需要五谷就有饭吃，不需要丝绸就有衣穿，不需要车船就能行路，它的方法是自然而然，这就不是圣人所能明白的了。”

## 【原文】

禹之治水土也，迷而失涂[①]，谬之一国[②]，滨北海之北，不知距齐州几千万里。其国名曰终北，不知际畔之所齐限[③]。无风雨霜露，不生鸟兽、虫鱼、草木之类。四方悉平，周以乔陟[④]。当国之中有山，山名壶领[⑤]，状若甔甀[⑥]。顶有口，状若员环[⑦]，名曰滋穴。有水涌出，名曰神瀵[⑧]，臭过兰椒[⑨]，味过醪醴[⑩]。一源分为四埒[⑪]，注于山下，经营一国，亡不悉徧。土气和，亡札厉[⑫]。人性婉而从物，不竞不争；柔心而弱骨，不骄不忌；长幼侪居[⑬]，不君不臣；男女杂游，不媒不聘；缘水而居，不耕不稼；土气温适，不织不衣；百年而死，不夭不病。其民孳阜亡数[⑭]，有喜乐，亡衰老哀苦。其俗好声，相携而迭谣[⑮]，终日不辍音。饥倦则饮神瀵，力志和平。过则醉，经旬乃醒。沐浴神瀵，肤色脂泽，香气经旬乃歇。周穆王北游过其国，三年忘归。既反周室，慕其国，慠然自失[⑯]，不进酒肉，不召嫔御者，数月乃复。管仲勉齐桓公因游辽口[⑰]俱之其国，几尅举[⑱]。隰朋谏曰[⑲]：“君舍齐国之广，人民之众，山川之观，殖物之阜[⑳]，礼义之盛，章服之美，妖靡盈庭，忠良满朝，肆咤则徒卒百万[㉑]，视扮则诸侯从命[㉒]，亦奚羡于彼而弃齐国之社稷，从戎夷之国乎？此仲父之耄[㉓]，奈何从之？”桓公乃止，以隰朋之言告管仲。仲曰：“此固非朋之所及也。臣恐彼国之不可知之也[㉔]，齐国之富奚恋？隰朋之言奚顾？”

## 【注释】

①涂——通“途”，道路。

②之——到，前往。

③际畔——边界。齐限——定限。

④乔陟——陟，音zhì（至）。《释文》：“《尔雅》云：乔，高曲也。又云：山三袭，陟。郭璞云：重陇也。”

⑤山名壶领——王叔岷：“《御鉴》五八、《天中记》九引‘山’字并不叠，疑衍。”

⑥甔甀——音dān（耽）zhuì（坠）。甔，为坛子一类瓦器。甀为小口瓮。

⑦员——通“圆”。

⑧瀵——音fèn（粪），由地底喷出的泉水。

⑨臭过兰椒——臭，音xiù（秀），气味。兰，兰草，即泽兰，香草。椒，花椒。

⑩醪醴——音láo（劳）lǐ（礼），甜酒。

⑪埒——音liè（劣），山上的水道。张湛注：“山上水流曰埒。”

⑫札厉——札因遭瘟疫而早夭。厉，通“疠”，染疫病。《释文》：“札厉，疫死也。”

⑬侪——音chái（柴），类，等。

⑭孳阜——孳，生长繁殖。阜，盛多。

⑮迭——轮流。

⑯惝——音chǎng（厂），同“惝”，惝然，失意貌。

⑰管仲——（？—前645年）名夷吾，字仲，春秋时齐国的宰相，助齐桓公称霸，被称为“仲父”。

⑱尅举——尅同“克”，能够。举，行动，起行。

⑲隰朋——齐桓公时大夫，助管仲相桓公、成霸业。隰音xí（席）。

⑳殖物之阜——殖，种植。阜，盛多。

㉑肆咤——肆，放纵。咤，叱咤，怒斥。张湛注“肆疑作叱。”

㉒视扐——视，通“指”。扐，音huī（挥），通“挥”。

㉓耄——音mào（冒），昏乱。

㉔不可知——俞樾：“张注曰：‘此国自不可得往耳。’然则不可文

者，不可得往也。”此说可供参考。

## 【译文】

大禹治理洪水，迷失了道路，错到了一个国家，在北海北边的海滨，不知离中国有几千万里，那个国家名叫终北，不知它的边界到哪里为止。没有风雨霜露，不生鸟兽、虫鱼、草木这些东西。东南西北四个方向都很平坦，四周则有三重山脉围绕。国家的正当中有座山，山名叫做壶领，形状像个瓦瓮。山顶上有个口，形状像个圆环，名叫滋穴。有水从中涌出，名叫神瀵，香味胜过兰椒，甘美胜过甜酒。从这一个水源分出四条支流，流注到山脚下，经过全国，没有浸润不到的地方。土气中和，没有因疫疠而早夭的人。人性柔弱，顺其自然，不竞逐，不争夺；心地善良，筋骨软弱，不骄傲，不嫉妒；年长和年幼的都平等地居住在一起，没有国君，没有大臣；男女混杂游耍，没有媒约，没有聘嫁；靠着水居住，不种田，不收割；土气温和适宜，不织布帛，不穿衣服；活一百岁才死，不早夭，不生病。那里的人民繁衍无数，有喜有乐，没有衰老、悲哀和痛苦。那里的风俗喜欢音乐，手拉手轮流唱歌，歌声整天不停。饥饿疲倦了就喝神泉的水，力气和心志便又恢复中和与平静。喝多了便醉，十几天才能醒。用神泉的水洗澡，肤色柔滑而有光泽，香气十几天才消散。周穆王北游时曾经过那个国家，三年忘记回家。回到周国宫殿以后，仍然思慕那个国家，觉得十分失意，不想吃酒肉，也不见嫔妃，好几个月以后才恢复正常。管仲听说后劝齐桓公游辽口，一同到那个国家去，几乎要动身了。隰朋劝阻说：“您丢弃齐国广阔的土地，众多的人民，可观的山川，丰富的物产，隆盛的礼义，华丽的穿戴，妖艳嫔妃充满后宫，文武忠良充满朝廷，叱咤一声就能聚集徒卒百万，号令一下就能使诸侯听命，又为什么要羡慕别的国家而抛弃齐国的祖宗和土地，去野蛮落后的国家呢？这是仲父的糊涂，为什么要听他的？”桓公于是停止了出游的准备，把隰朋的话告诉了管仲。管仲说：“这本来不是隰朋所能明白的。我只怕那个国家去不了，齐国的富饶有什么可留恋的？隰朋的话有什么可顾及的？”

## 【原文】

南国之人祝发而裸①，北国之人鞨巾而裘②，中国之人冠冕而裳。九土所资③，或农或商，或田或渔，如冬裘夏葛④，水舟陆车，默而得之，性而成之。越之东有辄沐之国⑤，其长子生，则鲜而食之⑥，谓之宜弟。其大父死⑦，负其大母而弃之⑧，曰：‘鬼妻不可以同居处⑨。’楚之南有炎人之国⑩。其亲戚死⑪，死其肉而弃之⑫，然后埋其骨，乃成为孝子。秦之西有仪渠之国者⑬，其亲戚死，聚柴积而焚之⑭，熏则烟上⑮，谓之登遐⑯，然后成为孝子。此上以为政，下以为俗，而未足为异也。

## 【注释】

①祝发而裸——《释文》：“孔安国注《尚书》云：祝者，断截其发也。《汉书》云：越人断发文身，以避蛟龙之害。一本作‘被’，恐误。裸，谓不以衣蔽形也。”

②鞨巾——鞨，音mò（末）。鞨巾，男子束发的头巾。

③九土所资——九土，指九州，古代就其所知的大陆划分的九个地理区域。《周礼·职方》作幽州、并州、冀州、兖州、青州、扬州、荆州、豫州、雍州。资，供给，资源。

④葛——丝织品。

⑤辄沐之国——沐，张湛注：“又休。”《释文》作“休”，云，“辄，《说文》作耴，耳垂也。休，美也。”

⑥鲜而食之——鲜，卢文弨：“鲜，当以解剥为义。”汪中：“鲜，析也，声之转。”王重民：“鲜，盖‘解’字之误。”

⑦大父——祖父。

⑧大母——祖母。

⑨以——与。北宋本、吉府本、《墨子·节葬篇》作“与”。

⑩炎人之国——《释文》“炎”作“啖”，云：“啖，本作炎。”《墨子·节葬篇》作“啖”。

⑪亲戚——古指父母兄弟等。《史记·五帝本纪》“事舜亲戚”，张守节正义：“亲戚，谓父瞽叟、后母、弟象、妹颗乎等。”本文下有“乃成为孝子”一句，则引处当指父母。

⑫朽——音xiǔ（朽），腐烂。《释文》：“朽本作咼，音寡，剔肉也。又音朽。”

⑬仪渠之国——即义渠国，在今甘肃省境内。

⑭柴——《释文》：“柴，音柴。《说文》：烧柴焚燎以祭天神。或通作柴。”

⑮熏——火烟上出。

⑯登遐——又作“登假”、“登霞”、“升霞”、“升假”，犹言仙去。

## 【译文】

南方国家的人截断头发而裸露身体，北方国家的人头札布巾而身穿皮裘，中州国家的人头戴礼帽而身穿衣裳。依据九州条件的不同，有的种地有的经商，有的打猎有的捕鱼，就像冬天穿皮袄、夏天穿丝绸，水行坐船、陆行乘车一样，不用说话自然明白，顺应本性自然成功。越国的东方有个辄沐国，第一个儿子生下来后，就解剥并吃掉他，说是对下面的弟弟有好处。他们的祖父去世了，要把祖母背出去扔掉，说：‘死鬼的妻子不能与我们住在一起。’楚国的南方有个炎人国，他们的父母去世了，要把身上的肉剔下来扔掉，然后把骨头埋到土里，才算是孝子。秦国的西方有个仪渠国，他们的父母去世了，要把柴火堆起来放在尸体下焚烧，烧的尸体的烟气直往上跑，叫做升天，这样才算是孝子。在上面的人以此为政事，在下面的人以此为风俗，而没有觉得有什么奇怪的。

## 【原文】

孔子东游，见两小儿辩斗，问其故。一儿曰："我以日始出时去人近，而日中时远也。"一儿"以日初出远①，而日中时近也。"一儿曰②："日初出大如车盖③，及日中，则如盘盂：此不为远者小而近者大乎？"一儿曰："日初出沧沧凉凉，及其日中如探汤④：此不为近者热而远者凉乎？"孔子不能决也。两小儿笑曰："孰为汝多知乎⑤？"

## 【注释】

①一儿以日初出远——俞越："'儿'下当有'曰我'二字，方与上句一律。"杨伯峻："《事类赋》天部三、《御览》三、又三八五引正有'曰我'二字。"

②一儿曰——王重民："《御览》三引'一儿'上有'曰尔何以知'五字。"王叔岷："《天中记》一引'一儿'上亦有'曰尔何以知'五字，《事类赋》一天部一引'一儿'上有'曰尔何以知之'六字。"

③车盖——王重民："《意林》、《初学记》一、《御览》三引'车盖'并作'车轮'。"王叔岷："《事类赋》一天部一引'车盖'亦作'车轮'，《韵府群玉》十八引亦作'车轮'。"

④及其日中如探汤——王重民："'日'字衍文。'其'即指日也，若有'日'字，则文词赘矣。《类聚》一、《初学记》一、《御览》三引并无'日'字，可证。"王叔岷："《法苑珠林》七、《事类赋》一、《御览》三八五、《韵府群玉》五八引并无'日'字。《意林》、《意林》、《锦绣万花谷·前集》一引则并无'其'字。疑一本'日'作'其'，传写因并窜入耳。"探，音tàn（滩），试探，伸手拿取。汤，热水。

⑤为——谓，认为。

## 【译文】

孔子到东方游览，看见两个小孩在争辩，便问他们为什么争辩。一个小孩说："我认为太阳刚出山时离我们近，而中午时离我们远。"另一个小孩说："我认为太阳刚出山时离我们远，而中午时离我们近。"一个小孩说："太阳刚出山时像车盖那么大，到了中午，就像小盘子那么大了，这不正是离人远的看来小，而离人近的看起来大吗？"另一个小孩说："太阳刚出山时又寒又冷，到中午像手伸进热水里一样，这不正是离人近时热而离人远时凉吗？"孔子不能裁决。两个小孩笑着说："谁说你知识丰富啊？"

## 【原文】

均，天下之至理也，连于形物亦然①。均发均县②，轻重而发绝③，发不均也④。均也，其绝也莫绝⑤。人以为不然，自有知其然者也。詹何以独茧丝为纶⑥，芒针为钩⑦，荆篠为竿⑧，剖粒为饵，引盈车之鱼于百仞之渊、汩流之中⑨，纶不绝，钩不伸，竿不挠。楚王闻而异之，召问其故。詹何曰："臣闻先大夫之言，蒲且子之弋也⑩，弱弓纤缴⑪，乘风振之，连双鸧于青云之际⑫，用心专，动手均也。臣因其事，放而学钩⑬，五年始尽其道。当臣之临河持竿，心无杂虑，唯鱼之念，投纶沈钩，手无轻重，物莫能乱。鱼见臣之钩耳，犹沈埃聚沫⑭，吞之不疑。所以能以弱制强，以轻致重也。大王治国诚能若此，则天下可运于一握，将亦奚事哉？"楚王曰："善。"

## 【注释】

①连——牵连，涉及。张湛注："连，属也。"

②均发均县——发，头发。县，音xuán（悬），同悬。

③绝——断。

④发不均也——王叔岷："下'发'字疑涉上而衍。林希逸《口义》：'故曰，轻重而发绝，不均也。'是所见本正无下'发'字，《墨子·经说下篇》同。"

⑤其绝也莫绝——其绝，张湛注："若其均也，宁有绝理。"莫绝，张湛注："言不绝也。"

⑥詹何——张湛注："詹何，楚人，以善钓闻于国。"纶——鱼线。

⑦芒针——稻麦之芒，其锐如针，故称芒针。

⑧荆篠——荆，灌木名。篠，音xiǎo（小），小竹。

⑨汩——音gǔ（骨），迅疾貌。《释文》："汩，古物切，疾也。"

⑩蒲且子——张湛注："蒲且子，古善弋射者。"楚国人。弋——用绳系在箭上射。

⑪缴——音zhuó（酌），系在箭上的生丝绳，射鸟时用。

⑫鸧——音cāng（仓），即鸧鹒，鸟名，又称黄鹂、黄莺、黄鸟。

⑬放——音fǎng（访），通"仿"。

⑭沈埃聚沫——沉淀的尘埃，聚集在一起的泡沫。

## 【译文】

均是天下最高的准则，涉及到有形的物体也是这样。均匀的头发能悬挂均匀的物体，有轻有重而头发断绝，就是因为不均匀的缘故。力量均匀，本来应该断的也不会断。一般人认为不是这样，但自然会有懂得这个道理的人。詹何用一根蚕丝做鱼线，用稻麦的芒针做鱼钩，用荆条和嫩竹做鱼竿，用剖开来的米粒做鱼饵，在八十丈深的深渊和湍急的急流中钓到能装满一辆车子的大鱼，鱼线不断，鱼钩不直，鱼竿不弯。楚王听说后感到奇怪，便召他来问其中的道理。詹何说："我听我已故的父亲说，蒲且子射鸟，用柔弱的弓和纤细的丝线，趁着风势射出去，能把一双黄鹂从青云之上射下来，就是因为用心专一，动手均匀。我沿用他的方法，模仿着去学习钓鱼，用了五年时间才完全掌握了这种技术。当我在河边拿着鱼竿的时候，心中没有杂念，只想着钓鱼，扔出鱼线，沉下鱼钩，手不轻不重，任何事物不能扰乱。鱼看见我的钓饵，认为是沉淀来的尘埃和聚集在一起的泡沫，毫不怀疑地吞了下去。这就是我所以能以柔弱制服刚强，以轻物得到重物的道理。大王治理国家如果也能这样，那天下就可以在你的手掌上运转，还会有什么做不到的事情呢?”楚王说：“说得好!”

## 【原文】

鲁公扈、赵齐婴二人有疾，同请扁鹊求治[①]。扁鹊治之，既同愈。谓公扈、齐婴曰：“汝曩之所疾，自外而干府藏者，固药石之所已。今有偕生之疾，与体偕长，今为汝攻之，何如?”二人曰：“愿先闻其验[②]。”扁鹊谓公扈曰：“汝志强而气弱，故足于谋而寡于断。齐婴志弱而气强，故少于虑而伤于专。若换汝之心，则均于善矣。”扁鹊遂饮二人毒酒，迷死三日，剖胸探心，易而置之，投以神药，既悟如初。二人辞归。于是公扈反齐婴之室，而有其妻子，妻子弗识。齐婴亦反公扈之室，有其妻子[③]，妻子亦弗识。二室因相与讼，求辨于扁鹊。扁鹊辨其所由，讼乃已[④]。

## 【注释】

①同请扁鹊求治——俞樾：“既言请，又言求，于义复矣。‘请’乃‘诣’字之误也。诣，至也。言至扁鹊之所而求治也。”扁鹊，战国时医学家。姓秦，名越人，渤海郡鄚（今河北任丘）人，医名甚著。后因诊治秦武王病，被秦太医令妒忌杀害。

②验——征兆。杨伯峻释验为证，即症。

③有——占有。《集释》：“《御览》三七六引作‘而有其妻子’。‘有’上有‘而’字，与上句同。”

④讼乃已——卢重玄解："夫形体者，无知之物也。神识者，有知之主也。守乎本则真全而合道，滞乎质由天性而徇情。俗人徒见形之有憎爱，不知神之为主宰也。今言易其心而各有妻子者，明心为情主，形实无知耳。所以道者莫贵乎养神也。"

## 【译文】

鲁公扈和赵齐婴两人有病，一同到扁鹊那里请求医治。扁鹊为他们看了病，不久就一起治愈了。扁鹊对公扈和齐婴说："你们以前所害的病，是从外面侵入腑脏的，用药草和针砭就能治好。现在你们有生下来就有的病，和身体一同增长，现在为你们治疗，怎么样？"他二人说："希望先说说我们病的症状。"扁鹊对公扈说："你的心志刚强但气魄柔弱，所以计谋太多而缺乏果断。齐婴心志柔弱但气魄刚强，所以计谋太少而十分专横。如果把你们的心交换一下，那就都会很好了。"扁鹊于是叫两人喝了毒酒，让他们昏迷了三天，剖开胸膛，取出心脏，交换以后又放了进去，给他们吃了神药，醒来以后一切和原来一样，两人告辞回家。于是公扈回到了齐婴的家，并拥有他的妻子儿女，妻子儿女却不认识他。齐婴也回到了公扈的家，占有他的妻子儿子，妻子儿女也不认识他。两家人因此打起了官司，求扁鹊来分辨缘由。扁鹊说明了此事发生的原因，官司才解决。

## 【原文】

匏巴鼓琴而鸟舞鱼跃[①]。郑师文闻之[②]，弃家从师襄游[③]，柱指钩弦[④]，三年不成章[⑤]。师襄曰："子可以归矣。"师文舍其琴，叹曰："文非弦之不能钩，非章之不能成，文所存者不在弦，所志者不在声，内不得于心，外不应于器，故不敢发手而动弦。且小假之，以观其后。"无几何，复见师襄。师襄曰：

“子之琴何如?”师文曰:“得之矣。请尝试之。”于是当春而叩商弦以召南吕[⑥],凉风忽至,草木成实。及秋而叩角弦以激夹钟[⑦],温风徐回,草木发荣,当夏而叩羽弦以召黄钟[⑧],霜雪交下,川池暴沍[⑨]。及冬而叩徵弦以激蕤宾[⑩],阳光炽烈,坚冰立散。将终,命宫而总四弦[⑪],则景风翔,庆云浮,甘露降,澧泉涌[⑫]。师襄乃抚心高蹈曰[⑬]:“微矣子之弹也!虽师旷之清角[⑭],邹衍之吹律[⑮],亡以加之,彼将挟琴执管而从子之后耳。”

## 【注释】

①匏巴——张湛注:“匏巴,古善鼓琴人也。”匏,音páo(袍)。

②郑师文——张湛注:“师文,郑国乐师。”

③师襄——《淮南子·主术训》高诱注:“师襄,鲁乐太师也。”善鼓琴,《论语》谓之“击磬襄”。孔子尝从其学。

④柱指钧弦——张湛注:“安指调弦。”注中“安”,世德堂本作“按”。《释文》:“柱,一本作住。”则柱当作“按”解,指为“手指”,钧作“调”解。若以柱为乐器上的弦枕木,指为指法,钧为乐调,弦为弹弦法,则此句意为向师襄学习柱法、指法、乐调与弹弦法,亦可通。

⑤章——音乐一曲为一章。

⑥叩商弦以召南吕——张湛注:“商,金音,属秋。南吕,八月律。”商,五音(中国五声音阶的五个音级)之一。五音为宫、商、角、徵、羽。中国古代阴阳五行理论把五音与五行、四时(四季)相配。其配合关系为:角音为木,属春;徵音为火,属夏;商音为金,属秋;羽音为水,属冬;宫音为土,属长夏(六月)并兼有四季。南吕,十二律,中国古代律制,用三分损益法将一个八角分为十二个不完全相等的半音的一种律制之一。十二律从低到高依次为:黄钟、大吕、太簇、夹钟、姑洗、仲吕、蕤宾、林钟、夷则、南吕、无射、应钟。古人把十二律与十二月相配。其配合方法,从黄钟开始,依次为十一月、十二月、正月、二月……

⑦叩角弦以激夹钟——张湛注："角，木音，属春。夹钟，二月律。"

⑧叩羽弦以召黄钟——张湛注："羽，水音，属冬。黄钟，十一月律。"

⑨沍——音hù（互），本作"冱"，冻结。

⑩叩徵弦以激蕤宾——张湛注："徵，火音，属夏。蕤宾，五月律。"徵，音zhǐ（只）。蕤，音ruí。

⑪命宫而总四弦——宫，土音，属长夏，兼有四季。四弦、指商、角、羽、徵四音。

⑫澧——卢文弨："澧与醴同。"醴泉，甘美的泉水。

⑬蹈——顿足踏地，跳。

⑭师旷之清角——师旷，春秋时晋平公乐师，字子野。清角，指五音中角音，奏出清声时，称为清角。张湛注："师旷为晋平公奏清角，一奏之，有白云从西北起；再奏之，大风至而雨随之；三奏之，裂帷幕，破俎豆，飞廊瓦，左右皆奔走，平公恐伏，晋国大旱，赤地三年。故曰得声者或吉或凶也。"

⑮邹衍之吹律——邹衍，又作"驺衍"，战国末哲学家，阴阳五行家的代表人物，齐国人，曾为燕昭王师。《汉书·艺文志》著录《邹子》四十九篇，《邹子终始》五十六篇，皆不传。律，指十二律。张湛注："北方有地，美而寒，不生五谷。邹子吹律暖之，而禾黍滋也。"

## 【译文】

匏巴弹琴，能使鸟儿飞舞、鱼儿跳跃。郑国的师文听说后，便离开了家，跟随师襄游学，按指调弦，但三年也弹不好一支乐曲。师襄说："你可以回家了。"师文放下他的琴，叹了口气说："我并不是不能调弦，也并不是弹不好乐曲，而是我心中所存在的不是琴弦，脑子所想的不是乐声，心内不能专注，心外便不能与乐器相应，所以不敢放开手去拨动琴弦。姑且少给我一些时日，看看我以后怎样。"没多久，又去见师襄。师襄问："你的琴怎样了？"师文说："行了。请让我试试吧。"于是在春天里拨动了商弦，奏出了南吕乐律，凉爽的风忽然吹来，草木随之成熟并结出了果实。到了秋天，又拨动角弦，奏出了夹钟乐律，温暖的风慢慢回旋，草木随之发芽并开出了花朵。到了夏天，又拨动羽弦，奏出了黄钟乐律，霜雪交相降落，江河池塘突然东结成冰。到了冬天，又拨动徵弦，奏出了蕤宾乐律，阳光炽热强烈，坚固的冰块立刻融化。弹奏将要结束，又拨动宫弦，奏出了四季调和乐律，于是和暖的南风回，吉祥的彩云飘荡，甘甜的雨露普降，清美的泉水流淌。师襄便抚摸着心房蹦了起来，说："你弹奏得太微妙了！即使是师旷弹奏的清角，邹衍吹奏的声律，也不能超过你，他们将挟着琴弦、拿着箫管跟在你后面向你请教了。"

## 【原文】

薛谭学讴于秦青[①]，未穷青之技，自谓尽之，遂辞归。秦青弗止，饯于郊衢[②]，抚节悲歌[③]，声振林木，响遏行云[④]。薛谭乃谢求反，终身不敢言归。秦青顾谓其友曰："昔韩娥东之齐[⑤]，匮粮，过雍门[⑥]，鬻歌假食[⑦]。既去而余音绕梁欐[⑧]，三日不绝，左右以其人弗去。过逆旅，逆旅人辱之。韩娥因曼声哀哭[⑨]，一里老幼悲愁[⑩]，垂涕相对，三日不食。遽而追之[⑪]，娥还，复为曼声长歌，一里老幼喜跃抃舞[⑫]，弗能自禁，忘向之悲也。乃厚赂发之[⑬]。故雍门之人至今善歌哭，放娥之遗声[⑭]。"

## 【注释】

①薛谭学讴于秦青——张湛注："二人，秦国之善歌声。"讴，歌唱。

②饯于郊衢——饯，以酒食送行。衢，四通八达的道路。

③抚节——打着节拍。

④遏——阻止。

⑤韩娥——张湛注："韩国善歌者也。"

⑥雍门——《释文》："雍门，地名。杜预：齐城门也。"

⑦鬻歌假食——鬻，音yù（育），卖。假食，寄食，依靠别人吃饭。

⑧梁欐——欐，音lì（丽），栋，中梁。梁欐，又作梁丽，栋梁。

⑨曼声——长声。张湛注："曼声犹长引也。"

⑩一里——《释文》："一里，一本作十里。"

⑪遽——急。

⑫抃舞——因欢欣而鼓掌跳舞。

⑬厚赂发之——赂，赠送财物。发，送。张湛注："发犹遣也。"

⑭放——通"仿"，仿效。

## 【译文】

薛谭向秦青学习唱歌，还没有把秦青的本领完全学到手，自以为没有什么可学的了，于是告辞回家。秦青也不制止，还在郊外的大路口为他饯行，并打着节拍唱着悲伤的歌曲，声音振动了树林，回响挡住了行云。薛谭这才认错并请求返回继续学习，终身不敢再提起回家的事。秦青曾对他的朋友说："过去韩娥往东到齐国去，粮食吃完了，经过雍门时，便依靠卖唱来维持生活。她走了以后，留下来的声音还在屋梁间回荡，三天没有停止，周围的人还以为她没有离开。韩娥经过旅馆时，旅馆里的人侮辱了她。于是韩娥拖长了声音悲哀地哭泣，周围一里以内的老人和小孩也都随之悲哀忧愁，相对流泪，三天没有吃饭。旅馆里的人急忙追赶她，向她赔情道歉，韩娥回来后，又拖长了声音长时间地唱歌，周围一里之内的老人和小孩也都欢喜雀跃地拍着手跳起舞来，谁也不能自己停下来，都忘记了刚才的悲哀。然后给她很多钱财送她回家去。所以雍门附近的人直到现在还喜欢唱歌和悲哭，那是在模仿韩娥留下来的声音啊！"

## 【原文】

伯牙善鼓琴[①]，钟子期善听。伯牙鼓琴，志在登高山[②]，钟子期曰："善哉！峨峨兮若泰山！"志在流水，钟子期曰："善哉！洋洋兮若江河！"伯牙所念，钟子期必得之。伯牙游于泰山之阴，卒逢暴雨，止于岩下，心悲，乃援琴而鼓之。初为《霖雨之操》[③]，更造《崩山之音》。曲每奏，钟子期辄穷其趣。伯牙乃舍琴而叹曰："善哉，善哉，子之听夫！志想象犹吾心也[④]。吾于何逃声哉？"

## 【注释】

①伯牙——春秋时善弹琴者。《吕氏春秋·本味》："伯牙鼓琴，钟子期听之，方鼓琴而志在太山，钟子期曰：'善哉乎鼓琴，巍巍乎若太山。'少选之间，而志在流水，钟子期又曰：'善哉乎鼓琴，汤汤乎若流水。'钟子期死，伯牙破琴绝弦，终身不复鼓琴，以为世无足复为鼓琴者。"

②志在登高山——王叔岷："'登'字疑衍。'志在高山'与下'志在流水'相对。《记纂渊海》五二、七八、《合璧事类·前集》五七、《韵府群玉》八引皆无'登'字。《吕氏春秋·本味篇》、《韩诗外传》九、《说苑·尊贤篇》并同。"

③霖雨之操——霖雨，连绵的大雨。操，琴曲的一种。应劭《风俗通·声音》："其遇闭塞忧愁而作者，命其曲曰操。"

④志想象犹吾心——张湛注："言心暗合与己无异。"

## 【译文】

伯牙善于弹琴，钟子期善于听音。伯牙弹琴时，心里想着高山，钟子期说："好啊！高大庄严地像泰山！"心里想着流水，钟子期说："好啊！浩浩荡荡地像江河！"伯牙想到什么，钟子期一定能领会到。伯牙在泰山北面游览，突然遇到暴雨，停留在岩石下，心中悲哀，于是拿起琴弹了起来。先弹《霖雨之操》，又弹《崩山之音》，每弹一曲，钟子期都能领会它的旨趣。于是伯牙放下琴叹道："你听琴的本领真是太高了，太高了！你心中想的简直和我想的一样，我哪里逃得掉你对声音的识别能力呢？"

## 【原文】

周穆王西巡狩①，越崑岺，不至弇山②。返还，未及中国，道有献工人名偃师③，穆王荐之④，问曰："若有何能？"偃师曰："臣唯命所试。然臣已有所造，愿王先观之。"穆王曰："日以俱来⑤，吾与若俱观之。"越日⑥，偃师谒见王，王荐之，曰："若与偕来者何人邪？"对曰："臣之所造能倡者⑦。"穆王惊视之，趣步俯仰⑧，信人也⑨。巧夫锁其颐⑩，则歌合律；捧其手，则舞应节。千变万化，惟意所适。王以为实人也，与盛姬内御并观之。技将终，倡者瞬其目而招王之左右侍妾⑪。王大怒，立欲诛偃师。偃师大慑⑫，立剖散倡者以示王，皆傅会革、木、胶、漆、白、黑、丹、青之所为。王谛料之⑬，内则肝、胆、心、肺、脾、肾、肠、胃，外则筋骨、肢节、皮毛、齿发，皆假物也，而无不毕具者。合会复如初见⑭。王试废其心，则口不能言；废其肝，则目不能视；废其肾，则足不能步。穆王始悦而叹曰："人之巧乃可与造化者同功乎？"诏贰车载之以归⑮。夫班输之云梯⑯，墨翟之飞鸢⑰，自谓能之极也。弟子东门贾、禽滑厘、闻偃师之巧以告二子⑱，二子终身不敢语艺，而时执规矩⑲。

## 【注释】

①巡狩——又作"巡守"。古代帝王每隔五年出外视察诸侯所镇守的地方，称"巡狩"。

②不至弇山——王重民：“‘不’字疑衍。《穆天子传》云：‘天子遂驱，升于弇山。’《周穆王篇》亦云：‘乃观日之所入。’亦指登弇山事也。是穆王曾至弇山。若有不字，则与事实不合矣。”弇，音yǎn（眼）。弇山，即弇兹山，又称崦嵫山，在今甘肃天水县西境。古人以为是太阳降落的地方。

③未及中国，道有献工人名偃师——张湛注：“中国有国献此工巧之人也。”杨伯峻：“依张注云云，则原文当作‘反还，未及，中道国有献工人名偃师’。今本‘国’‘道’二字误倒，遂以‘未及中国’为句。文义虽通，失其本真矣。”

④荐之——张湛注：“荐当作进”。召见之意。

⑤日以俱来——张湛注：“日谓别日。”

⑥越日——《集释》：“‘越日’，元本、世德堂本并作‘翌日’，《御览》七五二引作‘越日’。

⑦倡——古代以乐舞为生的艺人。

⑧趋——同“趋”，快步行走。

⑨信人——信，确实。信人，像真的人。

⑩锁——音qīn（钦），又读hàn（憾）。《释文》：“锁犹摇头也。”

⑪瞬——眨眼。

⑫慑——恐惧，害怕。

⑬谛——仔细。

⑭合会——即会合，聚集在一起。

⑮贰车——副车。《礼记·少仪》郑玄注：“贰车，佐车皆副车也，朝祀之副曰贰，戎猎之副曰佐。”

⑯班输之云梯——班输，即公输班，姓公输，名班，春秋时鲁国人，亦称鲁班，当时有名的巧匠。张湛注：“班输作云梯，可以凌虚仰攻。”

⑰墨翟之飞鸢——鸢，音yuān（冤），鸟名，又称“老鹰”。墨翟（约前468—376年），春秋战国之际思想家，墨家派的创始人。张湛注：

"墨子作木鸢，飞三日不集。"杨伯峻："《墨子·鲁问篇》：'公输子削竹以为鹊，成而飞之，三日不下。'《淮南子·齐俗训》：'鲁般，墨子作木为鸢而飞之，三日不集。'《韩非子·外储说》：'墨子为木鸢，三年而成，蜚一日而败。'《论衡·儒增篇》云：'儒书称鲁般、墨子之巧，刻木为鸢，飞之三日而不集。'又《乱龙篇》同。《抱朴子·应嘲篇》：'墨子刻木鸡以戾天。'或云鲁般，或云墨子，或同属二人；或以为鸢，或以为鹊，或以为鸡；同一事而传闻异词也。"

⑱东门贾、禽滑厘——东门贾，公输班弟子。禽滑厘，墨翟弟子，滑，音gǔ（骨）。

⑲规矩——规，圆规，校正圆形的工具。矩，校正方形的工具，二者为木工所必备。

## 【译文】

周穆王到西部视察，越过昆仑山，到达弇兹山。然后返回来，尚未到达中原地区，路上有人自愿奉献技艺给穆王，名叫偃师，穆王召见他，问道："你有什么才能？"偃师说："我能按你的任何想法去做。但我已经造出了一件东西，希望大王先看一看。"穆王说："过几天你把它带来，我们一块儿看看。"过了一天，偃师又来拜见穆王，穆王召见了他，说："和你一道来的是什么人啊？"偃师回答说："是我所造的能唱歌跳舞的人。"穆王惊奇地看着它，行走俯仰，和真人一样。那个巧木匠摇它的头，便唱出了符合乐律的歌；捧它的手，便跳起了符合节拍的舞。千变万化，你想叫它干什么它就能干什么。穆王以为是个真人，便叫盛姬及宫内待御一起来观看。表演快要结束的时候，那个会唱歌跳舞的人眨了眨眼睛，向穆王的左右嫔妃招手。穆王大怒，立刻要杀偃师。偃师十分害怕，连忙剖开那唱歌跳舞的人让穆王看，原来都是用皮革、木料、胶水、油漆、白粉、黑粉、红粉、青粉等材料凑合起来的，穆王仔细察看，体内的肝、胆、心、肺、脾、肾、肠、胃，体外的筋骨、四肢、骨节、皮肤、汗毛、牙齿、头发等，全是假的，但却没有不具备的，聚合起来又和一开始见到的一样。穆王试探着拿走它的心，它的嘴便不能再说话；拿走它的肝，它的眼睛便不能再看东西；拿走它的肾，它的脚便不能再走路。穆王这才高兴地赞叹道："人的技巧竟然可以与创造万物的天帝具有相同的功能吗？"命令偃师坐上副车回到中原。班输的云梯，墨翟的飞鸢，自称是最高的技能了。弟子东门贾、禽滑厘听到了偃师的技巧，便告诉了两位老师，这两位终身再也不敢谈论自己的技艺，却时时拿着规矩在研究。

## 【原文】

甘蝇，古之善射者，彀弓而兽伏鸟下[①]。弟子名飞卫，学射于甘蝇，而巧过其师。纪昌者，又学射于飞卫。飞卫曰："尔先学不瞬，而后可言射矣。"纪昌归，偃卧其妻之机下[②]，以目承牵挺[③]。二年之后，虽锥末倒眥[④]，而不瞬也。以告飞卫，飞卫曰："未也，必学视而后可。视小如大，视微如著，而后告我。"昌以氂悬虱于牖[⑤]。南面而望之[⑥]。旬日之间，浸大也；三年之后，如车轮焉。以睹余物，皆丘山也。乃以燕角之弧[⑦]、朔蓬之簳射之[⑧]，贯虱之心，而悬不绝。以告飞卫，飞卫高蹈拊膺曰[⑨]："汝得之矣！"纪昌既尽卫之术，计天下之敌己者一人而已，乃谋杀飞卫。相遇于野[⑩]，二人交射，中路矢锋相触，而坠于地，而尘不扬。飞卫之矢先穷[⑪]，纪昌遗一矢，既发，飞卫以棘刺之端扞之[⑫]，而无差焉。于是二子泣而投弓，相拜于涂，请为父子，克臂以誓，不得告术于人。

## 【注释】

①彀——音gòu（够），张满弓弩。

②偃——仰卧。机——指织布机。

③以目承牵挺——承，从下向上看。牵挺，张湛注：“牵挺，机蹑。”蹑为古代织机上提综的踏板。

④倒眥——倒，王重民：“《御览》七百四十五引‘倒’作‘到’，又八百二十五引亦作‘到’，疑作‘到’者是也。”眥，音zì（自），眶。

⑤以氂悬虱于牖——氂，音máo（毛），长毛。牖，音yǒu（有），窗。

⑥南面——面向南。

⑦燕角之弧——弧，木弓。燕角，燕国的牛角。燕角之弧，木干上配有燕角的弓。

⑧朔蓬之簳——朔，杨伯峻：“‘朔’字当为‘荆’，形近而误。《考工记》：‘燕之角，荆之干，此材之美者也。’即此文所本。且‘荆’与‘燕’对举，似非泛指朔方而言。”蓬，草名，其茎可以做箭。簳，音gǎn（杆），箭。

⑨高蹈拊膺——蹈，跳。拊，拍。膺，胸。

⑩相遇于野——王叔岷：“《事文类聚·前集》四二、《合璧事类·前集》五七、《天中记》四一引‘相’上并有‘一日’二字，当从之。”

⑪穷——尽。

⑫以棘刺之端扞之——棘，有刺的草木。扞，音hàn（汗），抵挡。

## 【译文】

甘蝇是古代很会射箭的人，一张开弓，走兽便趴下，飞鸟便落地。有个弟子叫飞卫，向甘蝇学习射箭，技巧超过了他的老师。又有一个叫纪昌的人，向飞卫学习射箭。飞卫说：“你先学习不眨眼的本领，然后才可以谈射箭的事。”纪昌回家后，仰卧在他妻子的织布机下，眼睛对着上下不停移动的踏板。两年以后，即使锥尖碰着眼眶，也不眨一眨眼。他把这个本领告诉了飞卫，飞卫说：“不行，还必须学会看东西，然后才可以学射箭，看小东西能像看大东西一样，看细微的东西能像看显著的东西一样，然后再来告诉我。”于是纪昌用一根长毛系住一只虱子挂在窗子上，面朝南望这只虱子。十天之中，他所看到的虱子逐渐变大；到三年之后，就像看车轮那么大了。再看别的东西，就都成了丘陵和高山。于是他用燕国的牛角装饰的弓、楚国的蓬草做的箭去射那只虱子，正好穿透了虱子的心脏，而挂虱子的长毛却没有断。他又把这个本领报告了飞卫，飞卫高高地跳起来拍着胸脯说：“你已经得到本领了！”纪昌完全学到了飞卫的技艺之后，心想天下能够和自己相敌的，只有飞卫一个人了，于是阴谋杀害飞卫。有一次在野外碰到了，两人互相射箭，箭头在半道相撞，坠落在地上，连尘土也没有被扬起来。飞卫的箭先射完了，纪昌还留下一支，他射出这支箭后，飞卫用一根草刺的尖端去抵挡，一点不差地挡住了箭。于是两人流着眼泪扔掉了弓，在路上互相跪拜，请求结为父子，并割臂发誓，不得把技巧传给他人。

**【原文】**

造父之师曰泰豆氏①。造父之始从习御也，执礼甚卑，泰豆三年之告。造父执礼愈谨，乃告之曰：“古诗言：‘良弓之子，必先为箕；良冶之子②，必先为裘③。’汝先观吾趣④。趣如吾，然后六辔可持⑤，六马可御。”造父曰：“唯命所从。”泰豆乃立木为涂⑥，仅可容足，计步而置，履之而行。趣走往还，无跌失也。造父学之，三日尽其巧。泰豆叹曰：“子何其敏也？得之捷乎！凡所御者，亦如此也⑦。曩汝之行，得之于足，应之于心。推于御也，齐辑乎辔衔之际⑧，而急缓乎唇吻之和，正度乎胸臆之中，而执节乎掌握之间。内得于中心，而外合于马志，是故能进退履绳而旋曲中规矩⑨，取道致远而气力有余，诚得其术也。得之于衔，应之于辔；得之于辔，应之于手；得之于手，应之于心。则不以目视，不以策驱[⑩]，心闲体正，六辔不乱，而二十四蹄所投无差，回旋进退，莫不中节[⑪]。然后舆轮之外可使无余辙，马蹄之外可使无余地，未尝觉山欲之崄[⑫]，原隰之夷[⑬]，视之一也。吾术穷矣。汝其识之！”

【注释】

①造父、泰豆氏——古代擅长驾车的人。

②冶——铸造金属制品的工人。

③良弓之子，必先为箕，良冶之子，必先为裘——《礼记·学记》：“良冶之子，必学为裘；良弓之子，必学为箕。”张湛注：“箕裘皆须柔屈补接而后成器。为弓冶者，调筋角，和金铁亦然。故学者必先攻其所易，然后能成其所难，所以为谕也。”

④趣——通“趋”，快步行走。

⑤六辔——辔，音pèi（配），驾驭牲口的缰绳。古代四马之车，每匹马各有两辔，共有八辔，但因两旁两马的内辔系在轼前，在御者之手的只有六辔，故六辔又为缰绳的代称。本文中的“六辔”似指六匹马的缰绳，观此处云：“六辔可持，六马可御”，“六辔”与“六马”对文，显然六辔所系不是四马。下文又有“六辔不乱，而二十四蹄所投无差”之文，二十四蹄为六马，可证本文“六辔”所系为六马。

⑥涂——通“途”，道路。

⑦凡所御者，亦如此也——卢重玄解：“立木如足，布之如步。《庄子》云，侧足之外皆去其土，则不能履之者，心不定也。若御马者亦如使其足，则妙矣。”

⑧齐辑乎辔衔之际——辑，协调驾车的众马。衔，青铜或铁制，放在马口内，用以勒马。

⑨旋曲中规矩——陶鸿庆：“‘矩’字衍文。本作‘进退中绳而旋曲中规’，言‘直者中绳，曲者中规’也。《淮南子·主术训》引此文无‘矩’字。”

⑩策——马鞭。

⑪莫不中节——张湛注："与和鸾之声相应也。"和鸾，古代车马上的铃铛。

⑫崄——音xiǎn（险），同"险"。

⑬原隰——高平为原，下湿为隰，本文指原野。

## 【译文】

造父的老师叫泰豆氏，造父一开始跟随他学习驾车时，所持礼仪十分谦卑，但泰豆三年也没有教他。造父持礼更加谨慎，泰豆才告诉他说："古诗说：'优秀弓匠的弟子，一定要先学习做簸箕；优秀冶匠的弟子，一定要先学习做皮衣。'你先看我快步行走。如果能和我一样地快步行走，然后才可以掌握缰绳，驾驭马匹。"造父说："一切听您的命令。"泰豆于是把木棍立起来作道路，木桩上只能放一只脚，根据步伐大小放置，然后踩在木桩上行走，来回快跑，也没有跌落下来。造父学习这个技巧，三天就完全学到手了。泰豆赞叹说："你怎么这么灵敏呀？掌握得真快啊！凡是要驾御马车的，也要像这样子。刚才你在木桩上走路时，踩得稳的是脚，指挥者是心。把这推广到驾车上，在协调缰绳和衔铁的时候，快慢与口令相和谐，正确的指挥发于心胸之内，而掌握节拍在于手臂之间。体内有了适中的思虑，身外符合马匹的情性，所以能进退遵循绳墨，旋曲符合规矩，选择道路，长途奔驰，气力绰绰有余，这才是真正掌握了驾车的技巧。在衔铁上得到信号，马上就能在缰绳上有所回应；在缰绳上得到信号，马上就能在手上有所回应。在手上得到信号，马上就在心上有所回应。这样就用不着眼睛看，用不着鞭子赶，心情闲适，身体正直，六匹马的缰绳不乱，二十四只马蹄的步伐没有误差，回转与进退，没有不符合节拍的。然后，可以使车轮之外没有其他痕迹，可以使马蹄之外没有其他地面也照样能行走，并没有觉得山谷的艰险和原野的平坦，看上去完全一样。我的技巧没有了，你好好记住吧！”

## 【原文】

魏黑卵又暱嫌杀丘邴章[①]，丘邴章之子来丹谋报父之仇。丹气甚猛，形甚露[②]，计粒而食，顺风而趋。虽怒，不能称兵以报之[③]。耻假力于人，誓手剑以屠黑卵。黑卵悍志绝众，力抗百夫，节骨皮肉，非人类也。延颈承刀，披胸受矢[④]，铓锷摧屈[⑤]，而体无痕挞[⑥]。负其材力，视来丹犹雏鷇也[⑦]。来丹之友申他曰：“子怨黑卵至矣，黑卵之易子过矣[⑧]，将奚谋焉？”来丹垂涕曰：“愿子为我谋。”申他曰：“吾闻卫孔周其祖得殷帝之宝剑，一童子服之[⑨]，却三军之众，奚不请焉？”来丹遂适卫，见孔周，执仆御之礼，请先纳妻子[⑩]，后言所欲。孔周曰：“吾有三剑，唯子所择，皆不能杀人[⑪]。且先言其状。一曰含光，视之不可见，运之不知有。其所触也，泯然无际[⑫]，经物而物不觉。二曰承影，将旦昧爽之交[⑬]，日夕昏明之际，北面而察之，淡淡焉若有物存，莫识其状。其所触也，窃窃然有声[⑭]，经物而物不疾也。三曰宵练，方昼则见影而不见光，方夜见光而不见形。其触物也，騞然而过[⑮]，随过随合，觉疾而不血刃焉[⑯]。此三宝者，传之十三世矣，而无施于事，匣而藏之，未尝启封。”来丹曰：“虽然，吾必请其下者。”孔周乃归其妻子，与斋七日，晏阴之间[⑰]，跪而授其下剑，来丹再拜受之以归。来丹遂执剑从黑卵，时黑卵之醉偃于牖下[⑱]，自颈至腰三斩之，黑卵不觉。来丹以黑卵之死，趣而退，遇黑卵之子于门，击之三下，如投虚。黑卵之子方笑曰：“汝何蚩而三招予[⑲]？”来丹知剑之不能杀人也，叹而归。黑卵既醒，怒其妻曰：“醉而露我，使我嗌疾而腰急[⑳]。”其子曰：“畴昔来丹之来，遇我于门，三招我，亦使我体疾而支强[21]。彼其厌我哉[22]?”

## 【注释】

①睚嫌——睚,即‘昵’。张湛注:“睚嫌,私恨。”

②形甚露——杨伯峻:“《礼记·檀弓》:‘敛手足形。’郑注:‘形,体也。’《左传·昭元年》:‘勿使有所壅闭湫底以露其体。’杜注‘露,羸也。’‘形甚露’犹言‘体甚羸’也。下文张注云‘体羸虚’,正得其义。”

③称兵——称,举。兵,武器。张湛注:“有胆气而体羸虚,不能举兵器也。”

④刀——《集释》:“《藏》本、世德堂本作‘刃’。”披——披露,显露。

⑤铓锷摧屈——铓,音máng(忙),刀剑的尖锋。锷,音è,剑刃。摧,毁坏。屈,弯曲。

⑥体无痕挞——王重民:“‘挞’字与上文义不相合,《御览》三百八十六,又四百八十二引并无‘挞’字,疑是衍文。”胡怀琛云:“‘痕挞’二字疑倒。”挞,用鞭子或棍子打。

⑦鷇——音kòu(扣),待母哺食的小鸟。

⑧易——轻慢,轻贱。

⑨服——佩带。

⑩纳——交付,本文指送去作抵押。

⑪杀人——杨伯峻:“杀人谓杀人至死也。”

⑫泯然无际——泯然,完全没有的样子。际,交会之处。

⑬昧爽之交——昧,昏暗。爽,明亮,昧爽之交,由暗转明之际,即黎明。

⑭窈窈然——明察貌。

⑮騞然——騞,音huō,刀削物的声音。

⑯血刃——血沾刀口。

⑰晏——晴朗。

⑱偃于牖下——偃,仰卧。牖,音yǒu(有),窗。

⑲蚩——痴貌。

⑳嗌疾而腰急——嗌，音ài（爱），咽喉窒塞。急，紧缩。

㉑支强——支，通“肢”。强，紧硬。

㉒厌——音yā（鸭），指厌胜，以法术制服他人。

## 【译文】

魏黑卵因私怨杀死了丘邴章，丘邴章的儿子来丹准备为父亲报仇。来丹的气势非常勇猛，但形体却十分羸弱，数着米粒儿吃饭，顺着风才能走路。虽然愤怒，却不能举起武器去报复。又不愿意借用别人的力量，发誓要亲手用剑杀死黑卵。魏黑卵志气强悍超过了所有的人，力量也能抗击一百个敌手，筋骨皮肉，都不是一般人可以抵挡的。他伸长颈项迎接刀砍，敞开胸脯接受箭击，刀剑的锋刃被损坏弯曲，他的身体却没有一点被击过的痕迹。依仗着自己的本领和力气，把来丹看做是一只刚出壳的小鸟，来丹的朋友申他说：“你怨恨黑卵到了极点，黑卵小瞧你也太过分了，你打算怎么办呢？”来丹流着眼泪说：“希望你替我想想办法。”申他说：“我听说卫国孔周的祖先得到了殷代天子的宝剑，一个小孩佩着它，打退了三军的官兵，为什么不去求他呢？”于是来丹去了卫国，见到了孔周，行奴仆的大礼，请求把妻子儿女抵押给他，再谈要求什么。孔周说：“我有三把剑，任由你去选择，但都杀不死人。姑且先说说它们的情况。一把剑叫含光，看它看不见，用它不觉得它存在。它触碰到物体，你完全感觉不到物体有实体，它从体内经过也没有感觉。另一把剑叫承影，在清晨天将亮的时候，或傍晚天将暗的时候，面向北观察它，淡淡地似乎有件东西存在着，但看不清它的形状。它触碰到物体，清清楚楚有点声音，它从体内经过，却不觉得疼痛。再一把剑叫宵练，白天能看见它的影子但看不到亮光，夜间能看见它的亮光，但看不见它的形状。它触碰到身体，咔嚓一下就过去了，一过去就又合起来，虽然能感觉到疼痛，但刀刃上却没有沾上一丝血迹。这三把宝剑，已经传了十三代了，也没有使用过，放在匣子里珍藏着，从未打开。”来丹说：“即使是这样，我还是要借用最次的一把。”于是孔周把他的妻子儿女还给了他，同他一起斋戒七天，在一个半晴半阴的天气，跪着拿给他最次的剑，来丹两次拜谢后接受了剑返回家中。从此来丹便拿着剑跟踪黑卵，一天黑卵喝醉了酒躺在窗下，来丹从颈项到腰间斩了黑卵三刀，黑卵也没有觉察。来丹以为黑卵死了，急忙离开，在门口却碰上了黑卵的儿子，于是又用剑砍了他三下，好像是砍到了虚空一样。黑卵的儿子这才笑着说：“你傻乎乎地向我三次招手干什么？”来丹明白这剑真的杀不死人了，哀叹着回了家。黑卵醒来后，向他妻子发火说：“你趁我喝醉时脱光了我的衣服，使我咽喉堵塞，腰也疼痛了。”他儿子说：“刚才来丹来过，在门口碰上了我，三次向我招手，也使我身体疼痛，四肢麻木。他难道是用什么法术来制服我们吗？”

## 【原文】

周穆王大征西戎，西戎献锟铻之剑[①]，火浣之布[②]。其剑长尺有咫[③]，练钢赤刃，用之切玉如切泥焉。火浣之布，浣之必投于火，布则火色，垢则布色，出火而振之，皓然疑乎雪。皇子以为无此物，传之者妄。萧叔曰：“皇子果于自信，果于诬理哉！”

## 【注释】

①锟铻——又作“昆吾”。《释文》：“昆吾，龙剑也。《河图》曰：‘瀛洲多积石，多昆吾，可为剑。’《尸子》云：‘昆吾之剑可切玉。’”

②火浣之布——浣，音huàn（换），洗濯。火浣之布，用火洗濯的

布，即今所谓石棉布。

③咫——古代长度单位，周制八寸为一咫。

## 【译文】

周穆王大举征伐西方民族时，西方民族曾贡献锟铻剑和火浣布。那剑长一尺八寸，钢质纯熟，刀刃赤色，用它来切断玉石像切断泥土一样。火浣布，洗它的时候必须投入火中，布即成为火的颜色，而污垢则成为布的颜色，从火中把布取出抖动几下，布就白得像雪花一般。皇太子认为世上没有这种东西，传说的是虚妄之事。萧叔说："皇太子真的太自信了，也真的诬蔑了事物之理啊！"

# 力命第六

## 【原文】

力谓命曰："若之功奚若我哉？"命曰："汝奚功于物而欲比朕？"力曰："寿夭、穷达、贵贱、贫富，我力之所能也。"命曰："彭祖之智不出尧舜之上，而寿八百；颜渊之才不出众人之下，而寿四八[①]。仲尼之德不出诸侯之下，而困于陈蔡[②]；殷纣之行不出三仁之上[③]，而居君位。季札无爵于吴[④]，田恒专有齐国[⑤]。夷齐饿于首阳[⑥]，季氏富于展禽[⑦]。若是汝力之所能，奈何寿彼而夭此，穷圣而达逆，贱贤而贵愚，贫善而富恶邪？"力曰："若如若言，我固无功于物，而物若此邪，此则若之所制邪？"命曰："既谓之命，奈何有制之者邪？朕直而推之，曲而任之。自寿自夭，自穷自达，自贵自贱，自富自贫，朕岂能识之哉？朕岂能识之哉？"

## 【注释】

①四八——北宋本、世德堂本作"十八"。颜渊为孔子弟子，年寿古传不一，但都说寿命较短。

②仲尼困于陈蔡——事见《史记·孔子世家》。

③三仁——三位仁人，把殷纣王时的大臣微子、箕子和比干。微子名启，纣王的同母兄，《孟子·告子》则说是纣王的叔父。箕子，纣王的叔父，因进谏不听，佯狂为奴。比干，纣王的叔父，因进谏被纣王挖心而死。《论语·微子篇》云："微子去之，箕子为之奴，比干谏而死。孔子曰：殷有三仁焉。"

④季札——春秋时吴王寿梦的少子，十分贤能，欲立为太子，不受，封于延陵，号延陵季子，深得各国贤者尊敬。

⑤田恒——即陈成子。春秋时齐国的大臣。陈釐公之子，名恒，一作常。公元前481年杀死齐简公，立齐平公，自任相国，尽杀公族中的强者，扩大封邑，专权于齐国。《论语·宪问》："陈成子弑简公。孔子沐浴而朝，告于哀公曰：陈恒弑其君，请讨之。"

⑥夷齐饿于首阳——夷齐，伯夷和叔齐。伯夷为商末孤竹国国君的长子，姓墨胎氏。孤竹君初以次子叔齐为继承人。孤竹君死后，叔齐让兄，兄伯夷不受，两人均离弃本国，武王灭商后又逃避到首阳山，誓不食周粟，终于饿死于首阳。孔子说：伯夷、叔齐，"古之贤人也"。

⑦季氏富于展禽——季氏，即季孙氏，春秋、战国时鲁国掌握政权的贵族，鲁桓公少子的后裔。从季文子（季友之孙）起，季武子（文子之子）、季平子（武子之孙）、季桓子（平子之子）、季康子（桓子庶子）等相继执政。《论语·先进》："季氏富于周公，而求也为之聚敛而附益之。子曰："非吾徒也，小子鸣鼓而攻之可也。"展禽，即柳下惠，本名获，又名季，字禽，鲁国贤者。《论语·微子》载孔子曰："柳下惠，少连，降志辱身矣，言中伦，行中虑，其斯而已矣。"又《卫灵公》载孔子曰："臧文仲其窃位者与！知柳下惠之贤而不与立也。"

## 【译文】

力量对命运说："你的功劳怎么能和我相比呢？"命运说："你对事物有什么功劳而要和我相比？"力量说："长寿与早夭，穷困与显达，尊重与下贱，贫苦与富裕，都是我的力量所能做到的。"命运说："彭祖的智慧不在尧之上，而活到了八百岁；颜渊的才能不在一般人之下，而活到了四十八岁。仲尼的仁德不在各国诸侯之下，而被围困在陈国与蔡国之间；殷纣王的行为不在微子、箕子、比干之上，却位为天子。季札在吴国没有官爵，田恒却在齐国专权。伯夷和叔齐在首阳山挨饿，季氏却比柳下惠富有得多。如果是你的力量所能做到的，为什么要使坏人长寿而使好人早夭，使圣人穷困而使贼人显达，使贤人低贱而使愚人尊贵，使善人贫苦而使恶人富有呢？”力量说：“如果像你所说的那样，我原来对事物没有功劳，而事物的实际状况如此，这难道是你控制的结果吗？”命运说：“既然叫做命运，为什么要有控制的人呢？我只不过是对顺利的事情推动一下，对曲折的事情听之任之罢了。一切人和事物都是自己长寿自己早夭，自己穷困自己显达，自己尊贵自己低贱，自己富有自己贫苦，我怎么能知道呢？我怎么能知道呢？”

## 【原文】

北宫子谓西门子曰：“朕与子并世也，而人子达[①]；并族也，而人子敬；并貌也，而人子爱；并言也，而人子庸[②]；并行也，而人子诚；并仕也，而人子贵；并农也，而人子富；并商也，而人子利。朕衣则裋褐[③]，食则粢粝[④]，居则蓬室[⑤]，出则徒行。子衣则文锦，食则粱肉[⑥]，居则连欐[⑦]，出则结驷[⑧]。在家熙然有弃朕之心[⑨]，在朝愕然有敖朕之色[⑩]。请谒不及相，遨游不同行，固有年矣。子自以德过朕邪？”西门子曰：“予无以知其实。汝造事而穷，予造事而达，此厚薄之验欤？而皆谓与予并，汝之颜厚矣。”北宫子无以应，自失而归。中途遇东郭先生，先生曰：“汝奚往而反，偊偊而步[⑪]，有深愧之色邪？”北宫子言其状。东郭先生曰：“吾将舍汝之愧[⑫]，与汝更之西门氏而问之。”曰：“汝奚辱北宫子之深乎？固且言之[⑬]。”西门子曰：“北宫子言世族、年貌、言行与予并，而贱贵、贫富与予异。予语之曰：予无以知其实。汝造事而穷，予造事而达，此将厚薄之验欤？而皆谓与予并，汝之颜厚矣。”东郭先生曰：“汝之言厚薄不过言才德之差，吾之言厚薄异于是矣。夫北宫子厚于德，薄于命，汝厚于命，薄于德。汝之达，非智得也；北宫子之穷，非愚失也。皆天也，非人也。而汝以命厚自矜，北宫子以德厚自愧，皆不识夫固然之理矣[14]。”西门子曰：“先生止矣。予不敢复言。”北宫子既归，衣其裋褐，有狐貉之温[15]；进其茙菽[16]，有稻粱之味；庇其蓬室，若广厦之荫；乘其筚辂[17]，若文轩之饰[18]。终身逌然[19]，不知荣辱之在彼也，在我也。东郭先生闻之曰：“北宫子之寐久矣[20]，一言而能寤，易悟也哉[21]！”

## 【注释】

①人子达——犹“人达子”，别人使你显达。以下“人子敬”、“人子爱”、“人子庸”、“人之诚”、“人子贵”、“人子富”、“人子利”，句法与此同。

②庸——用。

③裋褐——音shù（树）。裋褐，粗糙的衣服，古代多为贫苦者所服。

④粢粝——粢，音zī（资），粟米。粝，音lì（厉），粗米。粢粝，《释文》：“盖谓粗舂粟麦为粢饼食之。”

⑤蓬室——犹言茅屋，泛指简陋的房屋。

⑥粱肉——粱，精美的饭食。粱肉，指精美的饭菜。

⑦连㮰——㮰，栋梁。连㮰，栋梁相连，指高大华丽的房屋。

⑧结驷——驷，古代四马所驾之车，或指一车所驾之四马。结驷，车马互相连结。

⑨熙然——欢笑貌。

⑩愕然——争辩貌。

⑪偊偊——独行貌。

⑫舍——通“释”，消除。

⑬固——通“姑”，姑且。

⑭矣——《集释》：“《藏》本、吉府本、《四解》本、秦刻本皆无‘矣’字，今依北宋本、世德堂本增。”

⑮貉——音hé（河）。又称“狗獾”，为重要的毛皮兽之一。

⑯芃菽——又作“戎菽”，大豆。

⑰筚辂——音bì（毕）lù（路），用荆竹树枝编成的车子，即柴车。

⑱文轩——轩，古代一种供大夫以上乘坐的轻便车，车箱前顶较高，用漆有花纹或加皮饰的席子作障蔽。文轩，画有花纹的轩车。

⑲逌然——逌，音yóu（由），舒适自得貌。

⑳寐——睡眠，本文指迷糊，糊涂。

㉑悟——《集释》：“‘悟’，北宋本作‘寤’，《藏》本、世德堂本作‘怛’。”

## 【译文】

北宫子对西门子说：“我和你生活在同一个时代，而别人却使你显达；一样的世家大族，而别人却尊敬你；相貌也差不多，而别人却喜欢你；一样地说话，而别人却采纳你的意见；一样的做事，而别人却信任你；一样的做官，而别人却重用你；一样的种田，而别人却使你富裕；一样的经商，而别人却使你发财。我穿的是粗布衣服，吃的是粗糙的饭菜，住的是茅草屋，外出便步行。你穿的是绣着花纹的丝绸衣服，吃的是精美的饭菜，住的是高大华丽的房屋，外出则车马成群。在家庭中，你嬉戏欢笑有不理我的念头；在朝廷上，你夸夸其谈有轻视我的脸色。请客问候没有我的份，外出游玩不和我同行，已经有好多年了。你自以为仁德超过了我吗？”西门子说：“我无法知道真实原因。你做事老碰钉子，我做事总是顺利，这不就是厚薄不同的证明吗？你却说和我都一样，你的脸皮也太厚了。”北宫子无法回答，失魂落魄地回去了。半路上碰到了东郭先生。东郭先生问：“你是从哪里回来，独自行走，且面带深深的惭愧脸色呢？”北宫子说了上述情况。东郭先生说：“我可以消除你的惭愧，和你再到西门氏家去问问他。”东郭先生问西门子说：“你为什么要那么厉害地侮辱北宫子呢？姑且说说原因吧。”西门子说："北宫子讲他的时代、家族、年龄、相貌、言论、做事都与我相同，而低贱与尊贵、贫苦与富有却与我不一样。我对他说：我无法知道真实原因。你做事老碰钉子，我做事总是顺利，这恐怕是厚薄不同的证明吧？你却说你跟我都一样，你的脸皮也太厚了。"东郭先生说："你所讲的厚薄不过是说才能和仁德的差别，我所讲的厚薄与此不同。北宫子的仁德厚，命运薄，你的命运厚，仁德薄。你的显达，不是凭智慧得到的；北宫子的穷困，不是冒昧的过失。都是天命，而不是人力。而你却以德薄命厚自以为了不起，北宫子又以德厚命薄自觉惭愧，都不懂得本来的道理。"西门子说："先生不要讲了。我不敢再说了。"北宫子回去以后，穿他的粗布衣服，觉得有狐貉裘毛那样的温暖；吃他的粗粮大豆，觉得有精美饭菜的味道；住他的茅草屋，像是住在宽广的大厦中；乘坐他的柴车，像是有华丽雕饰的高大车马。终身舒适自得，不知道荣辱在他们那里还是在自己这里。东郭先生听到后说："北宫子已经糊涂很久了，一句话便能醒悟，也是容易醒悟啊！"

**【原文】**

管夷吾、鲍叔牙二人相友甚戚[①]，同处于齐，管夷吾事公子纠[②]，鲍叔牙事公子小白[③]。齐公族多宠，嫡庶并行[④]。国人惧乱，管仲与召忽奉公子纠奔鲁[⑤]，鲍叔奉公子小白奔莒[⑥]。既而公孙无知作乱[⑦]，齐无君，二公子争入。管夷吾与小白战于莒，道射中小白带钩。小白既立，胁鲁杀子纠，召忽死之，管夷吾被囚[⑧]。鲍叔牙谓桓公曰："管夷吾能，可以治国。"桓公曰："我仇也，愿杀之。"鲍叔牙曰："吾闻贤君无私怨，且人能为其主，亦必能为人君。如欲霸王，非夷吾其弗可。君必舍之[⑨]！"遂召管仲。鲁归之，齐鲍叔牙郊迎，释其囚。桓公礼之[⑩]，而位于高、国之上[⑪]，鲍叔牙以身下之。任以国政，号曰仲父。桓公遂霸。管仲尝叹曰："吾少穷困时，尝与鲍公贾[12]，分财多自与，鲍叔不以我为贪，知我贫也。吾尝为鲍叔谋事而大穷困，鲍叔不以我为愚，知时有利不利也。吾尝三仕，三见逐于君，鲍叔不以我为不肖，知我不遭时也。吾尝三战三北，鲍叔不以我为怯，知我有老母也。公子纠败，召忽死之，吾幽囚受辱，鲍叔不以我为无耻，知我不羞小节而耻名不显于天下也。生我者父母，知我者鲍叔也！"此世称管鲍善交者，小白善用能者。然实无善交，实无用能也。实无善交、实无用能者，非更有善交，更有善用能也。召忽非能死，不得不死；鲍叔非能举贤，不得不举；小白非能用仇，不得不用。及管夷吾有病，小白问之，曰："仲父之病病矣，可不讳[13]，云至于大病[14]，则寡人恶乎属国而可？"夷吾曰："公谁欲欤？"小白曰："鲍叔牙可。"曰："不可。其为人也[15]，洁廉善士也，其于不已若者不比之人，一闻人之过，终身不忘。使之理国[16]，上且钩乎君，下且逆乎民。其得罪于君也，将弗久矣。"小白曰："然则孰可？"对曰："勿已，则隰朋可。其为人也，上忘而下不叛[17]，愧其不若黄帝而哀不已若者[18]。以德分人谓之圣人，以财分人谓之贤人。以贤临人[19]，未有得人者也；以贤下人者，未有不得人者也。其于国有不闻也，其于家有不见也。勿已，则隰朋可。"然则管夷吾非薄鲍叔也，不得不薄；非厚隰朋也，不得不厚。厚之于始，或薄之于终；薄之于终，或厚之于始[20]。厚薄之去来，弗由我也。

## 【注释】

①鲍叔牙——春秋齐国大夫，以知人著称。戚——亲近。

②公子纠——齐襄公之弟。

③公子小白——齐襄公与公子纠之弟，后即位为齐桓公，公元前685—643年在位，为春秋时第一霸主。

④嫡庶并行——张湛注："齐僖公母弟夷仲年生公孙无知，僖公爱之，令礼秩同于太子也。"齐僖公为齐襄公之父，时齐襄公为太子，名诸儿。

⑤召忽——人名。《释文》："召本作邵。"《史记·齐太公世家》云：襄公"次弟纠奔鲁，其母鲁女也，管仲、召忽傅之。"

⑥莒——春秋时国名，都城在今山东莒县。

⑦公孙无知作乱——公孙无知为齐僖公母弟夷仲年之子，僖公爱之，礼秩同于太子。襄公即位后，黜无知秩服，无知怨恨，十二年后，终于杀襄公，自立为齐君。但不久又被雍林渠丘大夫所杀。事见《史记·齐太公世家》。

⑧管夷吾被囚——《史记·齐太公世家》："齐遗鲁书曰：'子纠兄弟，弗忍诛，请鲁自杀之。召忽、管仲、仇也，请得而甘心醢之。不然，将围鲁。'鲁人患之，遂杀子纠于笙渎。召忽自杀，管仲请囚。"

⑨舍——通"释"。释放、赦免。

⑩桓公礼之——《史记·齐太公世家》："鲍叔牙迎受管仲，及堂阜而脱桎梏，齐祓而见桓公。桓公厚礼以为大夫，任政。"

⑪高、国——齐国的两家势力最大的大夫。齐桓公能回国即位，因有高、国两大家族为内应而得以成功。

⑫贾——音gǔ（古），做买卖。古代行商为商，坐商为贾。

⑬仲父之病病矣，可不讳——张湛注："言病之甚不可复讳而不言也。"卢重玄解："将死不可讳言。"病病，世德堂本作"病疾"。杨伯峻云："《说文》：'疾，病也。''病，疾加也。'古书凡疾剧皆谓疾病。""世德堂本作'病疾'，是其倒文，浅人不察，遽改为'病病'。"可不讳，王重民："据张注，则正文'可不'二字当倒乙。《管子·戒篇》、《小称篇》并作'不可讳'。"

⑭云至于大病——王重民："张氏以'可不讳云'四字为句，因释云'不可复讳而不言也'，亦非是。'云'字当下属为句。'云'犹'如'也。'云至于大病'，犹'如至于大病'也。说见《释词》。"

⑮其为人也——《集释》："'人'字下之'也'字依《藏》本增，

与下文‘其为人也’一律。”

⑯理国——王重民：“《庄子·徐无鬼篇》‘理国’作‘治国’，此亦当作‘治’，避讳所改也。《治要》引正作‘治’。”

⑰上忘而下不叛——叛，指叛换，又作“畔援”，跋扈。王重民：“上忘而下不叛，谓于上则忘其高，于下又不自亢也。”

⑱愧其不若黄帝——王重民：“《治要》引‘愧’下无‘其’字，是也。《庄子·徐无鬼》、《吕览·贵公篇》并无，可证。”

⑲以贤临人——王重民：“《治要》引上‘人’字下有‘者’字，是也。此与下文‘以贤下人者未有不得人者也’句相对。下句有‘者’字，则上句本有‘者’字甚明。”

⑳薄之于终，或厚之于始——陶鸿庆：“‘薄之于终，或厚之于始’当作‘薄之于始，或厚之于终’。如今本，则与上二句意复。”

## 【译文】

管夷吾、鲍叔牙两人交朋友十分亲近，都在齐国做事，管夷吾帮助公子纠，鲍叔牙帮助公子小白。当时齐国公族的公子被宠幸的很多，嫡子和庶子没有区别。大家害怕发生动乱，管仲与召忽帮助公子纠逃到了鲁国，鲍叔牙帮助公子小白逃到了莒国。后来公孙无知发动兵乱，齐国没有君主，两位公子抢着回国。管夷吾与公子小白在莒国境内作战，路上射中了公子小白的衣带钩。公子小白立为齐君以后，威胁鲁国杀死公子纠，召忽也被迫自杀，管夷吾被囚禁。鲍叔牙对桓公说：“管夷吾很能干，可以治理国家。”桓公说：“他是我的仇人，希望能杀了他。”鲍叔牙说：“我听说贤明的君主没有个人怨恨，而且一个人能尽力为主人做事，也一定能尽力为国君做事，您如果想称霸为王，非管夷吾不可。请您一定赦免他！”桓公于是召管仲回国。鲁国把他送了回来，齐国鲍叔牙到郊外迎接，释放了他的囚禁。桓公用厚礼对待他，地位在高氏与国氏之上，鲍叔牙也把自己置于管仲之下。桓公把国政交给管仲，称他为

"仲父"。桓公终于称霸于诸侯。管仲曾感叹说："我年轻穷困的时候，曾经与鲍叔一道做买卖，分配钱财时总是多给自己，鲍叔不认为是我贪婪，知道我贫穷。我曾替鲍叔出主意而非常失败，鲍叔不认为是我愚笨，知道时机有时顺利有时不顺利。我曾三次做官，三次被国君驱逐，鲍叔不认为是我不好，知道我没有碰到机会。我曾三次作战三次败逃，鲍叔不认为是我胆小，知道我有老母要人照顾。公子纠失败了，召忽自杀了，我也被囚禁而受耻辱，鲍叔不认为是我无耻，知道我不在乎小节而以不能扬名于天下为耻辱。生我的人是父母，了解我的人是鲍叔。"这是人们称道的管、鲍善于结交朋友的事，小白善于任用能人的事，实际上无所谓善于结交朋友，实际上无所谓任用能人。说他们实际上无所谓善于结交朋友、实际上无所谓任用能人，并不是说世上有比他们更善于结交朋友、更善于任用能人的事，而是说召忽不是能够自杀，而是不得不自杀，鲍叔不是能够推举贤能，而是不能不推举贤能；小白不是能够任用仇人，而是不得不任用仇人。到管夷吾生了重病的时候，小白问他，说："仲父的病已经很重，不能再瞒着你了，如果你的病治不好，那我把国家政事交给谁呢？"管夷吾问："您想交给谁呢？"小白说："鲍叔牙可以。"管仲说："不行，他的为人，是一个廉洁的好人，但他不把比自己差的人当人看待，一听到别人的过错，终身也不会忘记。用他来治理国家，在上面会困扰国君，在下面会违背民意。他得罪于您，也就不会太久了。"小白问："那么谁行呢？"管仲回答说，"不得已的话，隰朋可以。他的为人，在上面能忘掉自己，在下面能使下属不卑不亢，对于自己不如黄帝而感到惭愧，对于别人不如自己表示同情。把仁德分给别人的叫做圣人，把钱财分给别人的叫做贤人。以为自己贤能而瞧不起别人的人，没有能得到别人拥护的；自己虽贤能而能尊重别人的人，没有得不到别人拥护的。他对于国事有所不闻，对于家事也有所不见。不得已的话，隰朋还可以。”可见管夷吾并不是要轻视鲍叔，而是不得不轻视他；并不是要重视隰朋，而是不得不重视他。开始时重视，有可能后来要轻视；开始时轻视，有可能后来要重视。重视与轻视的变化，并不由我自己。

## 【原文】

邓析操两可之说①，设无穷之辞，当子产执政②，作《竹刑》③。郑国用之，数难子产之治，子产屈之。子产执而戮之，俄而诛之④。然则子产非能用《竹刑》，不得不用；邓析非能屈子产，不得不屈；子产非能诛邓析，不得不诛也。

## 【注释】

①邓析——（前545—前501年）郑国人，做过郑国大夫，是先秦法家的先驱，对后来战国辩者也有一定影响。

②子产——（？—前522年），即公孙侨，公孙成子，郑国贵族子国之子，名侨，字子产。郑简公十二年（前544年）为卿，二十三年（前543年）执政，曾把刑书铸于鼎上。

③竹刑——写在竹简上的法律条文。

④子产执而戮之，俄而诛之——杨伯峻：“‘子产’二字涉上文衍。‘戮之’即‘诛之’，词义亦复。疑‘戮’当作‘拘’。《御览》六百二十六引无‘屈之子产执而戮之’八字，乃以其不可解而以意削之，足证其误久矣。”周克昌：“戮者，当众羞辱也。”“疑‘戮’当作‘拘’之说，亦纯属多余矣。”

## 【译文】

邓析持模棱两可的论题，创设没有结果的诡辩，在子产执政的时候，作了一部写在竹简上的法律《竹刑》。郑国使用它，多次使子产的政事发生困难，子产只能屈服。于是子产便把邓析抓了起来，并当众羞辱他，不久就杀了他。可见子产并不是能够使用《竹刑》，而是不得不用它；邓析并不是能够使子产屈服，而是不得不使他屈服；子产并不是能够诛杀邓析，而是不得不诛杀他。

【原文】

可以生而生，天福也；可以死而死，天福也。可以生而不生，天罚也；可以死而不死，天罚也。可以生，可以死，得生得死有矣；不可以生，不可以死[①]，或死或生，有矣。然而生生死死，非物非我，皆命也，智之所无奈何。故曰，窈然无际[②]，天道自会；漠然无分[③]，天道自运。天地不能犯，圣智不能干，鬼魅不能欺。自然者默之成之，平之宁之[④]，将之迎之[⑤]。

【注释】

①不可以生，不可以死，或生或死有矣——张湛注："此义之生而更死，之死而更生者也。"陶鸿庆云："两'不'字衍文，本作'可以生，可以死，或死或生有矣'，言可以生而或死，可以死而或生也。"

②窈然——幽远貌。

③漠然——寂静貌。

④平之宁之——张湛注："平宁，无所施为。"

⑤将之迎之——将，送往。迎，迎接。本文指消失与出现。

【译文】

应该出生便出生了，这是天的福佑；应该死亡的便死亡了，这也是天的福佑。应该出生却没有出生，这是天的惩罚；应该死亡却没有死亡的，这也是天的惩罚。应该出生的出生了，应该死亡的死亡了，这是有的，应该出生的却死亡了，应该死亡的却出生了，这也是有的。但是出生也好，死亡也好，既不是外物的作用，也不是自己的力量，都是命运决定的。人们的智慧对它是无可奈何的。所以说，深远没有边际，天道是自然会聚的，寂静没有界限，天道是自然运动的。天地不能侵犯它，圣明智慧不能干扰它，鬼魅不能欺骗它。自然的意思是无声无息就成就了，平常而安宁，时而消失，时而出现。

## 【原文】

杨朱之友曰季梁。季梁得病，七日大渐[①]。其子环而泣之，请医。季梁谓杨朱曰："吾子不肖如此之甚，汝奚不为我歌以晓之?"杨朱歌曰："天其弗识，人胡能觉?匪祐自天，弗孽由人[②]。我乎汝乎！其弗知乎！医乎巫乎！其知之乎?"其子弗晓，终谒三医。一曰矫氏，二曰俞氏，三曰卢氏，诊其所疾。矫氏谓季梁曰："汝寒温不节，虚实失度，病由饥饱色欲，精虑烦散，非天非鬼[③]。虽渐，可攻也。"季梁曰："众医也，亟屏之！"俞氏曰："女始则胎气不足，乳湩有余[④]，病非一朝一夕之故，其所由来渐矣，弗可已也。"季梁曰："良医也，且食之！"卢氏曰："汝疾不由天，亦不由人，亦不由鬼，禀生受形，既有制之者矣，亦有知之者矣。药石其如汝何?"季梁曰："神医也，重贶遣之[⑤]！"俄而季梁之疾自瘳[⑥]。

## 【注释】

①渐——张湛注："渐，剧也。"

②孽——病害。

③非天非鬼——《集释》："北宋本、汪本、秦本'天'作'夭'。'夭'当借为'妖'，虽可通，但依下文'汝疾不由天，亦不由人，亦不由鬼'证之，则作'天'者近是。今从《藏》本、元本正。"

④湩——音dòng（冻），乳汁。

⑤贶——音kuàng（况），赐与。

⑥瘳——音chōu（抽），病愈。

## 【译文】

杨朱的一个朋友叫季梁。季梁生病，至第七日已病危。他的儿子们围绕着他哭泣，请医生医治。季梁对杨朱说："我儿子不懂事到了这样厉害的程度，你为什么不替我唱个歌使他们明白过来呢？"杨朱唱道："天尚且不认识，人又怎么能明白？并不是由于天的保佑，也不是由于人的罪孽。我呀你呀，都不知道啊！医呀巫呀，难道知道吗？"他的儿子还是不明白，最后请来了三位医生。一位叫矫氏，一位叫俞氏，一位叫卢氏，诊治他所害的病。矫氏对季梁说："你体内的寒气与热气不调和，虚与实越过了限度，病由于时饥时饱和色欲过度，使精神思虑烦杂散漫，不是天的原因，也不是鬼的原因。虽然危重，仍然可以治疗。"季梁说："这是庸医，快叫他出去！"俞氏说："你在娘肚子里就胎气不足，生下来后奶水就吃不了，这病不是一朝一夕的原因，它是逐渐加剧的，已经治不好了。"季梁说："这是一位好医生，暂且请他吃顿饭吧！卢氏说："你的病不是由于天，也不是由于人，也不是由于鬼，从你禀受生命之气而成形的那一天起，就既有控制你命运的，又有知道你命运的。药物针砭能对你怎样呢？"季梁说："这是一位神医，重重地赏赐他！"不久季梁的病自己又好了。

## 【原文】

生非贵之所能存，身非爱之所厚；生亦非贱之所能夭，身亦非轻之所能薄。故贵之或不生，贱之或不死；爱之或不厚，轻之或不薄。此似反也，非反也，此自生自死，自厚自薄。或贵之而生，或贱之而死；或爱之而厚，或轻之而薄。此似顺也，非顺也；此亦自生自死，自厚自薄，鬻熊语文王曰[①]："自长非所增，自短非所损，算之所亡若何[2]。”老聃语关尹曰：“天之所恶，孰知其故？”言迎天意，揣利害，不如其已。

## 【注释】

①鬻熊——张湛注：“鬻熊，文王师也”。

②算——张湛注：“算犹智也”。

## 【译文】

生命不是因为尊贵它就能长久存在，身体不是因为爱惜它就能壮实；生命也不是因为轻贱它就能夭折，身体也不是因为轻视它就能孱弱。所以尊贵它也许不能生存，轻贱它也许不会死亡；爱惜它也许不能壮实，轻视它也许不会孱弱。这似乎是反常的，其实并不反常，因为它们是自己生存、自己死亡、自己壮实、自己孱弱的。也许尊贵它能够生存，也许轻贱它会导致死亡；也许爱惜它能够壮实，也许轻视它会导致孱弱。这好像是正常的，其实并不正常，它们也是自己生存、自己死亡、自己壮实、自己孱弱的。鬻熊对周文王说：“自己长寿不是人所能增加的，自己短命不是人所减损的，智慧对于生命无可奈何。”老聃对关尹说：“天所厌恶的，谁知道是什么缘故？”说的是迎合天意，揣摩利害，不如停止。

## 【原文】

杨布问曰[1]：“有人于此，年兄弟也，言兄弟也[2]，才兄弟也，貌兄弟也，而寿夭父子也，贵贱父子也，名誉父子也，爱憎父子也。吾惑之。”杨子曰：“古之人有言，吾尝识之，将以告若：不知所以然而然，命也。今昏昏昧昧，纷纷若若，随所为，随所不为，日去日来，孰能知其故？皆命也夫。信命者，亡寿夭；信理者，亡是非；信心者，亡逆顺；信性者，亡安危。则谓之都亡所信，都亡所不信。真矣悫矣[③]，奚去奚就[④]？奚哀奚乐？奚为奚不为？《黄帝之书》云：‘至人居若死，动若械。’亦不知所以居，亦不知所以不居；亦不知所以动，亦不知所以不动。亦不以众人之观易其情貌，亦不谓众人之不观不易其情貌。独往独来，独出独入，孰能碍之？”

## 【注释】

①杨布——张湛注：“杨朱弟也。”

②言——俞樾：“‘言’字无义，当从《释文》作‘訾’。《管子·君臣上篇》‘吏啬夫尽有訾程事律’，即此‘訾’字之义。官秩贵贱必视‘訾程’为准。‘訾兄弟也’，正与下文‘贵贱父子也’相应。”訾，音zī，限。訾程，指人与事的程限，资历。

③悫——诚笃。

④去就——犹言去留，或去来。

## 【译文】

杨布问杨朱说：“这里有些人，年龄差不多，资历差不多，才能差不多，相貌差不多，而长寿与早夭大不相同，尊贵与低贱大不相同，名份与荣誉大不相同，喜爱与憎恶大不相同。我很不理解。”杨朱说：“古时候的人有句话，我曾把它记了下来，现在告诉你：不知道为什么这样而这样的，这是命运。现有的一切都糊里糊涂，纷杂混乱，有的去做了，有的没有去做，一天天过去，一天天到来，谁能知道其中的缘故？都是命运啊！相信命运的，无所谓长寿与夭亡；相信自然之理的，无所谓是与非；相信心灵的，无所谓困难与顺利；相信自然本性的，无所谓安全与危险。这就叫做都没有什么可相信的，都没有什么可不相信的。真实呀，诚信呀，去了哪里，又回到了哪里？悲哀什么，高兴什么？做什么，不做什么？《黄帝之书》说：‘德性最高的人坐下来像死了一样，动起来像机械一样。’也不知道为什么坐，也不知道为什么不坐；也不知道为什么动，也不知道为什么不动。也不因为大家都来观看而改变情态与形貌，也不因为大家都不来观看而不改变他的情态与形貌。独自去，独自来，独自出，独自入，谁能阻碍他？”

## 【原文】

墨杘①、单至②、啴咺③、憋懯④四人相与游于世，胥如志也⑤。穷年不相知情，自以智之深也。巧佞、愚直、婩斫⑥、便辟⑦四人相与游于世，胥如志也。穷年而不相语术，自以巧之微也。𤞞㤜⑧、情露⑨、謇极⑩、凌谇⑪四人相与游于世，胥如志也。穷年不相晓悟，自以为才之得也。眠娗⑫、諈诿⑬勇敢、怯疑四人相与游于世，胥如志也。穷年不相谪发，自以行无戾也⑭。多偶⑮、自专、乘权⑯、只立⑰四人相与游于世，胥如志也。穷年不相顾眄⑱，自以时之适也。此众态也，其貌不一，而咸之于道，命所归也。

## 【注释】

①墨杘——杘，音chī（痴），欺诈无赖貌。又作“嚜杘”。卢重玄解：“默诈佯愚之状。”《释文》引《方言》：“墨杘，江淮之间谓之无赖。”《广雅·释诂》二：“嚜杘，欺也”。

②单至——单，张湛注：“音战”。单至，卢重玄解：“轻动之状”。

③啴咺——音chǎn（产）xuān（喧），迂缓貌。卢重玄解：“迂缓之状”。

④憋懯——音biē（鳖）fū（夫），急速貌。又作“憋怤”。张湛注：“此皆默诈、轻发、迂缓、急速之貌。”

⑤胥如志也——《释文》：“胥，相也。如，随也。谓各从其志。”

⑥婩斫——音nüè（虐）zhuó（酌），张湛注：“不解悟之貌。”

⑦便辟——善于逢迎谄媚。

⑧狣犽——音qiāo（敲）yá（牙），阴险狡猾貌。卢重玄解："顽戾强愊之状也。"《文选·左思吴都赋》李善注："《方言》，狣，狯也。"

⑨情露——卢重玄解："不隐之状也。"《释文》："情露，无所隐藏。"

⑩謇极——謇，音jiǎn（简）。謇极，说话口吃不畅貌。卢重玄解："讷涩之状也。"

⑪凌谇——谇，音suì（岁），凌谇，凌辱骂人貌。卢重玄解："寻间语责之状也，"《释文》云："凌谇，谓好陵辱责骂人也。"

⑫眠娗——娗，音tiǎn（舔）。眠娗，张湛注："不开通之道。"卢重玄解："无精采之状也。"《释文》作"眂娗，云："《方言》：諈娗，欺慢之语也。郭璞云：谓以言相轻蚩弄也。又不开通貌。"与諈诿相对，当为欺慢貌。

⑬諈诿——钝滞貌。《释文》云："钝滞也。"张湛注："諈诿，烦重之貌。"卢重玄解："并烦重之貌。"

⑭自以行无戾也——卢重玄解："各自以为适宜得中之道也。"《释文》："无戾，无违戾也。"

⑮多偶——卢重玄解："和同之状也。"《释文》云："多偶，谓多与人相和谐也"。

⑯乘权——《释文》："乘权，谓乘用权势也。"

⑰只立——《释文》："只立，独孤自立。"

⑱顾眄——回视。

## 【译文】

墨杘、单至、啴咺、憋懯四个人在世上互相交朋友，各随自己的意志，整年不互相通报情况，自以为智慧十分深湛。巧佞、愚直、婩斫、便辟四个人在世上互相交朋友，各随自己的意志，整年不互相告诉道术，自以为技巧十分精微。狣犽、情露、謇极、凌谇四个人在世上互相交朋友，各随自己的意志，整年不互相启迪开悟，自以为一切本领都获得了。眠娗、諈诿、勇敢、怯疑四个人在世上互相交朋友，各随自己的意志，整年不互相批评启发，自以为行为没有一点差错。多偶、自专、乘权、只立四个人在世上互相交朋友，各随自己的意志，整年不互相检查回顾，自以为一切都适合时宜。这许多情态，它们的表现虽然不一样，却都走向了自然之道，这是命运的归宿。

## 【原文】

佹佹成者[①]，俏成也[②]，初非成也。佹佹败者，俏败者也，初非败也。故迷生于俏，俏之际昧然。于俏而不昧然，则不骇外祸，不喜内福；随时动，随时止，智不能知也。信命者于彼我无二心。于彼我而有二心者，不若揜目塞耳[③]、背坂面隍亦不坠仆也[④]。故曰：死生自命也，贫穷自时也，怨夭折者，不知命者也，怨贫穷者，不知时者也。当死不惧，在穷不戚，知命安时也。其使多智之人量利害，料虚实，度人情，得亦中[⑤]，亡亦中。其少智之人不量利害，不料虚实，不度人情，得亦中，亡亦中。量与不量，料与不料，度与不度，奚以异？唯亡所量，亡所不量，则全而亡丧。亦非知全，亦非知丧。自全也，自亡也，自丧也。

## 【注释】

①佹佹——音guǐ（鬼），出于偶然，不是自己所能为的。

②俏成也——俏，通“肖”，相似。杨伯峻：“‘俏成’下疑有‘者’字，方与下文句法一律。《文书故》八引正作‘俏成者也’。”

③揜——音yǎn（掩），掩盖。

④背坂面隍——《释文》“背坂”作“背城”，当从之。城为城墙，隍为护城壕，城隍相对而言，正合文意。

⑤中——《释文》：“中，半也。下同。”

**【译文】**

因偶然而成功的，好像是成功了，实际上并没有成功。因偶然而失败的，好像是失败了，实际上并没有失败。所以迷惑发生在相似上，近似的时候最容易糊涂。在近似的时候而不糊涂，就不惧怕外来的灾祸，不庆幸内在的幸福；顺应时势而行动，顺应时势而停止，靠聪明才智是无法明白的。相信命运的人对于成功与失败没有不同的心情。对于成功与失败有不同心情的人，比不上捂住眼睛、塞住耳朵、背对着城墙、面朝城壕也不会坠落下来的人。所以说：死亡与生存来自命运，贫苦与穷困来自时势。埋怨短命的，是不懂得命运的人；埋怨贫穷的，是不懂得时势的人，碰上死亡不惧怕，身居贫穷不悲伤，这是懂得命运、安于时势的人。如果叫足智多谋的人计算利害，估量虚实，揣度人情，他所得到的有一半，失去的也有一半。那些缺智少谋的人不计算利害，不估量虚实，不揣度人情，他所得到的有一半，所失去的也有一半。这样看来，计算与不计算，估量与不估量，揣度与不揣度，有什么不同呢？只有无所计算，才是无所不计算，才能完全成功而没有丧失。并不是心中知道要完全成功，也不是心中知道要丧失。一切都是自己完成，自己消亡，自己丧失。

**【原文】**

齐景公游于牛山①，北临其国城而流涕曰："美哉国乎！郁郁芊芊，若何滴滴去此国而死乎②？使古无死者，寡人将去斯而为何③？"史孔、梁丘据皆从而泣曰："臣赖君之赐，疏食恶肉可得而食④，驽马棱车可得而乘也⑤，且犹不欲死，而况吾君乎！"晏子独笑于旁⑥。公雪涕而顾晏子曰⑦："寡人今日之游悲，孔与据皆从寡人而泣，子之独笑，何也？"晏子对曰："使贤者常守之⑧，则太公、桓公将常守之矣；使有勇者而常守之，则庄公、灵公将常守之矣。数君者将守之，吾君方将被蓑笠而立乎畎亩之中⑨，唯事之恤⑩，行假念死乎⑪？则吾君又安得此位而立焉？以其迭处之迭去之，至于君也，而独为之流涕，是不仁也。见不仁之君，见谄谀之臣。臣见此二者，臣之所为独窃笑也。”景公惭焉，举觞自罚，罚二臣者各二觞焉。

【注释】

①齐景公——春秋时齐国国君，名杵臼，公元前547—前490年在位。牛山——在今山东临淄县南十里。

②滴滴——《释文》：“滴滴或作滂滂，流荡貌。”

③之何——卢文弨：“《韩诗外传》‘之何’作‘何之’。”

④疏——《集释》：“北宋本‘疏’作‘跪’，汪本从之，今从吉府本、世德堂本订正。”

⑤驽马稜车——驽马，能力低下的马。稜车，《释文》：“稜当作栈。《晏子春秋》及诸书皆作栈车，谓编木为之。”即竹木所编之车，为士与庶人所乘。

⑥晏子——（？—前500年），春秋时齐国大夫，字平仲，夷维（今山东高密）人。继父任齐卿，历仕灵公、庄公、景公三世。

⑦雪——擦拭。

⑧使贤者常守之——以下文“使有勇者而长守之”例，此句脱一“而”字。杨伯峻云：“‘而常守之’，犹言‘能常守之’。而、能古音同，故可通假。”

⑨蓑笠——指蓑衣和斗笠，一种草编或竹编的雨具。

⑩恤——忧虑。

⑪行假——张湛注：“行假当作何暇”。王重民：“行假，《韩诗外传》作‘何暇’。”

## 【译文】

齐景公在牛山游览，向北观望他的国都临淄城而流着眼泪说："真美啊，我的国都！草木浓密茂盛，我为什么还要随着时光的流逝离开这个国都而去死亡呢？假使古代没有死亡的人，那我将离开此地到哪里去呢？"史孔和梁丘据都跟着垂泪说："我们依靠国君的恩赐，一般的饭菜可以吃得到，一般的车马可以乘坐，尚且还不想死，又何况我的国君呢！"晏子一个人在旁边发笑。景公揩干眼泪面向晏子说："我今天游览觉得悲伤，史孔和梁丘据都跟着我流泪，你却一个人发笑，为什么呢？"晏子回答说："假使贤明的君主能够长久地拥有自己的国家，那么太公、桓公就会长久地拥有这个国家了；假使勇敢的君主能够长久地拥有自己的国家，那么庄公、灵公就会长久地拥有这个国家了。这么多君主都将拥有这个国家，那您现在就只能披着蓑衣，戴着斗笠站在田地之中，一心只考虑农活了，哪有闲暇想到死呢？您又怎么能得到国君的位置而成为国君呢？就是因为他们一个个成为国君，又一个个相继死去，才轮到了您，您却偏要为此而流泪，这是不仁义的。我看到了不仁不义的君主，又看到了阿谀奉承的大臣。看到了这两种人，我所以一个人私下发笑。"景公觉得惭愧，举起杯子自己罚自己喝酒，又罚了史孔、梁丘据各两杯酒。

## 【原文】

魏人有东门吴者，其子死而不忧[①]。其相室曰[②]："公之爱子[③]，天下无有。今子死不忧，何也？"东门吴曰："吾常无子[④]，无子之时不忧。今子死，乃与向无子同，臣奚忧焉？"

## 【注释】

①东门吴者，其子死而不忧——王叔岷："《御览》五一八、《记纂

渊海》四八、五一,《事文类聚·后集》七,《合璧事类·前集》三二,引‘者’下并有‘年四十’三字。‘其子死而不忧’,并作‘有一子,丧之而不忧’。”

②相室——管家。《战国策·秦策》注:“相室,家臣之长,犹诸侯相国也。”

③公之爱子——杨伯峻:“《御览》五一八引‘子’下有‘也’字。”

④常——卢文弨:“常,当作‘尝’。”

## 【译文】

魏国有个叫东门吴的人,他儿子死了却不忧愁。他的管家说:“您对儿子的怜爱程度,天下是找不到的。现在儿子死了却不忧愁,为什么呢?”东门吴说:“我过去没有儿子,没有儿子的时候并不忧愁。现在儿子死了,就和过去没有儿子的时候一样,我有什么可忧愁的呢?”

## 【原文】

农赴时,商趣利,工追术,仕逐势,势使然也。然农有水旱,商有得失,工有成败,仕有遇否,命使然也。

## 【译文】

农民赶赴时令,商人趋求利润,工人讲究技术,仕人追逐权势,这是时势使他们这样的。但农民有水旱之灾,商人有得失之时,工人有成功与失败之别,仕人有顺利与挫折之殊,这是命运使他们这样的。

# 杨朱第七

## 【原文】

杨朱游于鲁[1]，舍于孟氏。孟氏问曰："人而已矣，奚以名为?"曰："以名者为富。""既富矣，奚不已焉?"曰："为贵。""既贵矣，奚不已焉?"曰："为死。""既死矣，奚为焉?"曰："为子孙。""名奚益于子孙?"曰："名乃苦其身，燋其心。乘其名者，泽及宗族，利兼乡党，况子孙乎?""凡为名者必廉，廉斯贫；为名者必让，让斯贱。"曰："管仲之相齐也，君淫亦淫，君奢亦奢[2]。志合言从，道行国霸。死之后，管氏而已。田氏之相齐也，君盈则已降，君歛则已施[3]，民皆归之，因有齐国，子孙享之，至今不绝。若实名贫，伪名富。"曰[4]："实无名，名无实。名者，伪而已矣。昔者尧舜伪以天下让许由、善卷[5]，而不失天下，享祚百年。伯夷、叔齐实以孤竹君让而终亡其国[6]，饿死于首阳之山。实、伪之辨，如此其省也。"

## 【注释】

①杨朱——战国初思想家，又称为杨子、阳子居、阳生，魏国人。主张"贵生"、"重己"、"全性葆真，不以物累形"，孟子说他："拔一毛而利天下不为也。"

②君淫亦淫，君奢亦奢——张湛注："言不专美恶于己。"

③君盈则已降，君歛则已施——张湛注："此推恶于君也。"

④曰——以下仍为杨朱之言。

⑤尧舜伪以天下让许由、善卷——杨伯峻："尧以天下让许由，事又见《庄子·逍遥游篇》。舜让天下于善卷，亦见《庄子·逍遥游篇》及《盗跖篇》。"

⑥孤竹君——杨伯峻："《御览》四二四、《类聚》二十一引并无'君'字，是也。"

## 【译文】

杨朱到鲁国游览，住在孟氏家中。孟氏问他："做人就是了，为什么要名声呢?"杨朱回答说："要以名声去发财。"孟氏又问："已经富了，为什么还不停止呢?"杨朱说："为做官。"孟氏又问："已经做官了，为什么还不停止呢?"杨朱说："为了死后丧事的荣耀。"孟氏又问："已经死了，还为什么呢?"杨朱说："为子孙。"孟氏又问："名声对子孙有什么好处?"杨朱说："名声是身体辛苦、心念焦虑才能得到的。伴随着名声而来的，好处可以及于宗族，利益可以遍施乡里，又何况子孙呢?"孟氏说："凡是追求名声的人必须廉洁，廉洁就会贫穷；凡是追求名声的人必须谦让，谦让就会低贱。"杨朱说："管仲当齐国宰相的时候，国君淫乱，他也淫乱；国君奢侈，他也奢侈。意志与国君相合，言论被国君听从，治国之道顺利实行，齐国在诸侯中成为霸主。死了以后，管仲还是管仲。田氏当齐国宰相的时候，国君富有，他便贫苦；国君搜括，他便施舍。老百姓都归向于他，他因而占有了齐国，子子孙孙享受，至今没有断绝。像这样，真实的名声会贫穷，虚假的名声会富贵。"杨朱又说："有实事的没有名声，有名声的没有实事。名声这东西，实际上是虚伪的。过去尧舜虚伪地把天下让给许由、善卷，而实际上并没有失去天下，享受帝位达百年之久。伯夷、叔齐真实地把孤竹国君位让了出来而终于失掉了国家，饿死在首阳山上。真实与虚伪的区别，就像这样明白。"

## 【原文】

杨朱曰："百年，寿之大齐[①]。得百年者千无一焉。设有一者，孩抱以逮昏老，几居其半矣。夜眠之所弭[②]，昼觉之所遗，又几居其半矣。痛疾哀苦，亡失忧惧，又几居其半矣。量十数年之中，逌然而自得亡介焉之虑者[③]，亦亡一时之中尔。则人之生也奚为哉？奚乐哉？为美厚尔，为声色尔，而美厚复不可常厌足[④]，声色不可常玩闻。乃复为刑赏之所禁劝，名法之所进退，遑遑尔竞一时之虚誉，规死后之余荣，偊偊尔顺耳目之观听[⑤]，惜身意之是非，徒失当年之至乐，不能自肆于一时，重囚累梏，何以异哉？太古之人知生之暂来，知死之暂往，故从心而动，不违自然所好，当身之娱非所去也[⑥]，故不为名所劝[⑦]；从性而游，不逆万物所好，死后之名非所取也，故不为刑所及。名誉先后，年命多少，非所量也。"

## 【注释】

①齐——定限。

②弭——除去。

③逌然——音yóu（由），舒适自得貌。介——微小。

④厌——通"餍"，吃饱，引申为满足。

⑤偊偊——独行貌。顺——《集释》："'顺'，《道藏》白文本、林希逸本、元本、世德堂本并作'慎'。《意林》引同。"顺通慎。

⑥当身——俞樾："'当身'乃'当生'之误。下云，'死后之名非所取也'，'当生'与'死后'正相对。下文云，'且趣当生，奚遑死后'，是其证。"

⑦劝——《集释》："北宋本、汪本、《四解》本'劝'作'观'，今依吉府本、《道藏》白文本、世德堂本正。"

【译文】

杨朱说："一百岁，是寿命的极限。能活到一百岁的，一千人中难有一人。即使有一人，他在孩童与衰老糊涂的时间，几乎占去了一半时间。再去掉夜间睡眠的时候，去掉白天休息的时间，又几乎占去了一半。加上疾病痛苦、失意忧愁，又几乎占去了一半。估计剩下的十多年中，舒适自得，没有丝毫顾虑的时间，也没有其中的一半。那么人生在世又为了什么呢？有什么快乐呢？为了味美丰富的食物吧，为了悦耳的音乐与悦目的女色吧，可是味美丰富的食物并不能经常得到满足，悦耳的音乐与悦目的女色也不能经常听得到与玩得到。再加上要被刑罚所禁止，被赏赐所规劝，被名誉所推进，被法网所阻遏，惶恐不安地去竞争一时的虚伪声誉，以图死后所留下的荣耀，孤独谨慎地去选择耳朵可以听的东西与眼睛可以看的东西，爱惜身体与意念的是与非，白白地丧失了当时最高的快乐，不能自由自在地活一段时间，这与罪恶深重的囚犯所关押的一层又一层的牢笼又有什么区别呢？上古的人懂得出生是暂时的到来，懂得死亡是暂时的离去，因而随心所欲地行动，不违背自然的喜好，不减少今生的娱乐，所以不被名誉所规劝，顺从自然本性去游玩，不违背万物的喜好，不博取死后的名誉，所以不被刑罚所牵连。名誉的先后，寿命的长短，都不是他们所考虑的。"

【原文】

杨朱曰："万物所异者生也，所同者死也。生则有贤愚、贵贱，是所异也；死则有臭腐、消灭，是所同也。虽然，贤愚、贵贱非所能也，臭腐、消灭亦非所能也。故生非所生，死非所死，贤非所贤，愚非所愚，贵非所贵，贱非所贱[①]。然而万物齐生齐死，齐贤齐愚，齐贵齐贱[②]。十年亦死，百年亦死，仁圣亦死，凶愚亦死。生则尧舜，死则腐骨；生则桀纣，死则腐骨。

腐骨一矣，孰知其异？且趣当生，奚遑死后？”

## 【注释】

①贱非所贱——张湛注：“皆自然尔，非能之所为也。”杨伯峻：“‘故生非所生’诸‘所’字下疑皆脱‘能’字。此数语紧承‘贤愚贵贱非所能也，臭腐消灭亦非能也’而言。细绎张注及下文卢解，似其所见本俱有‘能’字。”

②齐贵齐贱——张湛注：“皆同归于自然。”卢重玄解：“贤愚、贵贱、臭腐、消灭皆形所不自能也，不自能，则含生之质未尝不齐。”

## 【译文】

杨朱说：“万物所不同的是生存，所相同的是死亡。生存就有贤有愚、有贵有贱，这是不同的；死亡就有腐烂发臭、消失灭亡，这是相同的。即使是这样，贤愚与贵贱也不是人所能办到的，腐臭、消灭也不是人所能办到的。所以生不是人所能生，死不是人所能死，贤不是人所能贤，愚不是人所能愚，贵不是人所能贵，贱也不是人所能贱。然而万物的生与死是一样的，贤与愚是一样的，贵与贱也是一样的。活十年也是死，活百年也是死。仁人圣人也是死，凶人愚人也是死。活着是尧舜，死了便是腐骨；活着是桀纣，死了也是腐骨。腐骨是一样的，谁知道它们的差异呢？姑且追求今生，哪有工夫顾及死后？”

## 【原文】

杨朱说：“伯夷非亡欲，矜清之邮[①]，以放饿死[②]。展季非亡情[③]，矜贞之邮，以放寡宗[④]。清贞之误善之若此。”

## 【注释】

①矜清之邮——矜，顾惜。清，清白。邮，通“尤”，最。介夷过

于清白，指周武王灭商后，伯夷耻之，誓不食周粟，至饿死于首阳山之事。

②放——音fǎng（访），至。

③展季非亡情——展季，即展禽，名获，字季，又称柳下惠，春秋时鲁国人，仕为士师，为人正直，不阿谀奉承。

④寡宗——宗，宗族。寡宗，指宗族后代很少。

## 【译文】

杨朱说："伯夷不是没有欲望，但过于顾惜清白的名声，以至于饿死了。展季不是没有人情，但过于顾惜正直的名声，以至于宗人稀少。清白与正直的失误就像他们两个这样。"

## 【原文】

杨朱曰："原宪窭于鲁①，子贡殖于卫②。原宪之窭损生，子贡之殖累身。""然则窭亦不可，殖亦不可，其可焉在？"曰："可在乐生，可在逸身。故善乐生者不窭，善逸身者不殖。"

## 【注释】

①原宪窭于鲁——原宪，春秋时鲁国人，一说为宋国人，字子思，亦称原思，孔子弟子，性狷介，住草棚，穿破衣，子贡曾嘲笑他。孔子为鲁司寇，以原宪为家邑宰。窭，音jù（据），张湛注："贫也。"

②子贡殖于卫——子贡，姓端木，名赐，字子贡，孔子弟子，卫国人。殖，指货殖，经商。

## 【译文】

杨朱说："原宪在鲁国十分贫穷，子贡在卫国经商挣钱。原宪的贫穷损害了生命，子贡的经商累坏了身体。""那么贫穷也不行，经商也不行，怎样才行呢？"答："正确的办法在于使生活快乐，正确的办法在于使身体安逸。所以善于使生活快乐的人不会贫穷，善于使身体安逸的人不去经商。”

## 【原文】

杨朱曰：“古语有之：‘生相怜，死相捐。’此语至矣。相怜之道，非难情也，勤能使逸，饥能使饱，寒能使温，穷能使达也。相捐之道，非不相哀也，不含珠玉，不服文锦，不陈牺牲[①]，不设明器也。晏平仲问养生于管夷吾[②]。管夷吾曰：‘肆之而已，勿壅勿阏[③]。’晏平仲曰：‘其目奈何？’夷吾曰：‘恣耳之所欲听，恣目之所欲视，恣鼻之所欲向，恣口之所欲言，恣体之所欲安，恣意之所欲行。夫耳之所欲闻者音声，而不得听，谓之阏聪；目之所欲见者美色，而不得视，谓之阏明；鼻之所欲向者椒兰[④]，而不得嗅，谓之阏颤[⑤]；口之所欲道者是非，而不得言，谓之阏智；体之所欲安者美厚，而不得行，谓之阏适；意之所欲为者放逸，而不得行，谓之阏性。凡此诸阏，废虐之主[⑥]。去废虐之主，熙熙然以俟死[⑦]，一日，一月，一年，十年，吾所谓养。拘此废虐之主，录而不舍[⑧]，戚戚然以至久生[⑨]，百年，千年，万年，非吾所谓养。’管夷吾曰：‘吾既告子养生矣，送死奈何？’晏平仲曰：‘送死略矣，将何以告焉？’管夷吾曰：‘吾固欲闻之。’平仲曰：‘既死，岂在我哉？焚之亦可，沈之亦可，瘗之亦可[⑩]，露之亦可，衣薪而弃诸沟壑亦可，衮衣绣裳而纳诸石椁亦可[⑪]，唯所遇焉。’管夷吾顾谓鲍叔黄子曰：‘生死之道，吾二人进之矣。’”

## 【注释】

①牺牲——古代祭祀所用牲畜的通称。

②晏平仲——即晏婴，字平仲，春秋时齐国大夫。

③阏——音è（厄），阻塞。

④椒兰——花椒和兰草，都很香。

⑤颤——张湛注："鼻通曰颤。"

⑥废虐——张湛注："废，大也。"《释文》："废虐，毁残也。"

⑦熙熙然——《释文》："纵情欲也。"

⑧录——检束。

⑨戚戚然——忧惧貌。

⑩瘗——音yì（音），埋葬。

⑪衮衣——古代皇帝及上公的礼服。椁——棺外的套棺。

## 【译文】

杨朱说："古代有句话说：'活着的时候互相怜爱，死了便互相抛弃。'这句话说到底了。互相怜爱的方法，不仅仅在于感情，过于勤苦的，能使他安逸，饥饿了能使他吃饱，寒冷了能使他温暖，穷困了能使他顺利。互相抛弃的方法，并不是不互相悲哀，而是口中不含珍珠美玉，身上不穿文采绣衣，祭奠不设牺牲食品，埋葬不摆冥间器具。晏婴向管仲询问养生之道。管仲说：'放纵罢了，不要壅塞，不要阻挡。'晏婴问：'具体事项是什么？'管仲说：'耳朵想听什么就听什么，眼睛想看什么就看什么，鼻子想闻什么就闻什么，嘴巴想说什么就说什么，身体想怎么舒服就怎么舒服，意念想干什么就干什么。耳朵所想听的是悦耳的声音，却听不到，就叫做阻塞耳聪；眼睛所想见的是漂亮的颜色，却看不到，就叫做阻塞目明；鼻子所想闻的是花椒与兰草，却闻不到，就叫做阻塞嗅觉；嘴巴所想说的是谁是谁非，却不能说，就叫做阻塞智慧；身体所想舒服的是美丽与厚实，却得不到，就叫做抑制舒适；意念所想做的是放纵安逸，却做不到，就叫做抑制本性。凡此种种阻塞，都是残毁自己的根源，清除残毁自己的根源，放纵情欲一直到死，即使只有一天，一月，一年，十年，这就是我所说的养生。留住残毁自己的根源，检束而不放弃，忧惧烦恼一直到老，即使有一百年，一千年，一万年，也不是我所说的养生。’管仲又说：‘我已经告诉你怎样养生了，送死又该怎样呢？’晏婴说：‘送死就简单了，我怎么跟你说呢？’管仲说：‘我就是想听听。’晏婴说：‘已经死了，难道能由我吗？烧成灰也行，沉下水也行，埋入土中也行，露在外面也行，包上柴草扔到沟壑里也行，穿上礼服绣衣放入棺椁里也行，碰上什么都行。’管仲回头对鲍叔黄子说：‘养生与送死的方法，我们两人已经说尽了。’”

【原文】

子产相郑[①]，专国之政。三年，善者服其化，恶者畏其禁，郑国以治，诸侯惮之。而有兄曰公孙朝，有弟曰公孙穆。朝好酒，穆好色。朝之室也聚酒千钟，积曲成封[②]，望门百步[③]，糟浆之气逆于人鼻。方其荒于酒也，不知世道之安危，人理之悔吝[④]，室内之有亡，九族之亲疏，存亡之哀乐也。虽水火兵刃交于前，弗知也。穆之后庭比房数十，皆择稚齿婑媠者以盈之[⑤]。方其耽于色也，屏亲昵，绝交游，逃于后庭，以昼足夜，三月一出，意犹未惬。乡有处子之娥姣者[⑥]，必贿而招之，媒而挑之，弗获而后已[⑦]。子产日夜以为戚，密造邓析而谋之[⑧]，曰：“侨闻治身以及家，治家以及国，此言自于近至于远也。侨为国则治矣，而家则乱矣。其道逆邪？将奚方以救二子？子其诏之[⑨]！”邓析曰：“吾怪之久矣，未敢先言。子奚不时其治也，喻以性命之重，诱以礼义之尊乎？”子产用邓析之言，因间以谒其兄弟，而告之曰：“人之所以贵于禽兽者，智虑。智虑之所将者[⑩]，礼义。礼义成，则名位至矣。若触情而动，耽于嗜欲，则性命危矣。子纳侨之言，则朝自悔而夕食禄矣。”朝穆曰：“吾知之久矣，择之亦久矣，岂待若言而后识之哉？凡生之难遇而死之易及。以难遇之生，俟易及之死，可孰念哉？而欲尊礼义以夸人，矫情性以招名，吾以此为弗若死矣。为欲尽一生之欢，穷当年之乐，唯患腹溢而不得恣口之饮，力惫而不得肆情于色，不遑忧名声之丑、性命之危也。且若以治国之能夸物，欲以说辞乱我之心，荣禄喜我之意，不亦鄙而可怜哉？我又欲与若别之。夫善治外者，物未必治，而身交苦；善治内者，物未必乱，而性交逸。以若之治外，其法可暂行于一国，未合于人心；以我之治内，可推之于天下，君臣之道息矣。吾常欲以此术而喻之[11]，若反以彼术而教我哉？"子产忙然无以应之[12]。他日以告邓析。邓析曰："子与真人居而不知也，孰谓子智者乎？郑国之治偶耳，非子之功也。"

## 【注释】

①子产——即公孙侨、公孙成子，春秋时政治家，郑贵族子国之子，名侨，字子产。郑简公十二年（前554年）为卿，二十三年（前543年）执政。

②积曲成封——曲，酒曲，酿酒的发酵剂。封，土堆。

③望——杨伯峻："《广雅·释诂》云：望，至也。"

④悔吝——悔恨。

⑤稚齿婑媠——稚齿，年少，婑媠，音wǒ（我）tuǒ（妥），美好貌，指女子。

⑥娥姣——美好，指女子。

⑦弗获——杨伯峻："'弗'字疑衍，或者为'必'字之误。"

⑧造——往，到。

⑨诏——告，多用于上告下，本文是谦词。

⑩将——秉承。

⑪喻之——杨伯峻："'喻之'当作'喻苦'。"

⑫忙然——即茫然，失意貌。

【译文】

子产任郑国的宰相，掌握了国家的政权。三年之后，好人服从他的教化，坏人害怕他的禁令，郑国得到了治理，各国诸侯都害怕郑国。他有个哥哥叫公孙朝，有个弟弟叫公孙穆。公孙朝嗜好饮酒，公孙穆嗜好女色。公孙朝的家里，收藏的酒达一千坛，积蓄的酒曲堆成山，离他家大门还有一百步远，酒糟的气味便扑鼻而来。在他被酒菜荒废的日子里，不知道时局的安危，人理的悔恨，家业的有无，亲族的远近，生死的哀乐，即使是水火兵刃一齐到他面前，他也不知道。公孙穆的后院并列着几十个房间，里面都放着挑选来的年轻貌美的女子。在他沉湎于女色的日子里，排除一切亲戚，断绝所有的朋友，躲到了后院里，日以继夜，三个月才出来一次，还觉得不惬意。发现乡间有美貌的处女，一定要用钱财把她弄来，托人做媒并引诱她，必须到了手才罢休。子产日夜为他俩忧愁，悄悄地到邓析那里讨论办法，说："我听说修养好自身然后推及家庭，治理好家庭然后推及国家，这是说从近处开始，然后推广到远处。我治理郑国已经成功了，而家庭却混乱了。是我的方法错了吗？有什么办法挽救我这两个兄弟呢？请你告诉我。"邓析说："我已经奇怪很久了，没敢先说出来，你为何不在他们清醒的时候，用性命的重要去晓谕他们，用礼义的尊贵去诱导他们呢？"子产采用了邓析的话，找了个机会去见他的两位兄弟，告诉他们说："人比禽兽尊贵的地方，在于人有智慧思虑。智慧思虑所依据的是礼义。成就了礼义，那么名誉和地位也就来了。你们放纵情欲去做事，沉溺于嗜欲，那么性命就危险了。你们听我的话，早上悔改，晚上就会得到俸禄了。"公孙朝和公孙穆说："我懂得这些已经很久了，做这样的选择也已经很久了，难道要等你讲了以后我们才懂得吗？生存难得碰上，死亡却容易到来。以难得的生存去等待容易到来的死亡，还有什么可考虑的呢？你想尊重礼义以便向人夸耀，抑制本性以招来名誉，我以为这还不如死了好。为了要享尽一生的欢娱，受尽人生的乐趣，只怕肚子破了不能放肆地去喝酒，精力疲惫了不能放肆地去淫乐，没有工夫去担忧名声的丑恶和性命的危险。而且你以治理国家的才能向我们夸耀，想用漂亮的词句来扰乱我们的心念，用荣华富贵来引诱我们改变意志，不也鄙陋而可怜吗？我们又要和你辨别一下。善于治理身外之物的，外物未必能治好，而自身却有许多辛苦；善于治理身内心性的，外物未必混乱，而本性却十分安逸。以你对身外之物的治理，那些方法可以暂时在一个国家实行，但并不符合人的本心；以我们对身内心性的治理，这些方法可以推广到天下，君臣之道也就用不着了。我们经常想用这种办法去开导你，你却反而要用你那办法来教育我们吗？”子产茫然无话可说。过了些天，他把这事告诉了邓析。邓析说：“你同真人住在一起却不知道他们，谁说你是聪明人啊？郑国的治理不过是偶然的，并不是你的功劳。

## 【原文】

卫端木叔者，子贡之世也[①]。藉其先赀，家累万金。不治世故，放意所好。其生民之所欲为，人意之所欲玩者，无不为也，无不玩也。墙屋台榭，园囿池沼，饮食车服，声乐嫔御，拟齐楚之君焉。至其情所欲好，耳所欲听，目所欲视，口所欲尝，虽殊方偏国[②]。非齐土之所产育者[③]，无不必致之[④]，犹藩墙之物也[⑤]。及其游也，虽山川阻险，途迳修远，无不必之，犹人之行咫步也。宾客在庭者日百往[⑥]，庖厨之下不绝烟火，堂庑之上不绝声乐[⑦]。奉养之余，先散之宗族；宗族之余，次散之邑里；邑里之余，乃散之一国。行年六十，气干将衰，弃其家事，都散其库藏、珍宝、车服、妾媵[⑧]，一年之中尽焉，不为子孙留财。及其病也，无药石之储；及其死也，无瘗埋之资。一国之人受其施者，相与赋而藏之[9]，反其子孙之财焉。禽骨厘闻之[10]，曰："端木叔，狂人也，辱其祖矣。"段干生闻之[11]，曰："端木叔，达人也，德过其祖矣。其所行也，其所为也，众意所惊，而诚理所取。卫之君子多以礼教自持，固未足以得此人之心也。"

## 【注释】

①世——后嗣。

②殊方偏国——殊方，异域他乡。偏国，边远国家。

③齐土——中土，指中原地区。

④无不必致之——俞樾："下文云：'虽山川阻险，途迳修远，无不必之。'则此文当云'无不必致'，误衍'之'字。"

⑤藩墙——藩，篱笆。藩墙，犹藩篱，围墙。

⑥住——俞樾："'住'当为'数'，声之误也。《黄帝篇》：'沤鸟之至者百住而不止。'张注曰：'住当作数'。是其证矣。"

⑦庑——音wǔ（武），堂周的廊屋。

⑧媵——音yìng（映），随嫁的人。

⑨赋而藏之——俞樾："赋者，计口出钱也。""藏，犹言葬也。《礼记·檀弓篇》：'葬也者，藏也。'故葬与藏得相通。"

⑩禽骨厘——又作禽滑厘、禽屈厘，战国初人，墨子弟子。

⑪段干生——王重民："《御览》四百九十三引'段干生'作'段干木'，当从之。"段干木，战国初魏国人。

## 【译文】

卫国的端木叔，是子贡的后代。依靠他祖先的产业，家产达万金。不再从事世俗杂务，放纵意念去追求享受。凡是活着的人所想做的，人们心中所想玩的，他没有不去做，没有不去玩的。高墙大院，歌台舞榭，花园兽囿，鱼池划沼，甘饮美食，华车丽服，美声妙乐，娇妻艳妾，可以与齐国和楚国的国君相比拟。至于他的情欲所喜好的，耳朵所想听的，眼睛所想看的，嘴巴所想尝的，即使在遥远的地方、偏僻的国家，不是中原所生产养育的，没有搞不到手的东西，就像拿自己围墙内的东西一样。至于他出去游览，即使山河阻险，路途遥远，没有走不到的地方，就像一般人走几步路一样。庭院中的宾客每天以百计，厨房里的烟火一直不断，厅堂里的音乐一直不绝。自奉自养之后剩下来的东西，先施舍给本宗族的人，施舍本宗族剩下来的东西，再施舍给本邑里的人，施舍本邑里剩下来的东西，才施舍给全国的人。到了六十岁的时候，血气躯干都将衰弱了，于是抛弃家内杂事，把他的全部库藏及珍珠宝玉、车马衣物、少妇美女，在一年之中全都散尽，没有给子孙留一点钱财。等到他生病的时候，家中没有一点药物；等到他死亡的时候，家中没有一点埋葬用的钱财。一国之中受过他施舍的人，共同出钱埋葬了他，并把钱财都还给了他的子孙。禽骨厘听到了这件事，说："端木叔是个疯狂的人，侮辱了他的祖先了。"段干生听到了这件事，说："端木叔是个通达的人，德行超过他的祖先了。他的行动，他的作为，一般人觉得惊讶，却符合真实的情理。卫国的君子们多以礼教自我约束，本来就是不可理解端木叔这个人的本心的。

## 【原文】

孟孙阳问杨朱曰："有人于此，贵生爱身，以蕲不死[①]，可乎？"曰："理无不死。""以蕲久生，可乎？"曰："理无久生，生非贵之所能存，身非爱之所能厚。且久生奚为？五情好恶，古犹今也；四体安危，古犹今也；世事苦乐，古犹今也；变易治乱，古犹今也。既闻之矣，既见之矣，既更之矣[②]，百年犹厌其多，况久生之苦也乎？"孟孙阳曰："若然，速亡愈于久生，则践锋刃，入汤火，得所志矣。"杨子曰："不然。既生，则废而任之[3]，究其所欲，以俟于死。将死，则废而任之，究其所之，以放于尽[4]。无不废，无不任，何遽迟速于其间乎？”

## 【注释】

①蕲——能“祈”，祈求。

②更——经历。

③废而任之——放弃努力，听之任之。

④放——音 fǎng（访），至。

## 【译文】

孟孙阳问杨朱说：“这里有个人，尊贵生命，爱惜身体，以求不死，可以吗？”杨朱说：“没有不死的道理。”孟孙阳又问：“以求长寿，可以吗？”杨朱说：“没有长寿的道理。生命并不因为尊贵它就能存在，身体并不因为爱惜它就能壮实。而且长久活着干什么呢？人的情欲好恶，古代与现在一样；身体四肢的安危，古代与现在一样；人间杂事的苦乐，古代与现代一样；朝代的变迁治乱，古代与现在一样。已经听到了，已经看到了，已经经历了，活一百年还嫌太多，又何况长久活着的苦恼呢？”孟孙阳说：“如果是这样的话，早点死亡就比长久活着更好，那么踩剑锋刀刃，入沸水大火，就是满足愿望了。”杨子说：“不是这样的。已经出生了，就应当听之任之，心念想干什么就干什么，一直到死亡。将要死亡了，就应当听之任之，尸体该放到哪里就到哪里，一直到消失。一切都放弃努力，一切都听之任之，何必在人间考虑早死与晚死呢？”

## 【原文】

杨朱曰：“伯成子高不以一毫利物，舍国而隐耕。大禹不以一身自利，一体偏枯[1]。古之人损一毫利天下不与也，悉天下奉一身不取也。人人不损一毫，人人不利天下，天下治矣。”禽子问杨朱曰："去子体之一毛以济一世，汝为之乎？"杨子曰："世固非一毛之所济。"禽子曰："假济，为之乎？"杨子弗应。禽子出语孟孙阳。孟孙阳曰："子不达夫子之心，吾请言之。有侵若肌肤获万金者，若为之乎？"曰："为之。"孟孙阳曰："有断若一节得一国，子为之乎？"禽子默然有间，孟孙阳曰："一毛微于肌肤，肌肤微于一节，省矣。然则积一毛以成肌肤，积肌肤以成一节。一毛固一体万分中之一物，奈何轻之乎？"禽子曰："吾不能所以答子。然则以子之言问老聃、关尹，则子言当矣②；以吾言问大禹、墨翟，则吾言当矣③。"孟孙阳因顾与其徒说他事。

## 【注释】

①偏枯——一般指半身不遂，本文指劳累成疾。

②以子之言问老聃、关尹，则子言当矣——张湛注："聃、尹之教，贵身而贱物也。"

③以吾言问大禹、墨翟，则吾言当矣——张湛注："禹、翟之教，忘己而济物也。"

## 【译文】

杨朱说："伯成子高不肯用一根毫毛去为他人谋利益，抛弃了国家，隐居种田去了。大禹不愿意以自己的身体为自己谋利益，结果全身残疾。古时候的人要损害一根毫毛去为天下谋利益，他不肯给；把天下的财物都用来奉养自己的身体，他也不愿要。人人都不损害自己的一根毫毛，人人都不为天下人谋利益，天下就太平了。"禽子问杨朱说："取你身上一根汗毛以救济天下，你干吗？"杨子说："天下本来不是一根汗毛所能救济的。"禽子说："假使能救济的话，干吗？"杨子不吭声。禽子出来告诉了孟孙阳。孟孙阳说："你不明白先生的心，请让我来说说吧。有人侵犯你的肌肉皮肤便可得到一万金，你干吗?"禽子说："干。"孟孙阳说："有人砍断你的一节身体便可得到一个国家，你干吗?"禽子沉默了很久。孟孙阳说："一根汗毛比肌肉皮肤小得多，肌肉皮肤比一节身体小得多，这十分明白。然而把一根根汗毛积累起来便成为肌肉皮肤，把一块块肌肉皮肤积累起来便成为一节身体。一根汗毛本是整个身体中的万分之一部分，为什么要轻视它呢?"禽子说："我不能用更多的道理来说服你。但是用你的话去问老聃、关尹，那你的话就是对的了；用我话去问大禹、墨翟，那我的话就是对的了。"孟孙阳于是回头同他的学生说别的事去了。

**【原文】**

杨朱曰："天下之美归之舜、禹、周、孔，天下之恶归之桀、纣。然而舜耕于河阳，陶于雷泽，四体不得暂安，口腹不得美厚，父母之所不爱，弟妹之所不亲。行年三十，不告而娶。及受尧之禅，年已长，智已衰。商钧不才[①]，禅位于禹，戚戚然以至于死。此天人之穷毒者也[②]。鲧治水土[③]，绩用不就，殛诸羽山[④]。禹纂业事仇[⑤]，惟荒土功，子产不字，过门不入，身体偏枯，手足胼胝[⑥]。及受舜禅，卑宫室，美绂冕[⑦]，戚戚然以至于死。此天人之忧苦者也。武王既终，成王幼弱，周公摄天子之政。邵公不悦[⑧]，四国流言，居东三年，诛兄放弟[⑨]，仅免其身，戚戚然以至于死。此天人之危惧者也。孔子明帝王之道，应时君之聘，伐树于宋[⑩]，削迹于卫[⑪]，穷于商周[⑫]，围于陈蔡[⑬]，受屈于季氏[⑭]，见辱于阳虎[⑮]，戚戚然以至于死。此天民之遑遽者也[⑯]。凡彼四圣者，生无一日之欢，死有万世之名。名者，固非实之所取也。虽称之弗知，虽赏之不知，与株块无以异矣。桀藉累世之资，居南面之尊，智足以距群下，威足以震海内；恣耳目之所娱，穷意虑之所为。熙熙然以至于死。此天民之逸荡者也。纣亦藉累世之资，居南面之尊，威无不行，志无不从，肆情于倾宫，纵欲于长夜，不以礼义自苦，熙熙然以至于诛。此天民之放纵者也。彼二凶也，生有从欲之欢，死被愚暴之名。实者，固非名之所与也，虽毁之不知，虽称之弗知⑰，此与株块奚以异矣？彼四圣虽美之所归，苦以至终，同归于死矣。彼二凶虽恶之所归，乐以至终，亦同归于死矣。

## 【注释】

①商钧——又作商均，舜之子。

②天子——天子。穷毒——困穷苦毒。

③鲧——同鲧，传说为禹的父亲，因治水未成，被舜杀死在羽山。

④殛——音jí（极），诛戮。

⑤纂业事仇——纂，通“缵”，音zuǎn，继承。仇，指杀父之仇人，即舜。

⑥胼胝——音pián（骈）zhī（支），老茧。

⑦绂冕——音fú（弗）miǎn（免）。绂为古代做祭服的蔽膝，冕为古代帝王的礼帽，这里泛指祭服。

⑧邵公不悦——《史记·周本纪》：“成王少，周初定天下，周公恐诸侯畔周，公乃摄行政当国。管叔、蔡叔群弟疑周公，与武庚作乱，畔周。周公奉成王命，伐诛武庚、管叔、放蔡叔。”《史记·鲁周公世家》：“周公乃践阼代成王摄行政当国。管叔及群弟流言于国。”又《史记·周本纪》：“初，管、蔡畔周，周公讨之，三年而毕定。”《列子》所记与此不完全相同。

⑨诛兄放弟——诛，杀。放，流放。《史记》云诛管叔，放蔡叔。

⑩伐树于宋——《史记·孔子世家》：“孔子去曹适宋，与弟子习礼大树下。宋司马恒魋杀孔子，拔其树。孔子去。”

⑪削迹于卫——《史记·孔子世家》载，孔子适卫，卫灵公“致粟

六万”，不久，有人在灵公前说孔子坏话，灵公便派兵仗在孔子住宅中出入，以威胁孔子。“孔子恐获罪焉，居十日，去卫。”其后一度被用，但“灵公老，怠于政，不用孔子。”孔子又离开了卫国。

⑫穷于商周——《史记·孔子世家》：“孔子由卫适陈，过匡，因孔子状似阳虎，匡人以为阳虎至，遂拘孔子。”商周不知在何处。

⑬围于陈蔡——《史记·孔子世家》：“孔子在陈蔡之间，楚使人聘孔子，孔子欲往，陈蔡大夫便派徒役围孔子于野，孔子“不得行，绝粮，从者病，莫能兴。”

⑭季氏——即季孙氏，春秋、战国时鲁国掌握政权的贵族，鲁桓公少子季友的后裔。

⑮阳虎——鲁国季氏家臣，事季平子。

⑯天民——有道之民。但后面的天民又指天子。遑遽——惊惧慌张。

⑰虽称之弗加——俞樾：“上文言舜、禹、周、孔曰：‘虽称之弗知，虽赏之不知。’则此言桀、纣，宜云‘虽毁之不知，虽罚之不知。’‘毁之’对‘称之’言，‘罚之’对‘赏之’言，方与下文‘彼四圣虽美之所归，彼二凶虽恶之所归’文义相应。‘称之赏之’是美之所归也，‘毁之罚之’是恶之所归也。今涉上文而亦作‘称之’，义不可通矣。”

## 【译文】

杨朱说：“天的美名归于舜、禹、周公、孔子，天下的恶名归于夏桀、商纣。但是舜在河阳种庄稼，在雷泽烧陶器，四肢得不到片刻休息，口腹得不到美味饭菜，父母不喜欢他，弟妹不亲近他，年龄到了三十岁，才不得不先报告父母就娶妻。等到接受尧的禅让时，年龄已经太大了，智力也衰弱了。儿子商钧又无能，只好把帝位让给禹，忧郁地一直到死。这是天子中穷困苦毒的人。鲧治理水土，没有取得成绩，被杀死在羽山。禹继承他的事业，给杀父的仇人做事，只怕荒废了治理水土的时间，儿子出生后没有时间给他起名字，路过家门也不能进去，身体憔悴，手脚都生了茧子。等到他接受舜让给他的帝位时，把宫室盖得十分简陋，却把祭祀的礼服做得很讲究，忧悉地一直到死。这是天子中忧愁辛苦的人。武王已经去世，成王还很年幼，周公行使天子的权力。邵公不高兴，几个国家流传着言。周公到东方居住了三年，杀死了哥哥，流放了弟弟，自己才保住了生命，忧愁地一直到死。这是天子中危险恐惧的人。孔子懂得帝王治国的方法，接受当时各国国君的邀请，在宋国时曾休息过的大树被人砍伐，在卫国时一度做官却又被冷落，在商周时被拘留监禁，在陈国与蔡国之间被包围绝粮，又被季氏轻视，被阳虎侮辱，忧愁地一直到死。这是有道贤人中惊惧慌张的人。所有这四位圣人，活着的时候没有享受一天的欢乐，死了后却有流传万代的名声。死后的名声本来不是实际生活所需要的，即使称赞自己也不知道，即使奖赏自己也不知道，与树桩土块没有什么差别了。夏桀凭借历代祖先的资本，占据着天子的尊贵地位，智慧足以抗拒众臣，威势足以震动海内；放纵耳目所想要的娱乐，做尽意念想做的事情，高高兴兴地一直到死。这是天子中安逸放荡的人。商纣也凭借历代祖先的资本，占据着天子的尊贵地位，威势没有任何地方行不通，意志没有任何人不服从，在所有的宫殿中肆意淫乱，在整个黑夜里放纵情欲，不用礼义来使自己困苦，高高兴兴地一直到被杀。这是天子中放肆纵欲的人。这两个凶恶的人，活着时有放纵欲望的欢乐，死了后蒙上了愚顽暴虐的坏名声。实际生活本来不是死后的名声所能相比的，即使毁谤他也不知道，即使惩罚他也不知道，这与树桩土块有什么不同呢？那四位圣人虽然都得到了美名，但辛辛苦苦一直到最后，都归于死亡了。那两个凶恶的人虽然都得了恶名，但高高兴兴一直到最后，也都归于死亡了。”

## 【原文】

杨朱见梁王，言治天下如运诸掌。梁王曰："先生有一妻一妾而不能治，三亩之园而不能芸[①]，而言治天下如运诸掌，何也？"对曰："君见其牧羊者乎？百羊而群[②]，使五尺童子荷箠而随之[③]，欲东而东，欲西而西。使尧牵一羊，舜荷箠而随之，则不能前矣。且臣闻之：吞舟之鱼不游枝流，鸿鹄高飞不集汙池。何则？其极远也[④]。黄钟大吕不可从烦奏之舞[⑤]。何则？其音疏也。将治大者不治细，成大功者不成小，此之谓矣。"

## 【注释】

①芸——通"耘"，除草。

②而群——王重民："《类聚》九十四引上'而'字作'为'，疑作'为'者是也。"王叔岷："《御览》八三三、《事文类聚·后集》三九、《中天记》五四引'而群'亦并作'为群'，王说是也。"

③荷箠——荷，音hè（贺），扛，拿。箠，即棰，鞭子。

④其极远也——王叔岷："《说苑·政理篇》、《金楼子·立言下篇》'其'下并有'志'字，当从之。下文'何则？其音疏也，''志'与'音'对言。"

⑤黄钟大吕不可从烦奏之舞——黄钟、大吕，古代音律十二律中的前二律，这里作为十二律的代称。十二律为：黄钟、大吕、太簇、夹钟、姑洗、仲吕、蕤宾、林钟、夷则、南吕、无射、应钟。奏，陶鸿庆云："'奏'当为'凑'。凑，会合也。"

## 【译文】

杨朱进见梁王，说治理天下就同在手掌上玩东西一样容易。梁王说："先生有一妻一妾都管不好，三亩大的菜园都除不净草，却说治理天下就同在手掌上玩东西一样容易，为什么呢？"杨朱答道："您见到过那牧羊的人吗？成百只羊合为一群，让一个五尺高的小孩拿着鞭子跟着羊群，想叫羊向东羊就向东，想叫羊向西羊就向西。如果尧牵一只羊，舜拿着鞭子跟着羊，羊就不容易往前走了。而且我听说过：能吞没船只的大鱼不到支流中游玩，鸿鹄在高空飞翔不落在池塘上。为什么？它的志向极其远大。黄钟大吕这样的音乐不能给烦杂凑合起来的舞蹈伴奏。为什么？它们的音律很有条理。准备做大事的不做小事，要成就大事的不成就小事，说的就是这个意思。”

**【原文】**

杨朱曰：“太古之事灭矣，孰志之哉？三皇之事若存若亡，五帝之事若觉若梦，三王之事或隐或显，亿不识一。当身之事或闻或见，万不识一。目前之事或存或废，千不识一。太古至于今日，年数固不可胜纪，但伏羲已来三十余万岁，贤愚、好丑、成败、是非，无不消灭，但迟速之间耳。矜一时之毁誉，以焦苦其神形，要死后数百年中余名，岂足润枯骨？何生之乐哉？”

**【译文】**

杨朱说：“太古的事情已经完全消灭了，谁把它记载下来的呢？三皇的事迹好像有，又好像没有；五帝的事迹好像明白，又好像在梦中；三王的事迹有的隐藏了，有的显示出来，一亿件事中未必知道一件。当世的事情有的听说了，有的看见了，一万件中未必明了一件。眼前的事情有的存在着，有的过去了，一千件中未必明了一件。从太古直到今天，年数固然计算不清，但自伏羲以来三十多万年，贤人与愚人，好人与坏人，成功的事情与失败的事情，对的事情与错的事情，没有不消灭的，只是早晚快慢不同罢了。顾惜一时的毁谤与赞誉，使自己的精神与形体焦灼痛苦，求得死后几百年中留下的名声，怎么能润泽枯槁的尸骨？这样活着又有什么乐趣呢？”

## 【原文】

杨朱曰：“人肖天地之类[①]，怀五常之性，有生之最灵者也。人者，爪牙不足以供守卫，肌肤不足以自捍御，趋走不足以从利逃害[②]，无毛羽以御寒暑，必将资物以为养[③]，任智而不恃力。故智之所贵，存我为贵；力之所贱，侵物为贱。然身非我有也，既生，不得不全之；物非我有也，既有，不得而去之[④]。身固生之主，物亦养之主。虽全生[⑤]，不可有其身；虽不去物，不可有其物。不横私天下之身，不横私天下之物者[⑥]，其唯圣人乎！公天下之身，公天下之物，其唯至人矣！此之谓至至者也。”

## 【注释】

①人肖天地之类——张湛注：“肖，似也。类同阴阳，性禀五行也。”五行，木火土金水。

②趋走不足以从利逃害——趋走，《释名》：“徐行曰步，疾行曰趋，疾趋曰走。”从利逃害，《集释》：“本作‘逃利害’，今从敦煌斯七七七六朝写本订正。”

③以为养——《集释》：“各本‘养’下有‘性’字，今从敦煌斯七七七六朝写本残卷删。”

④不得而去之——《集释》：“北宋本、汪本、秦刻卢解本、世德堂本留作‘不得不去之’。俞樾曰：当作‘不得而去之’。……俞说是也。《道藏》白文本、林希逸本、吉府本正作‘而’，今订正。”

⑤虽全生——《集释》：“各本‘生’下有‘身’字，今从敦煌斯七七七六朝残卷删。”

⑥不横私天下之身，不横私天下之物——《集释》：“各本无此

十四字，今从敦煌残卷增。”

## 【译文】

杨朱说：“人与天地近似一类，怀有木火土金水五行的本性，是生物中最有灵性的。但是人啊，指甲牙齿不能很好地守卫自己，肌肉皮肤不能很好地捍御自己，快步奔跑不能很好地得到利益与逃避祸害，没有羽毛来抵抗寒冷与暑热，一定要利用外物来养活自己，运用智慧而不依仗力量，所以智慧之所以可贵，以能保存自己为贵；力量之所以低贱，以能侵害外物为贱。然而身体不是我所有的，既然出生了，便不能不保全它；外物也不是我所有的，既然存在着，便不能抛弃它。身体固然是生命的主要因素，但外物也是保养身体的主要因素。虽然要保全生命，却不可以占有自己的身体；虽然不能抛弃外物，却不可以占有那些外物。占有那些外物，占有自己的身体，就是蛮横地把天下的身体属于己有，蛮横地把天下之物属于己有。不蛮横地把天下的身体属于己有，不蛮横地把天下之物属于己有的，大概只有圣人吧！把天下的身体归公共所有，把天下的外物归公共所有，大概只有至人吧！这就叫做最崇高最伟大的人。”

## 【原文】

杨朱曰：“生民之不得休息，为四事故：一为寿，二为名，三为位，四为货。有此四者，畏鬼，畏人，畏威，畏刑，此谓之遁民也[①]。可杀可活，制命在外。不逆命，何羡寿？不矜贵，何羡名？不要势，何羡位？不贪富，何羡货？此之谓顺民也。天下无对，制命在内。故语有之曰：‘人不婚宦，情欲失半；人不衣食，君臣道息。’周谚曰：‘田父可坐杀。’晨出夜入，自以性之恒；啜菽茹藿[②]，自以味之极；肌肉粗厚，筋节𦟛急[③]，一朝处以柔毛绨幕[④]，荐以粱肉兰橘[⑤]，心痛体烦[⑥]，内热生病矣。商、鲁之君与田父侔地[⑦]，则亦不盈一时而惫矣。故野人之所安，野人之所美，谓天下无过者。昔者宋国有田夫，常衣缊黂[⑧]，仅以过冬。暨春东作[⑨]，自曝于日，不知天下之有广厦隩室[⑩]，绵纩狐貉[⑪]。顾谓其妻曰：'负日之暄，人莫知者，以献吾君，将有重赏。'里之富室告之曰：'昔人有美戎菽[⑫]、甘枲茎芹萍子者[⑬]，对乡豪称之[⑭]。乡豪取而尝之，蜇于口，惨于腹，众哂而怨之，其人大惭。子，此类也。'"

## 【注释】

①遁民——《集释》："'民'本作'人'，敦煌残卷作'民'。"王重民："'人'应作'民'，宋本未回改唐讳。"杨伯峻："王说是，今从之改正。"

②啜菽茹藿——菽，豆类。茹，吃。藿，豆叶。

③䐜急——䐜，同"䐜"，音kuì（喟）。䐜急，紧缩。

④绨——丝织物的一种。

⑤粱肉兰橘——粱，通"粱"。粱肉，指精美的膳食。兰橘——香美的橘子，这里指香美的水果。

⑥痛——音yuān（渊），忧郁。

⑦商——指春秋时的宋国，为商代的后裔，故称。侔地——侔，相等，侔地，同等地种地。

⑧缊黂——音yùn（韵）fén（坟），麻絮衣。

⑨东作——古代五行学说以东方为木，为春，东作即春天农作。

⑩隩——音yù（遇），又读ào（奥），深。

⑪绵纩——绵，丝绵。纩，音kuàng（矿），亦作"絖"，絮衣服用的新丝棉。绵纩，指丝棉袄。

⑫戎菽——胡豆。

⑬枲茎萍子——枲，音xǐ（徙），即麻。芹，小芹菜。萍子，蒿

子，有青蒿，白蒿数种。

⑭乡豪——张湛注：“乡豪，里之贵者。”

## 【译文】

杨朱说：“百姓们得不到休息，是为了四件事的缘故：一是为了长寿，二是为了名声，三是为了地位，四是为了财货。有了这四件事，便害怕鬼神，害怕别人，害怕威势，害怕刑罚，这叫做逃避自然的人。这种人可以被杀死，可以活下去，控制生命的力量在自身之外。不违背天命，为什么要羡慕长寿？不重视尊贵，为什么要羡慕名声？不求取权势，为什么要羡慕地位？不贪求富裕，为什么要羡慕财货？这叫做顺应自然的人。这种人天下没有敌手，控制生命的力量在自身之内。所以俗话说：‘人不结婚做官，情欲便丢掉一半；人不穿衣吃饭，君臣之道便会消失。’周都的谚语说：‘老农可以叫做坐在那里死去。’早晨外出，夜晚回家，自己认为这是正常的本性；喝豆汁吃豆叶，自己认为这是最好的饮食；肌肉又粗又壮，筋骨关节紧缩弯曲，一旦让他穿上柔软的毛裘和光润的绸绨，吃上细粮鱼肉与香美的水果，就会心忧体烦，内热生病了。如果宋国和鲁国的国君与老农同样种地，那不到一会儿也就疲惫了。所以田野里的人觉得安逸的，田野里的人觉得香美的，便说是天下没有比这更好的了。过去宋国有个农夫，经常穿乱麻絮的衣服，并只用它来过冬。到了春天耕种的时候，自己在太阳下曝晒，不知道天下还有大厦深宫，丝棉与狐貉皮裘。回头对他的妻子说：“晒太阳的暖和，谁也不知道，把它告诉我的国君，一定会得到重赏。’乡里的富人告诉他说：‘过去有以胡豆、麻秆、水芹与蒿子为甘美食物的人，对本乡富豪称赞它们，本乡富豪拿来尝了尝，就像毒虫叮刺了嘴巴，肚子也疼痛起来，大家都讥笑并埋怨那个人，那人也大为惭愧。你呀，就是这样一类人。’”

## 【原文】

杨朱曰："丰屋，美服，厚味，姣色，有此四者，何求于外？有此而求外者，无厌之性。无厌之性，阴阳之蠹也[①]。忠不足以安君，适足以危身；义不足以利物，适足以害生。安上不由于忠，而忠名灭焉；利物不由于义，而义名绝焉。君臣皆安，物我兼利，古之道也。鬻子曰：'去名者无忧。'老子曰：'名者实之宾'。而悠悠者趋名不已[②]。名固不可去，名固不可宾邪？今有名则尊荣，亡名则卑辱。尊荣则逸乐，卑辱则忧苦。忧苦，犯性者也；逸乐，顺性者也。斯实之所系矣。名胡可去？名胡可宾？但恶夫守名而累实。守名而累实，将恤危亡之不救，岂徒逸乐忧苦之间哉？"

## 【注释】

①蠹——音dù（妒），蛀虫。

②悠悠者——忧愁、忧伤的人。

## 【译文】

杨朱说："高大的房屋，华丽的衣服，甘美的食物，漂亮的女子，有了这四样，又何必再追求另外的东西？有了这些还要另外追求的，是贪得无厌的人性。贪得无厌的人性，是阴阳之气的蛀虫。忠并不能使君主安逸，恰恰能使他的身体遭受危险；义并不能使别人得到利益，恰恰能使他的生命遭到损害。使君上安逸不来源于忠，那么忠的概念就消失了；使别人得利不来源于义，那么义的概念就断绝了。君主与臣下都十分安逸，别人与自己都得到利益，这是古代的行为准则。鬻子说：'不要名声的人没有忧愁。'老子说：'名声是实际的宾客。'但那些忧愁的人总是追求名声而不曾停止，难道名声本来就不能不要，名声本来就不能做宾客吗？现在有名声的人就尊贵荣耀，没有名声的人就卑贱屈辱。尊贵荣耀便安逸快乐，卑贱屈辱便忧愁苦恼。忧愁苦恼是违反本性的，安逸快乐是顺应本性的。这些与实际又紧密相关。名声怎么能不要？名声怎么能做宾客？只是担心为了坚守名声而损害了实际啊！坚守名声而损害了实际，所担忧的是连危险灭亡都挽救不了，难道仅仅是在安逸快乐与忧愁苦恼这二者之间吗？”

# 说符第八

## 【原文】

子列子学于壶丘子林。壶丘子林曰："子知持后，则可言持身矣。"列子曰："愿闻持后。"曰："顾若影，则知之。"列子顾而观影：形枉则影曲[①]，形直则影正。然则枉直随形而不在影，屈申任物而不在我。此之谓持后而处先。关尹谓列子曰："言美则响美，言恶则响恶；身长则影长，身短则影短。名也者，响也；身也者[②]，影也。故曰：慎尔言，将有和之[③]；慎尔行，将有随之。是故圣人见出以知入，观往以知来，此其所以先知之理也。度在身，稽在人。人爱我，我必爱之；人恶我，我必恶之。汤武爱天下，故王[④]；桀纣恶天下，故亡，此所稽也。稽度皆明而不道也，譬之出不由门，行不从径也。以是求利，不亦难乎？尝观之神农、有炎之德[⑤]，稽之虞[⑥]、夏、商、周之书，度诸法士贤人之言，所以存亡废兴而非由此道者，未之有也。"严恢曰："所为问道者为富。今得珠亦富矣，安用道？"子列子曰："桀纣唯重利而轻道，是以亡。幸哉余未汝语也。人而无义，唯食而已，是鸡狗也。强食靡角[⑦]，胜者为制[⑧]，是禽兽也。为鸡狗禽兽矣，而欲人之尊己，不可得也。人不尊己，则危辱及之矣。"

## 【注释】

①枉——弯曲。

②身也者——王叔岷："'身'当作'行'，下文'慎尔行，将有随

之'，即承此言。"《御览》四百三十引《尸子》作'行者影也'，可为旁证。"

③和之——《集释》："'和'，北宋本作'知'，汪本从之，今从吉府本、世德堂本订正。"

④故王——《集释》："'故王'，北宋本作'兹王'，汪本从之，今从各本正。"

⑤有炎——即炎帝，传说中上古姜姓部落首领。一说炎帝即神农氏。

⑥虞——有虞氏，即舜。

⑦靡——通"摩"。

⑧胜者为制——《御览》四百二十一引作"胜者为利"。

## 【译文】

列子向壶丘子林学习。壶丘子林说："你如果懂得怎样保持落后，就可以和你谈怎样保住自身了。"列子说："希望能听你说说怎样保持落后。"壶丘子林说："回头看看你的影子，就知道了。"列子回头看他的影子：身体弯曲，影子便弯曲；身体正直，影子便正直。那么，影子的弯曲与正直是随身体而变化的，根源不在影子自身；自己的屈曲与伸直是随外物而变化的，根源不在我自己。这就叫保持落后却处于前列。关尹对列子说："说话声音好听，回响也就好听；说话声音难听，回响也就难听。身体高大，影子就高大；身体矮小，影子就矮小。名声就像回响，行为就像影子。所以说：谨慎你的言语，就会有人附和；谨慎你的行为，就会有人跟随。所以圣人看见外表就可以知道内里，看见过去就可以知道未来，这就是为什么能事先知道的原因。法度在于自身，稽考在于别人。别人喜爱我，我一定喜爱他；别人厌恶我，我一定厌恶他。商汤王、周武王爱护天下，所以统一了天下；夏桀王、商纣王厌恶天下，所以丧失了天下，这就是稽考的结果。稽考与法度都很明白却不照着去做，就好比外出不通过大门，行走不顺道路一样。用这种方法去追求利益，不是很困难吗？我曾经了解过神农、有炎的德行，稽考过虞、夏、商、周的书籍，研究过许多礼法之士和贤能之人的言论，知存亡废兴的原因不是由于这个道理的，从来没有过。”严恢说：“所以要学习道义的目的在于求得财富。现在得到了珠宝也就富了，还要道义干什么呢？”列子说：“夏桀、商纣就是由于重视利益而轻视道义才灭亡的。幸运啊！我没有告诉你。人如果没有道义，只有吃饭而已，这是鸡狗。抢着吃饭，用角力相斗，胜利的就是宰制者，这是禽兽。已经成为鸡狗禽兽了，却想要别人尊敬自己，是不可能得到的。别人不尊敬自己，那危险侮辱就会来到了。”

**【原文】**

列子学射中矣，请于关尹子。尹子曰：“子知子之所以中者乎？”对曰：“弗知也。”关尹子曰：“未可。”退而习之。三年，又以报关尹子。尹子曰：“子知子之所以中乎？”列子曰：“知之矣。”关尹子曰：“可矣。守而勿失也。非独射也，为国与身亦皆如之。故圣人不察存亡而察其所以然。”

**【译文】**

列子学习射箭能射中目标了，便向关尹子请教。关尹子问：“你知道你为什么能射中吗？”列子回答说：“不知道。”关尹子说：“还不行。”列子回去继续练习。三年以后，又把练习情况报告了关尹子。关尹子问：“你知道你为什么能射中吗？”列子说：“知道了。”关尹子说：“可以了，记住，不要忘掉它。不仅射箭如此，治理国家与修养身心也都是这样。所以圣人不考察存亡现象而考察为什么存亡的原因。”

## 【原文】

列子曰："色盛者骄，力盛者奋，未可以语道也。故不班白语道[①]，失，而况行之乎？故自奋则人莫之告[②]。人莫之告，则孤而无辅矣。贤者任人，故年老而不衰，智尽而不乱。故治国之难在于知贤而不在自贤。"

## 【注释】

①班白——同"斑白"，头发花白。

②故自奋则人莫之告——陶鸿庆："'自奋'上压'自骄'，二字。'自骄自奋'承上'色盛者骄，力盛者奋'而言，张注云：'骄奋者虽告而不受'是其所见本不误。"

## 【译文】

列子说："气色强盛的人骄傲，力量强盛的人奋勇，不可以和他谈论道的真谛。所以头发没有花白就谈论道，必然出毛病，又何况行道呢？所以自己奋勇，便没有人再教他。没有人教他，那就孤独没有帮助了。贤明的人任用别人，因而年纪老了也不衰弱，智力尽了也不昏。所以治理国家的困难在于认识贤人而不在于自己贤能。"

## 【原文】

宋人有为其君以玉为楮叶者[①]，三年而成。锋杀茎柯[②]，毫芒繁泽[③]，乱之楮叶中而不可别也。此人遂以巧食宋国。子列子闻之，曰："使天地之生物，三年而成一叶，则物之有叶者寡矣。故圣人恃道化而不恃智巧。"

## 【注释】

①楮——音chǔ（楚），木名。

②锋杀——杨伯峻："'锋'，《韩非子》作'丰'。王先慎云：'作丰是。丰杀谓肥瘦也。'"一说指叶之尖端。柯——树枝。

③繁泽——泽，指光泽。《淮南子·泰族训》作"颜泽"，谓颜色光泽。

## 【译文】

宋国有个人给他的国君用玉做成楮树叶子，三年做成了。叶子的肥瘦、叶茎和树枝、毫毛与小刺、颜色与光泽，乱放在真的楮树叶子中便分辨不出来。这个人于是凭着他的技巧在宋国生活。列子听说这事，说："假使天地间生长的万物，三年才长成一片叶子，那树木有枝叶的就太少了。所以圣人依靠自然的生化而不依靠智慧技巧。"

## 【原文】

子列子穷，容貌有饥色。客有言之郑子阳者曰[①]："列御寇盖有道之士也，居君之国而穷，君无乃为不好士乎？"郑子阳即令官遗之粟。子列子出见使者，再拜而辞，使者去。子列子入，其妻望之而拊心曰[②]："妾闻为有道者之妻子皆得佚乐。今有饥色，君过而遗先生食[③]，先生不受，岂不命也哉？"子列子笑谓之曰："君非自知我也，以人之言而遗我粟；至其罪我也，又且以人之言，此吾所以不受也。"其卒[④]，民果作难而杀子阳。

## 【注释】

①郑子阳——杨伯峻："《吕览·观世篇》高注云：子阳，郑相也。一曰郑君。"

②望之——王重民："'之'字衍文。《汉书·汲黯传》：'黯褊心不能无稍望。'师古曰：'望，怨也。'其妻怨望，故拊心。《吕览·观世篇》、《新序·节士篇》并无'之'字可证。《庄子·让王篇》有'之'

字者，疑亦后人据《列子》误增也。”

③过——《集释》：“‘过’，各本作‘遇’。与《释文》本合。今从《道藏》白文本、林希逸本、江遹本，其义较长。”

④卒——终。

## 【译文】

列子穷困，容貌有饥饿之色。有人对郑国宰相子阳说：“列御寇是个有道德学问的人，住在您的国家里而受到穷困，您难道不喜欢有道之士吗？”郑子阳立即命令官吏给列子送去粮食。列子出来接见使者，两次拜谢并拒绝接受，使者只好走了。列子进屋后，他的妻子拍着胸脯埋怨说：“我听说做有道德学问的人的妻子都能得到安佚快乐。现在我们挨饿，君王派人来给你送粮食，你却不接受，难道不是我们的命吗？”列子笑着对她说：“君王不是自己知道我的，而是根据别人的话才送给我粮食的；等到他要加罪于我时，又会根据别人的话去办，这就是我所以不接受的原因。”后来，百姓们果然作乱杀掉了子阳。

## 【原文】

鲁施氏有二子，其一好学，其一好兵。好学者以术干齐侯，齐侯纳之，以为诸公子之傅。好兵者之楚，以法干楚王，王悦之①，以为军正②。禄富其家，爵荣其亲。施氏之邻人孟氏同有二子，所业亦同，而窘于贫。羡施氏之有，因从请进趋之方③。二子以实告孟氏。孟氏之一子之秦，以术干秦王。秦王曰：“当今诸侯力争，所务兵食而已。若用仁义治吾国，是灭亡之道。”遂宫而放之④。其一子之卫，以法干卫侯。卫侯曰：“吾弱国也，而摄乎大国之间。大国吾事之，小国吾抚之，是求安之道。若赖兵权，灭亡可待矣。若全而归之，适于他国，为吾之患不轻矣。”遂刖之，而还诸鲁。既反，孟氏之父子叩胸而让施氏[⑤]。施氏曰：“凡得时者昌，失时者亡。子道与吾同，而功与吾异，失时者也，非行之谬也。且天下理无常是，事无常非。先日所用，今或弃之；今之所弃，后或用之。此用与不用，无定是非也。投隙抵时，应事无方。属乎智。智苟不足[⑥]，使若博如孔丘，术如吕尚，焉往而不穷哉？”孟氏父子舍然无愠容，曰：“吾知之矣。子勿重言。”

## 【注释】

①王悦之——王重民：“《御览》六百四十八引‘王’上有‘楚’字，是也。上文‘以术干齐侯，齐侯纳之’句法相同。”

②军正——军队中掌握法律的官职。

③请——《集释》：“北宋本、秦刻卢解本、汪本‘请’作‘谓’，今从吉府本正。”

④宫而放之——宫，阉割。放，驱逐。

⑤让——责让，责备。

⑥不——《集释》：“北宋本无‘不’字，汪本从之，今依《道藏》各本、吉府本、元本、世德堂本增。”

## 【译文】

鲁国的施氏有两个儿子，一个爱好学问，一个爱好打仗。爱好学问的用仁义学术去劝齐侯，齐侯接纳了他，用他做各位公子的老师。爱好打仗的到了楚国，用作战方法去劝楚王，楚王很高兴，用他做军正的官。俸禄使全家富裕起来，爵位使亲人荣耀起来。施氏的邻居孟氏同样有两个儿子，所学的东西也相同，却被贫困所窘迫。羡慕施氏的富有，便去请教上进的方法。这两人把真实情况告诉了孟氏。于是孟氏的一个儿子到了秦国，用仁义学说劝秦王。秦王说：“现在各国诸侯用武力竞争，所做的不过是征集兵士与粮食罢了。如果用仁义来治理我的国家，便是灭亡的道路。”于是施以宫刑并驱逐了他。另一个儿子到了卫国，用作战方法去劝卫侯。卫侯说：“我国是个弱小的国家，却夹在大国之中。对大国我顺服，对小国我安抚，这是求得平安的方法。如果依靠兵权，灭亡也就很快了。如果让你保全身体回去，到了别的国家，那么我国的祸患就不轻了。”于是砍断他的脚，送回到了鲁国。回家以后，孟氏的父子捶胸顿足责骂施氏。施氏说：“凡是适合时宜的人便昌盛，违背时宜的人便灭亡。你们的道理与我们相同，而结果却与我们不同，是违背时宜的缘故，不是行为的错误。而且天下的道理没有长久是对的，事情没有长久是错的。以前所用的方法，今天有可能抛弃；今天所抛弃的方法，以后有可能使用。这种用与不用，没有一定的是非。抓住机会，适应时宜，处理事情不用固定的方法，这要依靠智慧。如果智慧不够，即使博学像孔丘，计谋如吕尚，到什么地方而不穷困呢？”孟氏父子一下子明白了，不再怨恨，说：“我明白了，你不要再说了。”

## 【原文】

晋文公出会[①]，欲伐卫。公子锄仰天而笑。公问何笑。曰：“臣笑邻之人有送其妻适私家者，道见桑妇，悦而与言。然顾视其妻，亦有招之者矣。臣窃笑此也。”公寤其言，乃止。引师而还，未至，而有伐其北鄙者矣[②]。

## 【注释】

①晋文公——春秋时晋国国君，名重耳，公元前636—前628年在位。

②鄙——边境地区。

## 【译文】

晋文公出去参加盟会，要讨伐卫国。公子锄抬头大笑。文公问他笑什么。他说："我笑我的邻居有个人送他的妻子到别人家，路上见到一个采摘桑叶的妇女，高兴地和她攀谈起来。但回头看看他的妻子，也有人在和她打招呼。我偷笑的就是这件事。"文公明白了他的话，于是停止了行动。率领军队回国，还没到国都，已经有人在攻伐晋国北部边境地区了。

## 【原文】

晋国苦盗。有郄雍者，能视盗之貌[①]，察其眉睫之间，而得其情。晋侯使视盗，千百无遗一焉。晋侯大喜，告赵文子曰[②]："吾得一人，而一国盗为尽矣，奚用多为？"文子曰："吾君恃伺察而得盗，盗不尽矣，且郄雍必不得其死焉。"俄而群盗谋曰："吾所穷者郄雍也[③]。"遂共盗而残之[④]。晋侯闻而大骇，立召文子而告之曰："果如子言，郄雍死矣。然取盗何方？"文子曰："周谚有言：'察见渊鱼者不祥，智料隐匿者有殃。'且君欲无盗，若莫举贤而任之，使教明于上，化行于下，民有耻心，则何盗之为？"于是用随会知政，而群盗奔秦焉。

## 【注释】

①貌——《集释》："'貌'本作'眼'，今从吉府本、世德堂本正。《御览》四百九十九引亦作'貌'。"

②赵文子——即赵武，又称赵孟，春秋时晋国大夫，曾执晋国政。

③吾所穷者——王重民："《御览》四百九十九引'所'下有'以'字，是也。"

④盗而残之——张湛注："残，贼杀之。"

【译文】

晋国苦于强盗太多。有一个叫郄雍的人，能看出强盗的相貌，看他们的眉目之间，就可以得到他们的真情。晋侯叫他去查看强盗，千百人中不会遗漏一个。晋侯大为高兴。告诉赵文子说："我得到一个人，全国的强盗都没有了，何必用那么多人呢？"文子说："您依仗窥伺观察而抓到强盗，强盗不但清除不尽，而且郄雍一定不得好死。"不久一群强盗商量说："我们所以穷困的原因，就是这个郄雍。"于是共同抓获并残杀了他。晋侯听说后大为惊骇，立刻召见文子，告诉他说："果然像你所说的那样，郄雍死了。但收拾强盗用什么方法呢？"文子说："周时有俗话说：'眼睛能看到深渊中游鱼的人不吉祥，心灵能估料到隐藏着的东西的人有灾殃。'况且您要想没有强盗，最好的办法是选拔贤能的人并重用他们，使上面的政教清明，下面的好风气流行，老百姓有羞耻之心，那还有谁去做强盗呢？"于是任用随会主持政事，而所有的强盗都跑到秦国去了。

【原文】

孔子自卫反鲁，息驾乎河梁而观焉。有悬水三十仞，圜流九十里，鱼鳖弗能游，鼋鼍弗能居，有一丈夫方将厉之[①]。孔子使人并涯止之，曰："此悬水三十仞，圜流九十里，鱼鳖弗能游，鼋鼍弗能居也。意者难可以济乎？"丈夫不以错意，遂度而出。孔子问之曰："巧乎！有道术乎？所以能入而出者，何也？"丈夫对曰："始吾之入也，先以忠信；及吾之出也，又从以忠信。忠信错吾躯于波流[②]，而吾不敢用私，所以能入而复出者，以此也。"孔子谓弟子曰："二三子识之！水且犹可以忠信诚身亲之，而况人乎！"

## 【注释】

①厉——《释文》:“厉，涉水也。”

②忠信错吾躯——俞樾:“‘忠信错吾躯于波流’，‘忠信’字涉上句衍。”错，音cù（醋），通“措”，安置。

## 【译文】

孔子从卫国到鲁国去，在河堤上停住马车观览。那里有瀑布高二三十丈，旋涡达九十里远，鱼鳖不能游动，鼋鼍不能居住，却有一个男人正准备渡过去。孔子派人沿着水边过去制止他，说:“这里的瀑布高二三十丈，旋涡达九十里远，鱼鳖不能游动，鼋鼍不能居住。想来很难渡过去吧?”那男人毫不在乎，于是渡过河去，从水中钻了出来。孔子问他说:“真巧妙啊！有道术吗？所以能钻入水中又能钻出来，凭的是什么呢?”那男人回答说:“我开始进入水中时，事先具有忠信之心，到我钻出水面的时候，又跟着使用忠信之心，忠信把我的身躯安放在波涛中，我不敢有一点私心，我所以能钻进去又钻出来的原因，就是这个。”孔子对弟子们说:“你们记住：水都可以以忠信诚心而用身体去亲近它，又何况人呢!”

## 【原文】

白公问孔子曰[①]:“人可与微言乎[②]?”孔子不应。白公问曰:“若以石投水，何如?”孔子曰:“吴之善没者能取之。”曰:“若以水投水，何如?”孔子曰:“淄渑之合[③]，易牙尝而知之[④]。”白公曰:“人固不可与微言乎[⑤]?”孔子曰:“何为不可？唯知言之谓者乎！夫知言之谓者，不以言言也。争鱼者濡[⑥]，逐兽者趋，非乐之也。故至言去言，至为无为。夫浅知之所争者末矣。”白公不得已，遂死于浴室。

## 【注释】

①白公——名胜。张湛注："白公，楚平王之孙，太子建之子也。其父为费无极所谮，出奔郑，郑人杀之。胜欲令尹子西、司马子期伐郑。许而未行，晋伐郑，子西、子期将救郑。胜怒曰：'郑人在此，仇不远矣。'欲杀子西、子期，故问孔子。孔子知之，故不应。"

②微言——卢重玄解："微言者，密言也，令人不能知也。"

③淄渑之合——淄，水名，在今山东省内。渑，音shéng（绳），水名，故道在今山东省内。据说淄水与渑水的味道不同，合在一起则更难于辨别。

④易牙——春秋时齐国人，善于辨别滋味，曾以滋味说桓公，甚见亲幸。

⑤固——《集释》："'固'，北宋本、汪本、《四解》本作'故'。王重民曰：《道藏》白文本、吉府本、《淮南·道应篇》、《御览》五十八引'故'并作'固'。伯峻案：作'固'者是，今正。"

⑥濡——沾湿。

## 【译文】

白公问孔子说："人可以和别人密谋吗？"孔子不回答。白公又问道："如果把石头投入水中，怎么样？"孔子说："吴国善于潜水的人能把它取出来。"白公又问："如果把水投入水中，怎么样？"孔子说："淄水与渑水合在一起，易牙尝一尝就能辨出来。"白公说："人本来就不可以和别人密谋吗？"孔子说："为什么不可以？但只有懂得语言的人才能这样说吧！所谓懂得语言的人，是指不用语言来表达意思的人。争抢鱼虾的沾湿一身，追逐野兽的跑痛双腿，并不是乐意这样干的。所以最高的语言是不用语言，最高的作为是没有作为。那些知识浅薄的人所争论的都是些枝微末节。"白公不能阻止自己叛乱的念头，终于死在浴室中。

## 【原文】

赵襄子使新稚穆子攻翟[①]，胜之，取左人、中人[②]，使遽人来谒之[③]。襄子方食而有忧色。左右曰："一朝而两城下，此人之所喜也，今君有忧色，何也？"襄子曰："夫江河之大也，不过三日，飘风暴雨不终朝[④]，日中不须臾。今赵氏之德行无所施于积，一朝而两城下，亡其及我哉！"孔子闻之曰："赵氏其昌乎！夫忧者所以为昌也，喜者所以为亡也。胜非其难者也；持之[⑤]，其难者也。贤主以此持胜，故其福及后世。齐、楚、吴、越皆尝胜矣，然卒取亡焉，不达乎持胜也。唯有道之主为能持胜。"孔子之劲能拓国门之关[⑥]，而不肯以力闻。墨子为守攻，公输般服[⑦]，而不肯以兵知。故善持胜者以强为弱。

## 【注释】

①赵襄子——即赵无恤，春秋末年晋国大夫，赵鞅之子。他与韩、魏合谋，灭智伯，三分晋地。新稚穆子——张湛注："穆子，襄子家臣新稚狗也。"翟——音dí（敌），张湛注："翟，鲜虞也。"鲜虞为春秋国名，后改称中山国，国都在今河北正定县西北四十里新市城。

②左人、中人——张湛注："左人、中人，鲜虞二邑名。"

③使遽人来谒之——张湛注："遽，传也。谒，告也。"

④飘风——旋风，暴风。

⑤持——守。

⑥拓国门之关——张湛注："拓，举也。孔子能举门关而力名不闻者，不用其力也。"门关，即门闩，门上的横插。

⑦公输般服——张湛注："公输般善为攻器，墨子设守能却之，为般所服。"

## 【译文】

赵襄子派新稚穆子攻打翟人，打败了他们，夺取了左人、中人两个城邑，派信使回来报捷。襄子正在吃饭，听到后面带愁容。旁边的人问：“一个早晨就攻下了两个城邑，这是大家都高兴的事，现在您却有愁容，为什么呢？”襄子说：“江河的潮水再大也不过三天便退，暴风骤雨不到一个早晨便停，太阳正中不一会儿便斜。现在赵家的德行没有积累什么恩泽，一个早晨就有两个城邑被攻下，败亡大概要到我这里了吧！”孔子听到后说：“赵氏大概要昌盛了吧！忧愁所以能昌盛，高兴所以会败亡。胜利并不是艰难的事情，保持胜利才是艰难的事情。贤明的君主以忧愁来保持胜利，因而他的幸福传到了后代。齐、楚、吴、越都曾取得过胜利，但最终却灭亡了，就是因为不懂得保持胜利的缘故。只有有道德的君主才能保持胜利。”孔子的力气能够举起国都城门的门闩，却不愿意以力气去出名。墨子进行防守与进攻，连公输班都佩服，却不愿意以用兵去出名。所以关于保持胜利的人，总是以强大表现为弱小。

## 【原文】

宋人有好行仁义者，三世不懈。家无故黑牛生白犊，以问孔子。孔子曰：“此吉祥也，以荐上帝[①]。”居一年，其父无故而盲，其牛又复生白犊，其父又复令其子问孔子。其子曰：“前问之而失明，又何问乎？”父曰：“圣人之言先迕后合[②]，其事未究，姑复问之。”其子又复问孔子。孔子曰：“吉祥也。”复教以祭。其子归致命，其父曰：“行孔子之言也。”居一年，其子又无故而盲。其后楚攻宋，围其城[③]，民易子而食之，析骸而炊之，丁壮者皆乘城而战，死者太半[④]。此人以父子有疾皆免。及围解而疾俱复。

## 【注释】

①荐——进献，指祭祀。

②迕——音wǔ（午），又读wù（务），违背。

③围——《集释》：“‘围’，北宋本作‘国’，汪本从之，今从《藏》本、吉府本、世德堂本订正。”

④太半——大半，过半。

【译文】

宋国有个好行仁义的人，三代都不懈怠。家中的黑牛无缘无故地生下了白牛犊，便去询问孔子。孔子说：“这是好的预兆，可以用它来祭祀上帝。”过了一年，他父亲的眼睛无缘无故地瞎了，家中的黑牛又生下了白牛犊，他父亲又叫儿子去询问孔子。儿子说：“上次问了他以后你的眼睛瞎了，再问他干什么呢?”父亲说：“圣人的话先相反后吻合，这事还没有最后结果，姑且再问问他。”儿子又去询问孔子。孔子说：“这是好的预兆。”又叫他祭祀上帝。儿子回家告诉了父亲，父亲说：“按孔子的话去做。”过了一年，儿子的眼睛也无缘无故地瞎了。后来楚国攻打宋国，包围了宋国的都城，老百姓交换儿子杀了当饭吃，剔下骨头当柴烧，青壮年都上城作战，死亡的人超过了一半。这父子两人因眼睛都逃避了作战。等到包围解除后，眼睛又都恢复正常。

【原文】

宋有兰子者[①]，以技干宋元[②]。宋元召而使见。其技以双枝，长倍其身，属其胫[③]，并趋并驰，弄七剑迭而跃之，五剑常在空中。元君大惊，立赐金帛。又有兰子又能燕戏者[④]，闻之，复以干元君。元君大怒曰：“昔有异技干寡人者，技无庸[⑤]，适值寡人有欢心，故赐金帛。彼必闻此而进，复望吾赏。”拘而拟戮之[⑥]，经月乃放。

## 【注释】

①兰子——苏时学："今世俗谓无赖子为烂仔，其义疑本于此。"《释文》："《史记》云：'无符传出入为阑。'应劭曰：'阑，妄也。'此所谓阑子者，是以技妄游者也。疑兰字与阑同。"任大椿："兰、阑古多通用。"

②宋元——此句之"宋元"与下句之"宋元"，"元"字下均应有"君"字，以下文三称"元君"可证。王重民："《类聚》六十、《御览》三百四十四、又四百八十三引'宋元'下并有'君'字。"王叔岷："《书钞》一二二、《六帖》三三、六一，《御览》五六九引亦并有'君'字。"

③胫——小腿。

④燕戏——戏术。其技如燕子轻捷如飞。

⑤庸——用。

⑥拟——《集释》："北宋本脱'拟'字，汪本从之，今从各本增。"

## 【译文】

宋国有个会杂耍技艺的人，用杂技求见宋元君。宋元君召见了他。他的技艺是用两根有身长两倍的木杖捆绑在小腿上，时而快走，时而奔跑，又用七把剑迭相抛出，有五把剑常在空中。元君大为惊喜，立即赏赐给他金银布帛。又有一个会杂耍技艺的人，能够像燕子一样轻捷如飞，听说了这件事后，又用他的技艺来求见元君。元君大怒说："前不久有个用奇异的技艺来求见我的人，那技艺毫无实用价值，恰好碰上我高兴，所以赏赐了金银布帛。他一定是听说了这件事以后来的，也希望得到我的赏赐。"于是把那个人抓了起来准备杀掉，过了几个月才释放。

## 【原文】

秦穆公谓伯乐曰[①]："子之年长矣，子姓有可使求马者乎？"

伯乐对曰："良马可形容筋骨相也[②]；天下之马者，若灭若没，若亡若失，若此者绝尘弭辙[③]。臣之子皆下才也，可告以良马，不可告以天下之马也。臣有所与共担纆薪菜者[④]，有九方皋[⑤]，此其于马非臣之下也[⑥]，请见之。"穆公见之，使行求马。三月而反报曰："已得之矣，在沙丘[⑦]。"穆公曰："何马也?"对曰："牝而黄[⑧]。"使人往取之，牡而骊[⑨]。穆公不说[⑩]。召伯乐而谓之曰："败矣，子所使求马者[⑪]。色物、牝牡尚弗能知，又何马之能知也?"伯乐喟然太息曰："一至于此乎？是乃其所以千万臣而无数者也[⑫]。若皋之所观，天机也，得其精而忘其粗[⑬]，在其内而忘其外；见其所见，不见其所不见；视其所视，而遗其所不视。若皋之相者，乃有贵乎马者也[⑭]。"马至，果天下之马也。

## 【注释】

①秦穆公——秦秋时秦国国君。公元前659—前621年在位，先后攻灭十二国，称霸西戎。伯乐——姓孙，名阳，春秋时秦国善于相马者。伯乐本为天上星辰之名，掌天马，孙阳善识马，故称之为伯乐。

②良马可形容筋骨相也——王重民："《类聚》九十三引'可'下有'以'字，是也。《淮南·道应篇》同。"

③绝尘弭辙——绝尘，脚不沾尘土，形容奔驰得很快。弭，音mǐ（米），停止，消除。辙，同"辙"，音zhé（哲），车轮碾过的痕迹。弭辙，指拉车的马奔驰极快，看不见车轮碾过的痕迹。

④担纆薪菜——纆，音mò（末），绳索。薪菜，柴草。

⑤九方皋——人名，姓九方，名皋。

⑥此——《集释》："'此'，各本作'比'，《道藏》白文本、林希逸本、元本、世德堂本作'此'，《淮南子》亦作'此'。""此处当作'此'，不当作'比'，今依《道藏》白文本订正。"

⑦沙丘——地名，在河北平乡县东北。

⑧牝——雌性动物。

⑨牡而骊——牡，雄性动物。骊，纯黑色的马。

⑩说——通“悦”。

⑪子所使求马者——王叔岷：“《艺文类聚》九三、《事类赋》二一、《御览》八九六，《记纂渊海》九八、《事文类聚·后集》三八引‘子’下并有‘之’字，《淮南子·道应篇》同，当从之。”

⑫是乃其所以千万臣而无数者也——张湛注：“言其相马之妙乃如此也，是以胜臣千万而不可量。”卢重玄解：“皋之相马，相其神，不相其形也。”

⑬而——《集释》：“北宋本、汪本、《四解》本无‘而’字，《御览》八百九十六、《类聚》九十三引同，今从《道藏》白文本、林希逸本、吉府本、世德堂本增。《艺文类聚》九三、《埤雅》十五、《事文类聚·后集》三八、《韵府群玉》三、《天中记》五五、《经济类篇》九八引并有‘而’字。”

⑭乃有贵乎马者也——张湛注：“言皋之此术岂止于相马而已，神明所得，必有贵于相马者，言其妙也。”

## 【译文】

秦穆公对伯乐说：“你的年纪大了，你的家庭中有可以用来相马的吗?”伯乐回答说：“良马可以从形状、容貌、筋骨看出来；至于天下之马，好像灭绝了，好像隐没了，好像消亡了，好像丢失了，像这样的马，跑起来没有尘土，没有车辙。我的儿子都是下等人才，可以教给他们怎样相良马，却不可以教给他们怎样相天下之马。我有一个一道挑担子卖柴草的伙伴，叫九方皋，这个人对于相马不在我之下，请您接见他。”穆公接见了他，派他巡行求马，三个月以后回来报告说：“已经找到了，在沙丘那儿。”穆公问：“什么样的马?”九方皋回答道：“母马，黄色的。”穆公派人去取这匹马，却是一匹公马，纯黑色的。穆公不高兴，召见伯乐并对他说："你派去找马的人太差了，颜色、公母都不能知道，又怎么能知道马的好坏呢？"伯乐长叹了一口气说："竟然到了这种程度吗？这就是他比我强千万无数倍的原因啊！像九方皋所观察的，是马的天机，得到了马的精华而忘掉了马的粗相，进入了马的内核而忘掉了马的外表；见到了他所要见的，没有见到他所不要见的；看到了他所要看的，遗弃了他所不要看的。像九方皋这样看相的人，则有比相马更宝贵的东西。"那匹马到了，果然是一匹天下少有的好马。

## 【原文】

楚庄王问詹何曰①："治国奈何？"詹何对曰："臣明于治身而不明于治国也。"楚庄王曰："寡人得奉宗庙社稷，愿学所以守之。"詹何对曰："臣未尝闻身治而国乱者也，又未尝闻身乱而国治者也。故本在身，不敢对以末。""楚王曰："善。"

## 【注释】

①楚庄王——春秋时楚国国君，公元前613—前591年在位，曾大败晋军，使鲁、宋、郑、陈等国归附，成为霸主。詹何——张湛注："詹何，盖隐者也。"

## 【译文】

楚庄王问詹何说："治理国家应该怎样？"詹何回答说："我知道修养身心，不知道治理国家。"楚庄王说："我能成为祀奉宗庙社稷的人，希望学到怎样保持它的办法。"詹何回答说："我没有听说过身心修养好了而国家反而混乱的事，又没有听说过身心烦乱而能把国家治理好的事。所以根本在于自身，不敢用末节来答复。"楚王说："说得好。"

## 【原文】

狐丘丈人谓孙叔敖曰[1]："人有三怨，子知之乎？"孙叔敖曰："何谓也？"对曰："爵高者，人妬之；官大者，主恶之；禄厚者，怨逮之[2]。"孙叔敖曰："吾爵益高，吾志益下；吾官益大，吾心益小；吾禄益厚，吾施益博。以是免于三怨，可乎[3]？"

## 【注释】

①狐丘丈人——张湛注："狐丘，邑名。丈人，长老者。"孙叔敖——春秋时楚国大夫，曾为楚庄王宰相三个月。

②逮——俞樾："《淮南子·道应篇》作'禄厚者怨处之'，是也。'怨处之'谓怨仇之所处也，犹曰为怨府也。处与妒、恶为韵。若作'逮'，则失其韵矣。"王重民："俞说是也。《御览》四百五十九引'逮'下作'处'。"

③可乎——王叔岷："此处叙事未毕，疑有捝文。"

## 【译文】

狐丘丈人对孙敖说："一个人有三种被人怨恨的事，你知道吗？"孙叔敖问："说的是什么呢？"狐丘丈人回答说："爵位高的，别人妒忌他；官职大的，君主厌恶他；俸禄厚的，怨恨包围着他。"孙叔敖说："我的爵位越高，我的志向越低；我的官职越大，我的雄心越小；我的俸禄越厚，我施舍得越广。用这种方法来避免三种怨恨，可以吗？"

## 【原文】

孙叔敖疾，将死，戒其子曰："王亟封我矣[1]，吾不受也。为我死[2]，王则封汝。汝必无受利地。楚越之间有寝丘者[3]，此地不利而名甚恶，楚人鬼而越人禨[4]，可长有者唯此矣。"孙叔敖死，王果以美地封其子。子辞而不受，请寝丘，与之，至今不失。

## 【注释】

①亟——音qì（气），屡次。

②为——如，若。

③寝丘——在今河南沈丘县东南，接安徽阜阳县界，春秋时不在楚越之间，恐有误。

④楚人鬼而越人禨——禨，音jī（基），即禨祥，祈求福佑。张湛注："信鬼神与禨祥。"

## 【译文】

孙叔敖病了，快要死的时候，告诫他儿子说："大王多次封我食邑，我都没有接受。如果我死了，大王就会封给你。你一定不要接受好地方。楚国和越国之间有个叫寝丘的地方，那里土地不肥沃，名声很不好，楚人相信鬼神，越人相信祈祷，可以长久保持的只有这个地方。"孙叔敖去世后，楚王果然用好地方封他儿子。儿子推辞不接受，请求换成寝丘，楚王给了他，直到现在也没有失去这个地方。

## 【原文】

牛缺者，上地之大儒也①，下之邯郸，遇盗于耦沙之中②，尽取其衣装车。牛步而去③，视之欢然无忧吝之色④。盗追而问其故，曰："君子不以所养害其所养⑤。"盗曰："嘻！贤矣夫！"既而相谓曰："以彼之贤，往见赵君，使以我为⑥，必困我，不如杀之。"乃相与追而杀之。燕人闻之，聚族相戒曰："遇盗，莫如上地之牛缺也。"皆受教。俄而其弟适秦，至关下⑦，果遇盗。忆其兄之戒，因与盗力争。既而不如⑧，又追而以卑辞请物。盗怒曰："吾活汝弘矣，而追吾不已，迹将箸焉⑨。既为盗矣，仁将焉在？"遂杀之，又傍害其党四五人焉。

## 【注释】

①上地——据下文，应为燕国地名。

②耦沙——梁玉绳："《汉书·地理志》及《说文》，渪水出赵国襄国县县西北，师古音藕。《寰宇记》五十九，渪水在邢州沙河县西北十七里，俱名沙河水，即耦沙也。"

③尽取其衣装车，牛步而去——俞樾："此当作'尽取其衣装车马，牛缺步而去'。"

④忧悋——悋，音lìn（吝），同"吝"。忧愁与吝惜。

⑤君子不以所养害其所养——陶鸿庆以下"所"字衍，此句应为"君子不以所养害其养。"王重民以上"所"字下脱"以"字，此句应为"君子不以所以养害其所养。"

⑥使以我为——陶鸿庆："'使以我为'下脱'事'字。《淮南子·人间训》云：'以此而见王者，必且以我为事也。'可据补。"

⑦至关下——关，《集释》："北宋本、汪本、《四解》本作'阙'，《道藏》白文本、林希逸本、江遹本、元本、世德堂本作'关'，今正。"王先慎："阙乃关字形近而伪，即函谷关。"

⑧如——杨伯峻："'如'，当作'与'。"

⑨箸——通"著"，显明。

## 【译文】

牛缺是上地的一位大儒，往南到邯郸去，在耦沙遇到了强盗，把他的衣物车马全都抢走了。牛缺步行而去，看上去还是高高兴兴的样子，没有一点忧愁吝惜的面容。强盗追上去问他是什么缘故，他说："君子不因为养身的财物而损害了身体。"强盗说："唉！真是贤明啊！"过了一会儿强盗们又互相议论说："以这个人的贤明，前去进见赵君，假使说了我们抢劫的事，一定要来围困我们，不如杀了他。"于是一道追上去杀了他。一个燕国人听到这事，集合族人互相告诫说："碰到了强盗，不能再像上地的牛缺那样了。"大家都接受了教训。不久，这个燕国人的弟弟到秦国去，到了函谷关下，果然遇上了强盗，想起了他哥哥的告诫，便和强盗尽力争夺。强盗不给，又追上去低声下气地请求还他财物。强盗发火说："我让你活下来已经够宽宏大量的了，你却追我不止，痕迹已经快要暴露出来了。既然做了强盗，哪里还要什么仁义？"于是杀了他，又牵连杀害了他的同伴四五个人。

**【原文】**

虞氏者，梁人富人也，家充殷盛，钱帛无量，财货无訾①。登高楼，临大路，设乐陈酒，击博楼上②。侠客相随而行，楼上博者射③，明琼张中④，反两㯓鱼而笑⑤。飞鸢适坠其腐鼠而中之⑥，侠客相与言曰："虞氏富乐之日久矣，而常有轻易人之志。吾不侵犯之，而乃辱我以腐鼠，此而不报，无以立慬于天下⑦。请与若等戮力一志，率徒属必灭其家为等伦⑧。"皆许诺。至期日之夜，聚众积兵以攻虞氏，大灭其家。

**【注释】**

①訾——估量。

②击博——一种赌博方式。《释文》："打也。韦昭《博弈论》云设木而击之是也。《古博经》云：博法，二人相对，坐向局，分为十二道，两头当中名为水。用棋十二枚，六白六黑，又用鱼二枚置于'水'中。其掷采以琼为之。"

③博者射——《释文》："凡戏争能取中皆曰射，亦曰投。"

④明琼张中——琼，赌博用具，与后来的骰子相似，张湛注："明琼，齿五白也。"齿，琼四面所刻的眼。张中，投中。

⑤反两㯓鱼而笑——㯓，同榻，音tà（踏）。㯓鱼，赌博用具，击博中用鱼两枚置于棋盘上"水"中。掷采用琼，以掷采结果走棋，棋行到处即竖起来，即入"水"食鱼，又名牵鱼。每牵一鱼获二筹，翻一鱼

获三筹。反两榆鱼，即翻二鱼，获六筹，为大胜。

⑥鸢——老鹰。

⑦憽——音qín（勤），勇气。

⑧等伦——同列的人。

## 【译文】

虞氏是梁国的富人，家产充盈丰盛，金钱布帛无法计算，资财货物无法估量。他与朋友登上高楼，面临大路，设置乐队，摆上酒席，在楼上赌博。一帮侠客相随从楼下走过，正值楼上赌博的人在投骰子，骰子掷出五个白眼，于是翻了两条鱼，众人大笑起来。恰好这时天上一只老鹰张嘴掉下了嘴里衔着的死老鼠，打中了从楼下路过的侠客。侠客听见笑声，以为是从楼上扔下来的，便共同议论说："虞氏富足快乐的日子过得太久了，经常有看不起人的意思。我们现在没有侵犯他，他却用死老鼠来侮辱我们。对这样的事还不报复，便无法在天下树立我们勇敢的名声了。希望大家合力同心，率领徒弟们一定消灭他全家，才算是我们的同伍。"大家都表示同意。到了约定的那天夜里，聚集了众人，会拢了武器，攻打虞氏，把他全家消灭得一干二净。

## 【原文】

东方有人焉，曰爰旌目，将有适也[①]，而饿于道。狐父之盗曰丘[②]，见而下壶餐以餔之[③]。爰旌目三餔而后能视，曰："子何为者也？"曰："我狐父之人丘也。"爰旌目曰："嘻！汝非盗邪？胡为而食我？吾义不食子之食也。"两手据地而欧之[④]，不出，喀喀然，遂伏而死[⑤]。狐父之人则盗矣，而食非盗也。以人之盗因谓食为盗而不敢食，是失名实者也。

## 【注释】

①将有适也——王叔岷："《御览》四九九引'适'上有'所'字，文意较完。《新序·节士篇》亦有'所'字。"

②狐父——地名，在今安徽砀山县南三十里。

③餔——音bǔ（补），通"哺"，以食与人。

④欧——同"呕"，吐。

⑤遂伏而死——王叔岷："《释文》本有'地'字，当从之。《吕氏春秋·介立篇》、《新序·节士篇》、《金楼子·杂记上篇》亦并有'地'字。"

## 【译文】

东方有个人叫爰旌目，到别的地方去，饿倒在道路上。狐父城的强盗名字叫丘，看见后便把自己壶里装的饭倒出来喂他。爰旌目吃了三口以后便睁开眼睛，问："你是干什么的？"强盗说："我是狐父城的人丘。"爰旌目说："呀！你不是那强盗吗？为什么要喂我饭呢？我宁死也不吃你的饭。"于是两只手趴在地上呕吐，吐不出来，喀喀地咳了两声，便趴在地上死了。狐父城的那个人虽然是个强盗，但饭却不是强盗。因为人是强盗就说他的饭也是强盗而不敢吃，是没有搞清楚名与实的区别啊。

## 【原文】

柱厉叔事莒敖公[①]，自为不知己，去[②]，居海上。夏日则食菱芰[③]，冬日则食橡栗。莒敖公有难，柱厉叔辞其友而往死之。其友曰："子自以为不知己，故去。今往死之，是知与不知无辨也。"柱厉叔曰："不然。自以为不知，故去。今死，是果不知我也。吾将死之，以丑后世之人主不知其臣者也。"凡知则死之，不知则弗死，此直道而行者也。柱厉叔可谓怼以忘其身者也[④]。

## 【注释】

①莒敖公——春秋时莒国国君。莒，音jǔ（举），西周分封的诸侯国，春秋初迁于莒，在今山东莒县。公元前431年为楚所灭。

②自为不知己，去——《集释》："北宋本、汪本、秦刻卢解本、世德堂本'去'作'者'。陶鸿庆云：''自'下当有'以'字，'者'当作'去'，以草书相似而误。"

③菱芰——菱，俗称"菱角"。芰，音jì（技），即菱。则菱芰意复。许维遹："《吕氏春秋·恃君览》'菱芰'一作'菱芡'。高诱注：'菱，芰也。芡，鸡头也，一名雁头，生水中。'"芡，音qiàn（欠），江苏俗称"狗鸡头"，种子称"芡实"，供食用，中医上可入药。

④怼——音duì（队），怨恨。

## 【译文】

柱厉叔服事莒敖公，自己认为莒敖公不了解自己，便离开了他，住到了海边。夏天吃菱角鸡头，冬天则吃橡子板栗。莒敖公有了灾难，柱厉叔辞别他的朋友，要用性命去援救莒敖公。他的朋友说："你自己认为莒敖公不了解你才离开他的，现在又要用性命去援救他，这样，了解你与不了解你没有分别了。"柱厉叔说："不对。我自己认为他不了解我，所以离开了他。现在为他而死，是用事实去证明他确实是不了解我。我去为他而死，是为了讽刺后代君主中那些不了解他臣下的人。"一般说来，能视为知己的便为他而死，不能视为知己的便不为他而死，这是直来直去的办法。柱厉叔可以称得上是因为怨恨而忘记自己身体的人。

## 【原文】

杨朱曰："利出者实及[①]，怨往者害来。发于此而应于外者唯请[②]，是故贤者慎所出。"

【注释】

①及——俞樾："'及'乃'反'字之误。'出'与'反'犹'往'与'来'，相对成文。"《释文》'实及'作'实反'，云："'反'一作'及'，非也。"

②请——通"情"。

【译文】

杨朱说："把利益给出去，就会有实惠返回来；把怨恨给出去，就会有祸害返回来。从这里散发出去，在外面能得到响应的，只有人情，所以贤明的人对于应把什么散发出去十分谨慎。"

【原文】

杨子之邻人亡羊，既率其党，又请杨子之竖追之[①]。杨子曰："嘻！亡一羊何追者之众？"邻人曰："多歧路。"既反，问："获羊乎？"曰："亡之矣。"曰："奚亡之？"曰："歧路之中又有歧焉，吾不知所之，所以反也。"杨子戚然变容，不言者移时，不笑者竟日。门人怪之，请曰："羊，贱畜，又非夫子之有，而损言笑者，何哉？"杨子不答，门人不获所命。弟子孟孙阳出以告心都子。心都子他日与孟孙阳偕入，而问曰："昔有昆弟三人，游齐鲁之间，同师而学，进仁义之道而归。其父曰：'仁义之道若何？'伯曰：'仁义使我爱身而后名。'仲曰：'仁义使我杀身以成名。'叔曰：'仁义使我身名并全。'彼三术相反，而同出于儒，孰是孰非邪？"杨子曰："人有滨河而居者，习于水，勇于泅，操舟鬻渡，利供百口。裹粮就学者成徒，而溺死者几半。本学泅，不学溺，而利害如此。若以为孰是孰非？"心都子嘿然而出。孟孙阳让之曰："何吾子问之迂，夫子答之僻？吾惑愈甚。"心都子曰："大道以多歧亡羊，学者以多方丧生。学非本不同，非本不一，而末异若是。唯归同反一，为亡得丧。子长先生之门，习先生之道，而不达先生之况也[②]，哀哉！”

## 【注释】

①竖——童仆。

②况——比拟，比方。

## 【译文】

杨朱的邻居走失一只羊，邻居既率领他一家人去追，又请杨朱的仆人去追。杨子说：“唉！走失一只羊，为什么要那么多人去追呢？”邻居说：“岔路太多。”追羊的人回来以后，杨朱问：“找到羊了吗？”回答说：“跑掉了。”杨朱问：“为什么跑掉了？”回答说：“岔路之中又有岔路，我们不知道往哪里去追，所以回来了。”杨子忧愁地变了脸色，好久不说话，整天也不笑。门人觉得奇怪，请问说：“羊是不值钱的牲畜，又不是先生所有，您却不言不笑，为什么呢？”杨子不回答，门人没有得到老师的答复。弟子孟孙阳出来告诉了心都子。心都子于几天后与孟孙阳一道进去，问道：“从前有兄弟三人，在齐国与鲁国之间游历，同向一位老师求学，把仁义之道全部学到了才回去。他们的父亲问：‘仁义之道怎么样？’老大说：‘仁义使我爱惜身体而把名誉放在后面。’老二说：‘仁义使我不惜牺牲性命去获取名誉。’老三说：‘仁义使我的身体与名誉两全其美。’他们三个人所说的仁义之道恰恰相反，但都是从儒学中来的，哪一个对，哪一个不对呢？”杨子说：“有个住在河边的人，熟习水性，泅水勇敢，划船摆渡，获利可以供养百人。背着粮食前来学习的人一批又一批，而被水淹死的人几乎达到了一半。本来是学习泅水而不是学习淹死的，但利与害却成了这个样子。你认为哪一种对，哪一种不对呢？”心都子不声不响地走了出来。孟孙阳责备他说："为什么您问得那么迂腐，先生回答得那么隐僻？我迷惑得更厉害了。"心都子说："大路因为岔道多而走失了羊，学习的人因为方法多而丧失了性命。学习并不是根源不同，不是根源不一样，而结果的差异却像这样大。只有回归到相同，返回到一致，才没有得与失。你在先生的弟子中是位长者，学习先生的学说，却不懂得先生的譬喻，可悲啊！"

【原文】

杨朱之弟曰布，衣素衣而出，天雨，解素衣，衣缁衣而反[①]。其狗不知，迎而吠之。杨布怒，将扑之。杨朱曰："子无扑矣。子亦犹是也。向者使汝狗白而往，黑而来，岂能无怪哉？"

【注释】

①缁衣——用黑布做的衣服。与"素衣"相对，素衣指用白布做的衣服。

【译文】

杨朱的弟弟叫杨布，穿着白布衣服外出，天下雨了，脱下了白布衣服，换上了黑布衣服回家。他的狗不知道，迎上去汪汪叫。杨布很恼火，准备打它。杨朱说："你不要打了。你也是一样。如果让你的狗白颜色出去，黑颜色回来，你难道不奇怪吗？"

【原文】

杨朱曰："行善不以为名，而名从之；名不与利期，而利归之；利不与争期，而争及之；故君子必慎为善。"

【译文】

杨朱说："做好事不是为了名声，而名声却跟着来了；有名声不是希望获得利益，而利益也跟着来了；有利益并不希望同别人争夺，而争夺也跟着来了。所以君子对于做好事必须谨慎。”

## 【原文】

昔人言有知不死之道者[①]，燕君使人受之，不捷，而言者死。燕君甚怒，其使者将诛焉。幸臣谏曰：“人所忧者莫急乎死，己所重者莫过乎生。彼自丧其生，安能令君不死也？”乃不诛。有齐子亦欲学其道，闻言者之死，乃抚膺而恨。富子闻而笑之曰：“夫所欲学不死，其人已死而犹恨之，是不知所以为学。”胡子曰：“富子之言非也。凡人有术不能行者有矣，能行而无其术者亦有矣。卫人有善数者，临死，以决喻其子[②]。其子志其言而不能行也，他人问之，以其父所言告之。问者用其言而行其术，与其父无差焉。若然，死者奚不能言生术哉？”

## 【注释】

①言有——陶鸿庆：“‘言有’二字误倒。”

②决——《集释》：“‘决’，《道藏》白文本、林希逸本、世德堂本、吉府本并作‘决’。”诀，口诀，方法。

## 【译文】

过去有人说自己知道长生不死方法的人，燕国国君派人去迎接他，没有接到，而那个人说自己知道长生不死方法的人却死了。燕国国君很恼火，要把那个去迎接的人杀掉。一个被燕君宠幸的人劝道：“人们所忧虑的没有比死亡更着急的了，自己所重视的没有比生存更重要的了。他自己都丧失了生命，怎么能叫您长生不死呢？”于是不再杀那使者。有一个叫齐子的人也想学那人的长生不死方法，听说那个说自己知道长生不死方法的人死了，于是捶着胸脯悔恨不已。一个叫富子的人听说后，笑话他说："想要学的是长生不死的方法，可是那人已经死了，还要悔恨不已，真是不明白为什么要学。"一个叫胡子的人说："富子的话不对。一般说来，懂得道术而自己不能实行的人是有的，能够去实行而不知道那些道术的人也是有的。卫国有个懂得术数的人，临死的时候，把口诀告诉了他儿子。他儿子记录下他的话，却不能实行，别人问他，他便把他父亲所说的话告诉了他。问话的人用他的话照着去做，和他父亲简直没有差别。如果是这样的话，自己会死亡的人为什么不能讲长生的方法呢？"

**【原文】**

邯郸之民以正月之旦献鸠于简子[①]，简子大悦，厚赏之。客问其故，简子曰："正旦放生，示有恩也。"客曰："民知君之欲放之，故竞而捕之，死者众矣。君如欲生之，不若禁民勿捕。捕而放之，恩过不相补矣。"简子曰："然。"

**【注释】**

①邯郸——古邑名，战国时为赵国国都。鸠——鸠鸽科部分种类的通称，我国有绿鸠、南鸠、鹃鸠和斑鸠。简子——当为赵简子，春秋末年晋国的卿。

**【译文】**

邯郸的百姓在正月初一日向赵简子敬献斑鸠，简子十分高兴，重重地赏赐了他们。客人问他什么缘故，简子说："大年初一放生，表示我有恩德。"客人说："老百姓知道你要释放它，因而互相争着捕捉它，被杀死的斑鸠就更多了。您如果想要它们生存，不如禁止老百姓去捕捉。捕捉了又释放，恩惠和过错并不能互相弥补。"简子说："是这样的。"

## 【原文】

齐田氏祖于庭[①]，食客千人。中坐有献鱼雁者[②]，田氏视之，乃叹曰："天之于民厚矣。殖五谷，生鱼鸟以为之用。"众客和之如响。鲍氏之子年十二，预于次[③]，进曰："不如君言。天地万物与我并生，类也。类无贵贱，徒以小大智力而相制，迭相食，非相为而生之。人取可食者而食之，岂天本为人生之？且蚊蚋噆肤[④]，虎狼食肉，非天本为蚊蚋生人、虎狼生肉者哉[⑤]？"

## 【注释】

①祖——为人送行。

②雁——毕沅："《说文》云：'雁，鹅也。'此与鸿雁异。"

③预于次——预，参预。次，中间。

④蚊蚋噆肤——蚋，音ruì（锐），与蚊类似的昆虫，叮吸牲畜和人血，叮咬后有奇痒。噆，音zǎn，叮咬。

⑤非——卢文弨："'非'疑当作'岂'。"

## 【译文】

齐国的田氏在厅堂中为人饯行，来吃饭的客人有千把人。座位中有人献上鱼和鹅，田氏看着这些菜，便叹道："天对于人类太丰厚了。生殖五谷，又生出鱼类和鸟类供人食用。"客人们像回声一样附和他，鲍氏的儿子只有十二岁，也在座位中，走上前说："事实并不像你所说的那样。天地万物与人共同生存，都是同类的生物。同类中没有贵贱之分，仅仅以身体的大小、智慧和力量互相宰制，依次互相吞食，并不是谁为谁而生存。人类获取可以吃的东西去吃它，难道是上天本来为人而生的？而且蚊子蚋虫叮咬人的皮肤，老虎豺狼吃食人的骨肉，难道是上天本来为蚊子蚋虫而生人、为老虎豺狼而生肉的吗？"

## 【原文】

齐有贫者，常乞于城市。城市患其亟也[①]，众莫之与。遂适田氏之厩，从马医作役而假食[②]。郭中人戏之曰[③]：“从马医而食，不以辱乎[④]?”乞儿曰：“天下之辱莫过于乞。乞犹不辱，岂辱马医哉?”

## 【注释】

①亟——屡次。

②假——凭借。

③廓——外城。

④以——通“已”，太，甚。

## 【译文】

齐国有个穷人，经常在城中讨饭。城中的人讨厌他经常来讨，没有人再给他了。于是他到了田氏的马厩，跟着马医干活而得到一些食物。城外的人戏弄他说：“跟着马医吃饭，不觉得耻辱吗?”要饭的人说：“天下的耻辱没有比讨饭更大的了。我讨饭还不觉得耻辱，难道跟着马医吃饭会觉得耻辱吗?”

## 【原文】

宋人有游于道、得人遗契者[①]，归而藏之，密数其齿[②]。告邻人曰：“吾富可待矣。”

## 【注释】

①契——券契，契据。古代的券契用竹木或金属制成，分成两半，中间以齿相合，两方各执其一以为凭证，如今之合同。

②齿——契的两半相合部分均刻有齿，以相合为真，不合为伪。

## 【译文】

宋国有个人在路上行走时捡到了一个别人遗失的契据，拿回家收藏了起来，秘密地数了数那契据上的齿。告诉邻居说："我发财的日子就要来到了。"

## 【原文】

人有枯梧树者，其邻父言枯梧之树不祥，其邻人遽而伐之[①]。邻人父因请以为薪[②]。其人乃不悦，曰："邻人之父徒欲为薪而教吾伐之也。与我邻，若此其险，岂可哉？"

## 【注释】

①遽——惶恐。邻——俞樾："'邻'字衍文也。上云'人有枯梧树者'，此云'其人'，即此人也。"

②邻人父——王叔岷："《六帖》十六引无'人'字，今本'人'字疑涉上下文而衍。《吕氏春秋·去宥篇》亦无'人'字。"

## 【译文】

一个人家有棵枯死了的梧桐树，他邻居家的老人说枯死了的梧桐树不吉祥，那个人惶恐地把梧桐树砍倒了。邻居家的老人于是请求要这棵树当柴烧。那个人很不高兴，说："邻居家的老人原来仅仅是想要我这棵树当柴烧才教我砍倒树的。他和我是邻居，却这样阴险，难道可以吗？"

## 【原文】

人有亡𫓧者[①]，意其邻之子，视其行步，窃𫓧也；颜色，窃𫓧也；言语，窃𫓧也；动作态度无为而不窃𫓧也[②]。俄而扫其谷而得其𫓧[③]，他日复见其邻人之子，动作态度无似窃𫓧者。

## 【注释】

①鈇——音fū（夫），又读fǔ（府），通“斧”。

②动作——《集释》：“‘动作’各本皆作‘作动’。”王重民：“‘作动’二字，《御览》七百六十三引作‘动作’是也。下文云‘他日复见其邻人之子，动作态度无似窃鈇者’。”杨伯峻：“《吕览·去尤篇》亦作‘动作态度’，王说是也。今依卢重玄本、《道藏·四解》本订正。《事文类聚·别集》十八、《合璧事类·续集》三三引亦作‘动作’。”

③扫——音jué（掘），掘。

## 【译文】

有个人丢失了一把斧子，怀疑是他邻居家的孩子偷了，看那个孩子的走路，像偷斧子的；脸色，像偷斧子的；说话，像偷斧子的；动作态度无论干什么没有不像偷斧子的。不久他在山谷里掘地，找到了那把斧子。过了几天又见到他邻居家的孩子，动作态度便没有一点像偷斧子的人了。

## 【原文】

白公胜虑乱，罢朝而立，倒杖策，錣上贯颐[①]，血流至地而弗知也。郑人闻之曰：“颐之忘，将何不忘哉？”意之所属箸[②]，其行足踬株埳[③]，头抵植木，而不自知也。

## 【注释】

①錣上贯颐——錣，音zhuì（缀），古代马棰端的针。贯，穿透。颐——下巴。

②属箸——属，音zhǔ（主），倾注。箸，音zhù（著），通“著”，明显。

③足踬株埳——踬，音zhì（至），被绊倒，指碰到障碍。株，露出地面的树根。埳，即坎，坑。

【译文】

白公胜思谋作乱，散朝回家后站在那里，倒拄着马棰，棰针向上穿透了下巴，血流到地上也不知道。郑国人听到这事后说："连下巴都忘了，还会有什么不忘掉呢？"意念明显地倾注于某一点时，他走路碰到了树桩或地坑，脑袋撞到了树干，自己也觉察不到。

【原文】

昔齐人有欲金者①，清旦衣冠而之市，适鬻金者之所，因攫其金而去②。吏捕得之，问曰："人皆在焉，子攫人之金何③？"对曰："取金之时，不见人，徒见金。"

【注释】

①欲金者——指想得到金子的人。王重民："《意林》引'欲'下有'得'字，《吕氏春秋·去宥篇》同。"

②攫——夺取。

③何——王重民："《类聚》八十三、《御览》八百一十引'何'下并有'故'字，《吕氏春秋》同。"王叔岷："《六帖》八、《事类赋》九、《记纂渊海》一、五五、《事文类聚·续集》二五、《天中记》五十引亦皆有'故'字。《淮南子·氾论篇》'何故'作'何也'。"

【译文】

过去齐国有个想得到金子的人，清早穿上衣服戴好帽子到了集市上，走到了卖金子的地方，趁机拿了金子就走。官吏抓到了他，问道："人都在那儿，你为什么要拿别人的金子呢？"回答说："我拿金子的时候，看不见人，只看见了金子。"